Ancient Skies

데이비드 W. 마셜 지음
이종인 옮김

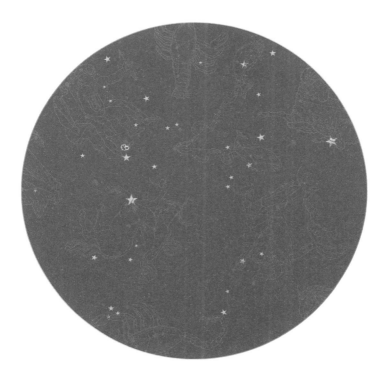

그 리 스 인 들 의 별 자 리 신 화

하늘에 그려진 이야기

Connecting

하늘에 그려진 별자리

—

2020년 1월 29일 초판 1쇄 인쇄
2020년 2월 19일 초판 1쇄 발행

—

지은이 데이비드 W. 마셜
옮긴이 이종인
펴낸이 이종주

—

총괄 김정수
책임편집 유형일
마케팅 배진경, 임혜솔, 송지유

—

펴낸곳 (주)로크미디어
출판등록 2003년 3월 24일
주소 서울시 마포구 성암로 330 DMC첨단산업센터 318호
전화 번호 02-3273-5135
팩스 번호 02-3273-5134
편집 070-7863-0333
홈페이지 http://rokmedia.com
이메일 rokmedia@empas.com

—

ISBN 979-11-354-3844-8 (03300)
책 값은 표지 뒷면에 있습니다.

—

• 커넥팅(Connecting)은 로크미디어의 인문 도서 브랜드입니다.
• 잘못 만들어진 책은 구입하신 서점에서 교환해 드립니다.

서문

밖으로 나가 빛을 떠나 어둡고 신비한 밤 속으로 들어가 보자. 무한한 하늘 아래 우뚝 서서, 빛나는 별들을 향해 눈을 돌려 보자. 지구 너머로, 지금 여기 너머로 우리의 정신을 움직여 보자.

그러면 불현듯 헤아릴 수 없을 정도로 크고 오래된 우주를 보게 될 것이다. 또한 우리가 사는 이 행성이 우주적 관점으로 보면 평범한 별 주위를 도는 반점 정도에 불과한, 아주 작은 별임을 알게 될 것이다. 그 평범한 별은 태양이라고 불리는데, 우리 은하계에 있는 수십억 개의 별 중 하나에 불과하다. 그리고 우리 은하계는 우주를 이루는 수십억 개의 은하계 중 하나일 뿐이다.

이토록 넓은 우주에서 몇몇 별은 우리에게 연결되기 위해 그 먼 곳에서 빛을 보내왔고, 그 신호는 광속으로도 2백만 년이라는 시간이 걸려 우리에게 도착했다. 이 빛은 인류가 지상에 출현했던 그 시점보다 훨씬 이전에 이미 지구를 향한 여정을 시작했다. 이제 이런 빛을 쳐다보는 건 아득한 옛날을 들여다보는 것과 같다. 이런 빛은 우리 이성이 가늠할 수 있는 것보다 더 먼 거리를 여행하여 우리에게 왔다. 인간의 눈으로 볼 수 있는 하늘의 모든 별은 그저 우주의 극히 작은 귀퉁이를 차지하고 있을 뿐이다.

장엄한 우주를 바라보는 것, 이것만으로도 당신은 태초 이래로 반복

된 의식儀式에 관여하게 된다. 먼 옛날 우리 선조들은 하늘 아래 우뚝 서서 우리가 보는 것과 똑같은, 희미하게 빛나는 별을 때로는 놀라면서 때로는 두려워하면서 쳐다보았고 이어 깊은 생각에 잠겼다. 2천 년 전에 살았던 어떤 한 사람은 시대를 초월하여 모든 사람을 대변하는 이런 말을 했다. "하늘의 빛은 인간의 시선을 위로 향하게 했다. 그들은 어두운 밤에 나타난 기이한 빛에 놀랐고, 인간은 정신력을 기울여 신성의 원인을 찾아내려 했다."[1]

고대 그리스인들은 밤하늘의 별을 쳐다보며 우주를 명상하는 사람들 중에서도 가장 으뜸가는 이들이었다. 그들 대다수는, 오래전에 신들이 별자리라 불리는 별 무리를 만들었고 그 별들이 곧 하늘에 나타난 신들의 모습이라 믿었다. 그들은 또한 신들이 지상에서 동포를 위해 충직하게 싸운 영웅들의 행위도 밤하늘의 별자리로 보여 준다고 생각했다. 그리고 별들은 신들이 겸손한 자들을 보호한 이야기, 오만한 자들을 처벌한 이야기도 하늘에서 보여 준다. 그리스인들은 대체로 별자리가 인간들에게 영감을 주기 위한 신의 선물이라고 생각했다. 그리하여 별자리는 인간들이 따라야 할 윤리적 지침이 되었다.

시인 아라토스(기원전 315~240) 같은 몇몇 그리스인은 별자리를 고안해 낸 건 신이 아니라 인간이라고 단언했다. 아라토스는 이렇게 말했다. "별들을 주목하고 별들의 형태에 따라 분류하고 그 별들을 단일 명칭으로 부르는 법을 기록한 건 이미 세상을 떠난 이들이었다. 각각의 별을 알고, 그들을 하나하나 이름으로 부르는 기술은 과거에서 전해져 내려온 것이다."[2]

아라토스의 이런 말은 일찍이 하늘을 연구하고 이해하려고 애쓴 미지의 선조들이 있었음을 훌륭하게 입증한다. 그들은 대담하게 우주를 설명하고자 했고, 무척 귀중한 지식과 전설을 후세에 전했다. 하지만 안타깝게도 그들의 이름은 우리의 집단 기억에서 사라지고 말았다.

고대 그리스인들은 이런 시대를 초월한 생각을 토대로 그들의 사상을 전개했다. 기원전 8세기가 되자 그들은 우주의 형성에 관한 기본적인 이론을 생각해 냈다. 이런 이론은 서양의 초기 작품인 호메로스의 《일리아스》에 기록되어 있다. 《일리아스》에서 헤파이스토스 신은 전사 아킬레우스에게 망치로 두드려 만든 방패를 건넨다. "그는 방패에 땅, 하늘, 바다, 지칠 줄 모르는 태양, 보름달 등을 그려 넣었다. 방패엔 하늘을 장식하는 모든 별자리가 새겨졌다. 플레이아데스, 히아데스, 오리온, 큰곰자리 등이 그것이었는데, 이 큰곰자리는 자신의 자리를 영원히 선회하고 오리온을 바라보며, 유일하게 대양에 잠기는 일이 없다."[3]

이런 초창기 시대에 그리스인들은 이미 지구가 완전한 구체가 아니라면 표면이 굽어진 만곡 상태일 것으로 생각한 듯하다. 그들은 달의 위상, 그리고 특정 별자리와 성단의 이름을 알았다.[4] 그들은 큰곰자리가 밤하늘에 늘 밝게 빛나고 있다는 것도 알아차렸다. 큰곰자리는 절대 수평선을 넘어 반짝이는 바다 아래로 내려가지 않았다. 그리스인들은 영원히 회전하는 큰곰자리로 천구의 북극을 표시했다. 그리스인들은 다른 별자리, 행성, 태양, 달 등이 오케아노스 너머로 떴다가 다시 지는 것을 인지했다. 오케아노스는 세상을 둘러싸고 있다고 생각하는 커다란 바다였다.

후에 아라토스는 별과 별자리가 "사시사철 새벽부터 밤까지 어떻게 서둘러 움직여 가는지를 서술하기도 했다."[5] 그 별들은 밤낮없이 나란히 하늘을 가로질러 여행하지만, 이웃에 있는 별들과의 상대적 위치는 그대로 유지되었다. "모든 별들이… 하늘에 확고하게 고정되어 있어서 밤의 경과를 알려 주는 장식물이 되었다."[6] 아라토스와 다른 고대 관찰자들은 별들이 언제나 예측 가능하고 변함없는 특징을 갖고 있다는 사실에서 위안을 얻었다. 이승에서의 삶을 불안정하게 만드는 수많은 불확실성과 다르게, 고대 사람들은 늘 있어야 할 곳에 있고, 늘 행동해야 할 방식으로 움직이는 별들에 기대어 미래를 예측할 수 있었다.

하지만 이런 위안을 주는 수천 개의 별빛들 중에서도 규칙을 따르지 않는 것처럼 보이는 몇 개의 별이 있었다. 아라토스는 이렇게 말했다. "저 다섯 천체는 완전히 다른 부류이다. 이들은 다른 별과 뒤섞이고, 황도 12궁의 모든 곳을 선회하며 돌아다니는 등 수상쩍은 경로를 따라 움직인다."[7] 이 다섯 방랑자, 혹은 행성은 마음대로 하늘을 돌아다녀서 변덕스러웠으며, 동료 별들과는 다르게 제약을 받지 않았다.[8]

이런 방랑자 중에서 포스포로스Phosphoros라는 이름의 샛별은 밤에 작별을 고하면서 매우 밝은 빛을 냈다. 호메로스는 하루가 어떻게 시작되는지 이렇게 묘사했다. "샛별은 사프란색 옷을 입은 새벽이 나타난 다음에 모습을 드러내며, 세상의 표면 위로 마침내 빛이 왔음을 알린다."[9] 포스포로스는 어떤 날에는 중대한 일을 예고했다. 호메로스는 샛별이, 12년 동안 왕좌를 비우고 장기간 실종되었던 오디세우스가 마침내 자신의 섬 왕국으로 돌아온 날을 알린 것에 찬사를 보냈다. "가장 밝은 별이 다른 별들 위로 떠오르며 이른 새벽의 빛이 이르렀음을 알릴 때, 이타카섬에는 항해를 떠났던 오디세우스의 배가 다가오고 있었다."[10]

저녁샛별인 헤스페로스Hesperos는 포스포로스의 아름다움에 어깨를 견주었다. 호메로스에 따르면 "저녁샛별은 밤하늘에서 가장 아름다운 별로서 그 자태를 뽐냈다."[11] 실제로 두 별은 본질적으로 같은 별처럼 보였으며, 교대로 밤하늘을 장식하는 듯했다. 한 해의 특정한 시기에 포스포로스는 아침을 장식했고, 또 다른 시기에는 헤스페로스가 저녁을 알렸다. 하지만 두 별은 절대 같은 밤하늘에 동시에 나타나지는 않았다.

이런 기이한 현상에 관한 멋진 설명을 듣기 위해 피타고라스(기원전 약 572~490)의 통찰력 넘치는 논평의 등장을 기다려야 했다. 이 유명한 천문학자이자 수학자는 두 별이 실제로는 하나의 천체이며, 때로는 아침에, 때로는 저녁에 나타난다는 걸 발견했다.[12] 그리스인들은 이 찬란하게 빛나는 방랑하는 별에다가 아프로디테(사랑과 아름다움의 여신)라는 새로운 이름을 붙여 주었다.

이후 로마인들은 이 별을 베누스라 불렀다. 베누스는 달 다음으로 밤하늘에서 가장 밝은 빛을 내는 천체로서, 달이 보이지 않는 순수한 밤에 그 빛으로 지구에 그림자를 드리우는 별이다. 때문에 베누스가 고대 관찰자들에게 놀랍게 보인 건 당연한 일이었다.

다섯 개의 방랑하는 찬란한 별(혹은 행성)에 의도적으로 신들의 이름을 붙인 건 마땅하고 옳은 일이었다. 별의 광도光度에 따라 금성엔 아프로디테, 목성엔 하늘과 폭풍의 신인 제우스, 화성엔 유혈 낭자한 전쟁의 신 아레스, 토성엔 제우스의 아버지 타이탄 크로노스, 수성엔 하늘을 가장 빠르게 날아 지나가는 전령의 신 헤르메스 등의 이름을 각각 붙였다.[13]

이 훌륭한 다섯 행성은 관찰자들의 호기심을 불러일으켰지만, 그들은 움직임이 지나치게 변덕스러워 실용적인 기준이 되기는 어려웠다. 동서남북을 나타내거나, 시간과 계절의 흐름을 파악하는 데에는 이 다섯 행성에 의지할 수 없었다.

　그 대신에 그리스인들은 언제나 믿음직하게 제자리를 지키는 별들에 의지했다. 특히 천구의 북극 주위를 둘러싸거나, 황도대 내부를 선회하는 별들은 더욱 믿음직스러운 별들이었다. 황도대는 그 내부에 12개의 별자리를 지니고서 지구의 둘레를 돌았고, 태양, 달, 행성들이 하늘을 가로지르는 황도의 경로를 감싸는 띠 같은 형태를 말한다. 고대엔 태양이 황도대의 한 별자리에서 다른 별자리로 천천히 움직이면 그것이 또 다른 달의 시작이었고, 이를 통해 시간이 흘러 또 다른 계절이 왔음을 알았다.

　그리스인들은 이 열두 별자리 중 9개에 동물의 이름을 부여했다. 실제로 황도대zodiac라는 명칭은 고대 그리스어 조디온 쿠클로스zodion kuklos에서 온 것으로, 작은 동물들의 원circle of little animals이라는 뜻이다.[14] 그리스인들은 또한 하늘에 있는 대다수 별자리를 동물의 모습으로 묘사했다. 플라톤(기원전 약 428~348)은 이와 관련하여 이렇게 말했다. "고정된 별들은 성스럽고 불변하는 동물로 창조되었다. 그들은 같은 방식을 따라 같은 장소에서 영원히 회전한다. 마치 춤을 추며 동그라미를 그리는 것처럼."[15]

48개의 고전적인 별자리―현대 별 집단의 핵심을 이루는 것들이기도 한데―는 기원전 4세기에 이르러 최종적인 모습을 갖추게 되었다. 이들 중 스물다섯은 동물 모습인데, 포유류 열셋, 조류 셋, 파충류 셋, 어류 둘, 갑각류 하나, 거미류 하나, 반포유류 하나, 반어류 하나(염소자리) 등이다. 여기에 더하여 두 별자리는 절반은 사람이고 절반은 말인 신화적인 존재 켄타우로스의 모습을 취한다. 그리스 전승은 이런 천상의 동물들을 높이 평가하는데, 그들이 지상에 있을 때 신들과 인간에게 훌륭하게 봉사했기 때문이다(고대 그리스인들은 인간이나 동물이 사후에 밤하늘의 별이 된다고 믿었다_옮긴이).

반면 인간은 48성좌 중 몇 가지에만 관련이 있다. 게다가 신화는 인간의 가치가 미미하다는 걸 자주 보여 준다. 그에 반해 어떤 신성한 별(처녀자리)은 의인화된 형태로 등장하는데, 별들의 이야기에서 그녀는 무척 존경받는다. 이는 반신半神을 대표하는 여러 별자리도 마찬가지이다. 반신이라 함은 아버지를 신, 어머니를 인간으로 둔 영웅적인 아들을 가리키는 것이다. 이에 더하여 9개의 무생물이 나머지 9개의 별자리에 그 이름을 올렸다.

고대 관찰자들은 별자리 대다수에 동물 이름을 붙이는 동시에 그것들이 천구天球의 여러 중요한 위치에 자리 잡고 있다고 생각했다. 더욱이 그들은 그런 별들이 동물들의 모습을 세부적으로 보여 준다고 생각했다.[16] 인간과 관련된 별들은 인간의 모습과 해부학적 구조와 관련하여 동물 별자리처럼 자세히 묘사되지는 않는다.[17]

예를 들면 중요한 동물 별자리들은 동물의 얼굴 특징을 자세히 보여 준다. 하지만 사람 관련 별들에서는 그런 묘사가 없다. 그런 별자리의 얼굴 없는 인간 모습은 기이하게도 빙하기 동굴 벽에 숯으로 그려진 간략한 사람의 봉선화棒線畵(머리 부분은 원, 사지와 몸은 직선으로 나타낸 인체[동물] 그림)를 연상시킨다. 동굴 벽화 옆엔 들소와 다른 짐승이 거칠게 달려드는 모습이 훌륭하게 그려져 있는데, 세부적인 표현도 무척 훌륭하고, 황토로 강렬하게 여러 색을 입혀 놓아 정말 동물 같은 실감이 나는 반면에, 그 동물을 쳐다보는 인간은 그저 막대기 정도로 간략히 그려져 있는 것이다.

별자리와 동굴 벽화의 두 가지 사례는 원시 시대부터 사람이 동물을 존중했다는 걸 드러낸다. 이것은 동물들의 힘이 세기도 할 뿐만 아니라 식량의 원천이기도 하므로, 당연히 중요한 위치를 차지했기 때문이다. 훨씬 나중 시기에 와서야 비로소 인간이 동물을 지배하고 길들임으로써, 동물이 인간보다 열등하다는 생각을 하게 되었다. 사정이 이런 만큼 동물들은 오랜 세월 동안 하늘에서 중요한 위치를 계속 유지해 왔다.

이런 많은 동물, 그리고 특정 인간과 신은 오랫동안 선사 시대 이야기와 구전의 대상이 되었다. 이제 그들은 여러 세대의 이야기꾼들이 별들을 보면서 그 모습을 상상하고 또 서로 연결시킴으로써 더욱 커다란 명성을 얻게 되었다. 그리하여 그 동물, 사람, 신들은 별자리라는 구체적 형태를 얻게 되었다.[18]

여러 시대를 통하여, 밤하늘은 생동감 넘치는 이야기와 드라마에 활력을 부여하는 영감의 원천이 되어 왔다. 하지만 별들의 이야기는 단순한 오락 이상의 것을 제공한다. 그 이야기는 사람들이 신비로운 하늘의 문제와 의미를 추측하도록 유도함으로써 과학적인 천문학을 향하여 중요한 첫걸음을 내딛게 했다.[19]

어쨌든 과학은 미지의 것에 대한 외경심과 경이로움에서 시작된다. 경이로움은 추측으로 이어진다. 추측은 이론을 낳는다. 다시 그 이론은 비판적 분석과 끈질기게 사실을 추구하는 지속적 연구의 대상이 된다. 이것은 지난 수천 년 동안, 개인들이 기여한 수천 가지 공헌이 성취된 과정이기도 하다. 이렇게 볼 때 신화는 자주 과학의 발전 과정에서 촉매 역할을 했다.

우주의 본질에 관한 추측과 명상은 과학뿐만 아니라 철학을 낳기도 했다. 고대 그리스에서 광범위하게 하늘에 관해 심사숙고했던 천문학자들은 최초의 철학자이기도 했다.[20] 그들은 지구 주위로 예측 가능한 합리적 움직임을 보이는 별들이 가득한 밤하늘을 쳐다보면서 다음과 같은 결론을 내렸다.

저 밤하늘은 가장 멀리까지 펼쳐진, 정연하고 조화로운 전반적 우주의 상징이며, 동시에 그 우주는 모든 것을 포함하는 일체성을 갖고 있다.

밀레토스의 탈레스는 유명한 천문학자이자 첫 서양 철학자로서, 이런 총체적인 우주 접근법을 수용했다. 그는 우주의 근본 역할을 하는 단일 물질을 찾았고, 그것이 물이라는 결론을 내렸다. 그보다 동시대이지만 약간 연하인 아낙시메네스는 근본적인 원천을 공기라고 생각했다.

그러나 아낙시만드로스, 페레키데스, 크세노파네스, 헤라클리토스 등 다른 철학자들은 우주의 추상적인 근원을 다르게 인식했다. 그들은 무한하고 정의하기 힘든 현실, 즉 만물이 발생하는 단일한 원인과 원천을 상상했다. 그들의 후계자인 세 명의 아테네 철학자, 즉 소크라테스, 플라톤, 아리스토텔레스도 마찬가지로 이런 우주관을 수용했다. 그들은 이런 신성한 현실이 자연계에 실재한다고 결론을 내렸다. 이런 신성한 현실은 하나의 조화로운 전체로서 인간의 정신과 영혼으로는 파악할 수 없는 아득하게 신비한 것이었다.[21]

그리스인들은 자연계를 심사숙고하고, 그것을 이해하려고 애쓰고, 예술로 그것을 찬미하는 것이 정신을 더 고차원으로 상승시키는 소중한 노력이라고 믿었다. 이런 믿음에 부응하여 고전적인 예술품은 단순하고 숭고한 목적을 갖고 있었는데, 예술품 그 자체를 넘어서는 더 큰 맥락, 즉 예술품보다 더 훌륭한 이상理想을 보여 주고 또 이상以上을 보여 주려 했다. 예를 들어 조각가들은 먼저 사실성을 확보한 다음에, 그 현실 너머로 나아가 초월적인 우아함과 아름다움을 보여 주는 형상을 만들려고 애썼다. 그들의 예술품은 이상을 품고 있는 현실, 혹은 영적인 완전함을 향해 나아가는 자연을 묘사했다.

이상을 품고 있는 현실이라는 이런 개념은 개별적 성취의 기준이 되기도 했다. 그리스인들은 삶에서 온전한 물리적, 정신적, 영적 가능성을 적절히 추구하는 태도를 나타내는 말로, 아레테arete(개인적인 탁월함과 미덕)라는 용어를 썼다. 몇몇 별자리는 이런 목표를 달성한 자들을 기념하는 별이 되었다. 물리적인 측면에서 아레테는 운동 능력, 힘, 아름다움을 나타내고, 정신적인 측면에서 지식과 지혜의 성취를, 영적인 측면에서는 선량함, 공정함, 겸손한 신앙심을 의미했다. 소크라테스, 플라톤, 아리스토텔레스의 시대에 들어와서 아레테는 심사숙고를 통한 영적인 진실의 획득을 의미하기도 했다.[22]

이상적으로 말하면 사람은 남들을 희생시켜 가며 탁월함을 달성하는 것은 지양하고, 그 대신 육체적, 정신적, 영적 우수함을 균형 있게 성취함으로써 아레테를 얻어야 했다. 육체적인 것에 집착하면 나르시시스트가, 정신적인 것에 집착하면 현학자가, 영적인 것에 집착하면 광신자가 될 수 있었다. 이 세 가지의 적당한 비율을 맞추기 위해, 그리스인은 초창기 그리스 철학자들이 내놓은 다음 두 가지의 조언을 따랐다.

이런 현인들의 조언은 델포이에 있는 아폴론 신전의 벽에 새겨져 있었다. 첫 번째 조언은 말한다. "너 자신을 알라!" 달리 말하면 꾸준한 향상을 위해 자기 성찰을 하고 자신의 약점과 강점을 알라는 뜻이다. 두 번째 부분은 이렇다. "무엇이든 과도하게 하지 말라!" 달리 말하면 모든 것에서 조화로운 균형을 유지하라는 뜻이다.[23]

적절한 비율을 갖춘 아레테의 추구는 공동체 수준에서도 널리 적용되었다. 종교 축제는 운동, 음악, 연극, 시각 예술에서 경쟁하는 것 등을 주된 특징으로 삼았다. 그리스인들은 이것들을 개별적인 것으로 나

뒤 생각하지 않았다. 이것들은 집합적이고 종합적인 삼위일체가 되어 더 높은 이상에 이바지해야 한다고 보았다.

예를 들어 비극은 잘 정립되어 있는 윤리 규범에 맞추어 집필되고 상연되었다. 그리스인들은 모든 자연적인 특징과 현상에는 내재하는 영혼이 깃들어 있다고 믿었다. 시간이 흐르면서 물활론에 뒤이어 다신론이 생겨났고, 다신론은 이런 많은 자연의 특징과 힘에 대하여 의인화된 형태와 인격을 부여했다. 물활론자들이 뇌우를 강력한 영혼의 작동으로 여겼다면, 다신론자들은 그 영혼을 제우스, 즉 인간 같은 특성을 지닌 신으로 정의했다.

하지만 제우스와 다른 신들, 그리고 영혼은 여전히 무한하고 정의할 수 없는 어떤 것, 모든 것을 생겨나게 하는 창조적인 힘으로 존재했다. 이런 힘은 신성한 일체이며 조화로운 전체였다. 하나의 창조적인 힘이 있다고 보는 이런 생각은 전 세계의 고대 문화에서 드러나는 주목할 만한 보편적 특징이기도 하다.[24] 그리스에서 이런 선사적인 믿음은 초창기 철학과 신화 기록에서 특히 많이 나타난다. 헤시오도스, 아낙시만드로스, 플라톤, 그 외의 다른 그리스 사상가들이 이를 입증한다.

이런 사상가들은 자신의 신념을 논의하고 전파하는 자유로운 연구 환경에서 활약했다. 그들은 고질적인 전제정치의 그늘과는 무관한 환경에서 살아가는 이점을 누렸다. 귀족적 사제들에 의해 뒷받침되는 근동의 견고한 제국은 문명의 기원부터 대중을 무지하고 순종적인 존재로 만들고자 공포라는 무기를 사용하는 전제정치를 펴 왔다.

하지만 그리스인들은 전제군주와 귀족적 사제를 용납하지 않았다. 대신 그들은 민주주의를 도입했고, 강력한 사제단의 부담을 벗어던지기 위해 개인적으로 종교를 믿었다. 사제들은 신전을 지키는 신전지기에 불과했고, 진짜 예배는 집, 들판, 숲, 공공장소에 있는 제단이나 성소에서 이루어졌다. 개인은 기도와 꿈, 혹은 음식, 물, 와인, 향을 바치는 것으로 신과 직접 소통할 수 있었다. 축제, 행렬, 공연은 그리스인들의 격식에 얽매이지 않는 신앙이 어떤 특징을 지니는지 잘 보여 줬다.

초창기 고대 그리스인들은 어떠한 신성한 법률이나 경전, 교리에도 승복하지 않았다. 심오하다, 혹은 시시하다는 식으로 여러 가지 해석이 나오는 많은 신화들이 공식적인 신학으로 군림했고, 그런 만큼 어떤 특정한 절대적 교리가 전혀 없었으므로 그리스인들은 양심에 따라 자유롭게 개인적 사상을 펼칠 수 있었다.

이런 자유로운 연구를 할 수 있는 환경에서, 철학자들과 과학자들은 새로운 학문의 길을 발견했다. 그들은 세상 만물에 일정한 영혼이 깃들어 있다고 생각하면서도 자연 현상을 합리적으로 설명하려고 애썼다.

그들은 어떤 것이 증명할 수 없고 이해할 수 없다는 이유만으로 그 어떤 것이 존재하지 않는다는 헛된 결론을 내리지 않았다. 그들이 볼 때, 세상과 우주는 위협적인 것이라기보다 매력적인 것이었다. 세상은 두렵기보다 아름다운 곳이었다.

그리스인들은 도발적인 의견을 자주 제시한다는 점에서 분명 남들과 다른 모습을 보였다. 그들은 자주 언쟁을 벌였고, 심지어 내전을 벌이기도 했다. 하지만 그들은 놀라울 정도로 인내심 있는 모습을 보여 주기도 했다. 그들은 철학, 과학, 예술, 그리고 더 높은 이상에 주력하는 분야 등에서 두드러진 업적을 올렸다.

바로 이런 환경이 지적 활력과 호기심을 고취했고, 정신과 영혼을 고양했다. 소크라테스는 그 당시의 활발한 정신적 활동을 보여 주는 놀라운 사례이다. 그는 진리를 추구하는 자로서 자신의 생각을 내세우기보다 날카롭게 질문하는 모습을 보였다. 그는 지치지 않고 깨우침을 찾아다녔으며 그 과정에서 필요하다고 생각되면 전통적인 생각도 기꺼이 거부했다.

이런 끊임없는 영혼 탐색과 기존 전제 조건들의 거부 덕분에 많은 그리스인들이 신들에 관한 그들의 의견을 재규정했다. 과거에 그들은 올림포스산의 만신전萬神殿에 군림하면서 공정하게 통치하는 신들을 찬

미했다. 하지만 기원전 5세기가 되자 신들은 예전의 매력을 크게 잃게 되었다. 대중적인 신화가 그들을 지상으로 끌어내렸다. 그리하여 신들은 가족 간 다툼, 사랑의 밀회, 충격적인 음모를 주제로 한 드라마에 등장하게 되었고, 신으로서 권능을 행사하는 모습보다는 하찮게 질투하는 모습을 더 많이 보여 주게 되었다.[25]

신들의 위신이 떨어지면서 인간의 위신은 상대적으로 올라갔다. 곧 신들과 인간은 고결함과 악행의 두 측면에서 서로 닮게 되었다. 신들은 우월한 존재라기보다는 저명한 조상 같아 보였다. 이렇게 된 것은 신들이 보편적인 진리와 도덕률의 대상이 되면서 그들의 어리석음이 자주 노출되었기 때문이다. 고전 시대(기원전 510~323)가 되자 신화는 신들의 인간다운 약점을 강조하고, 인간이 신들과 다를 바 없이 훌륭한 업적을 달성한 걸 칭송하기 시작했다.

이런 신화는 천체의 파노라마에 잘 드러나 있다. 48개의 고전 별자리, 그리고 그 별들의 이야기는 윤리 규범, 즉 참된 삶의 교훈을 보여 주는 인간과 신의 상호작용을 보여 준다. 이런 윤리 규범은 다음과 같이 바꾸어 말할 수 있다. 평화와 조화를 촉진하려면, 신과 다른 인간을 존중하며 돕고, 불화와 다툼을 야기하는 오만과 탐욕을 피하도록 하라.

별자리들은 신과 인간들 사이의 사랑과 헌신을 보여 줌으로써 이런 규범을 지속적으로 전했다. 그에 반해 몇몇 별자리는 도덕률의 위반에 따르는 부정적인 영향을 강조하면서, 오만과 허영이 불러오는 파괴적인 결과를 경계하라고 가르쳤다.

고대의 하늘은 사랑과 헌신, 오만과 탐욕에 관한 이야기들로 생생한 활기를 띠었다. 밤하늘의 별들은 맹렬한 열정, 대담한 모험, 넘쳐흐르는 기쁨, 비극적인 슬픔을 보여 줬고, 이 모든 것은 인간 정서의 굽이치는 파도를 타고 한 번 올라가면 한 번 내려갔다. 이런 이야기들은 생동감 넘치는 비극과 희극, 서정시와 서사시, 예술, 건축, 과학, 철학 등과 마찬가지로 똑같이 확신에 찬 인간 감정의 표현이었다.

열정적인 이야기와 도덕적인 교훈에 더하여, 밤하늘은 동서남북의 방향과 시간의 흐름을 알려 주는 실용적인 지표였다.[26] 고대 그리스인들은 깨어나 일할 수 있도록 신들이 태양을 주었다고 생각했다. 또한 신들은 씨를 뿌리고 수확하는 시기, 항해하는 시기, 풍랑이 거센 바다를 피할 수 있는 시기 등을 알려 주려고 인간에게 별자리와 성단을 주었다고도 생각했다.[27]

태양의 움직임과 그에 따른 그림자는 낮 시간을 알려 주는 시계 역할을 했다. 마찬가지로 별은 밤의 시간 경과를 알려 주었다. 호메로스의 오디세이는 "별들이 천구 북극 주위로 경로를 돌았을 때 밤의 3경이 되었다."라는 말을 두 번 했다. 이를 통해 지친 파수꾼들은 동틀 녘이 이제 몇 시간밖에 남지 않았다는 걸 미리 알 수 있었다.[28]

다섯 세기 뒤에 아라토스는 밤의 시간 구분을 위해 황도 12궁을 활용하는 방법을 서술했다.[29] 동쪽 지평선에서 천천히 떠오르는 이런 별자리를 지켜봄으로써 사람들은 새벽이 다가오는 시간을 가늠할 수 있었다. 아라토스가 언급한 것처럼 태양은 늘 이런 별자리들 중 하나와 함께 떠올랐기 때문이다.[30]

별에 관한 고전적인 그리스 전승은 영원히 계몽적이고 실용적인 교훈으로 남을 것이다. 이것은 점성술과는 관계가 없다. 점성술은 근동의 발명품으로, 그리스 세력이 아시아로 확대된 후, 한참 지난 후에야 서양에 들어온 것이기 때문이다.[31]

고전 시대는 알렉산드로스 대왕이 기원전 4세기에 소아시아와 인도의 정복 전쟁을 시작하면서 끝났다. 이후 2천 년 동안 많은 제국이 일어섰다가 멸망했고, 많은 세대가 이 세상에서 살다가 다시 천상으로 돌아갔다. 그 와중에 고대의 많은 지식이 애통하게도 사라졌다. 하지만 밤하늘에 있는 48개의 별자리와 그 별들의 이야기는 여전히 우리에게 남아 있다. 이것은 오늘날에도 고대 그리스의 영광을 생생하게 증언하고 있다.

아틀라스가 천구를 들고 있다. 서기 150년경에 제작된 이 대리석상은 기원전 2세기의 그리스 원형을 본뜬 것이다. 이 석상은 이탈리아 나폴리 국립 고고학박물관의 파르네제 컬렉션의 소장품이다. 아틀라스가 들고 있는 천구는 고대 그리스의 별자리를 보여 주는 가장 오래된 것이다. 천구의 이미지는 마치 밖에서 바라본 것처럼 거꾸로 나타난다.

차례

PART **②** 현대의 별자리

밤하늘의 별들

0 9 고대의 천체 달력   225
1 0 고대의 항해   249

◆ 부록

0 1 그리스 별자리, 성단, 별의 이름   272
0 2 현대의 별자리 명칭   275
0 3 연간 천체 현상, 헤시오도스가 기록하고
     에우독소스가 추가함   279
0 4 조화를 이룬 전체   281
0 5 지도   288

     노트   290

     옮긴이의 글   330

ANCIENT SKIES

PART

고대의 별자리

The Ancient Constellations

다음의 여섯 챕터는 48개의 고전 별자리에 관한 이야기들이다. 이것들은 아홉 세기의 기간 동안, 즉 호메로스(기원전 약 750년)에서 시작하여 클라우디오스 프톨레마이오스(약 150년)에 이르기까지, 헬라스(그리스)에 살았던 수많은 작가들의 작품에서 생겨난 것이다.

앞으로의 장들은 고대 그리스의 관점을 보여 주며, 별자리와 주성主星의 그리스 명칭을 직역하여 제공한다. 그 이름들은 대문자로 시작되고, 처음 별자리를 언급하는 경우라면 전부 대문자로 표기한다. 별들의 이야기는 편리하게도 여러 개의 주제로 나뉘어 고대인들에게 윤리 규범을 가르쳤다. 앞으로 여섯 챕터는 그런 주제를 살펴본다.

뒤이어 보여 줄 반구 차트는 고대 그리스인들이 천구를 관찰한 방식을 설명한다. 남반구 차트를 보면 천구의 남극 주변에 광활한 빈 공간이 나오는데, 이렇게 된 것은 남쪽 하늘이 지중해 지역에서 아주 멀리 떨어져 있어서 잘 관찰되지 않았기 때문이다.

개별 별자리 차트는 고대 관찰자들이 규정한 주성 중심으로 재구성한 별의 이미지이다. 각 차트는 그리스어로 된 원래 별자리 명칭, 영어로 직역한 명칭, 라틴어로 된 현대 명칭과 발음을 함께 제공한다. 여기에 더하여 주성의 명칭과 함께 적경赤經(천구상에서 천체의 위치를 나타내는, 적도 좌표에서의 경도. 춘분점에서 비롯하여 동쪽으로 0도에서 360도까지, 또는 0시에서 24시까지 나타냄)과 적위赤緯(천구상의 별의 위치를 나타내기 위하여 적도로부터 남북 양쪽으로 재어 나간 각거리角距離)로 천구상의 좌표를 제시했으며, 이는 역기점曆起點 J2000을 토대로 했다. 이 천구상의 좌표는 독자가 밤하늘의 별자리를 찾는 데 도움을 줄 것이다. 마지막으로 이 차트는 고대 별

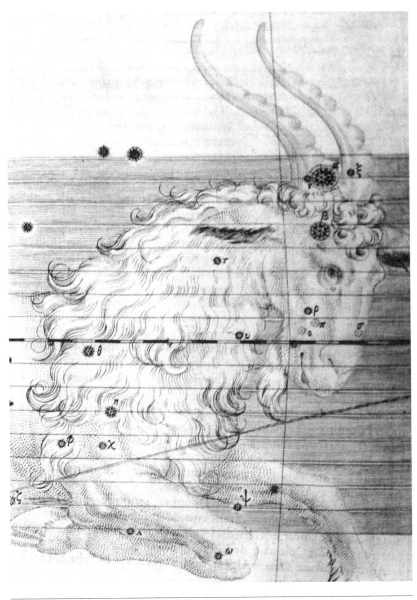

1603년 요한 바이어의 《우라노메트리아》에 묘사된 염소자리. 잉글랜드 옥스퍼드의 역사박물관과 과학도서관에서 사용 허가를 받음. 저자가 직접 찍은 사진.

자리에 대응하는 현대식 별의 명칭도 함께 표시한다(차트상에 해당 별자리 내의 각 별들의 명칭을 그리스어 알파벳 철자로 표시한 것_옮긴이).

또한 책의 전편에 걸쳐서 28개의 삽화가 들어가 있는데, 알렉산더

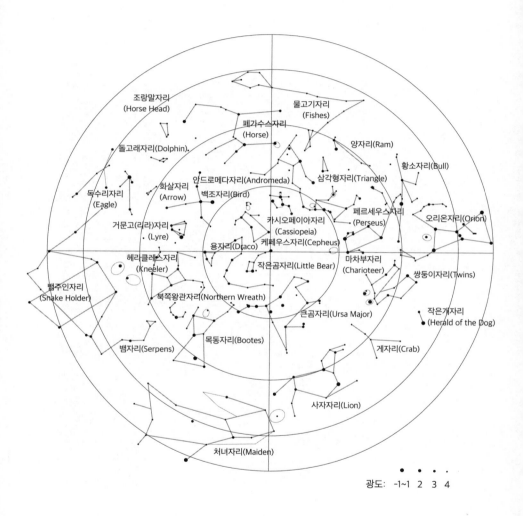

고대의 북반구

제이미슨의《천체 도해서(1822)》에서 가져온 것이다. 제이미슨의 삽화는 저작권이 일반에 공개된 상태이며, 워싱턴 DC의 미국 해군성 천문대와 미국 해군성 도서관 웹사이트에서 찾아볼 수 있다.

고대의 남반구

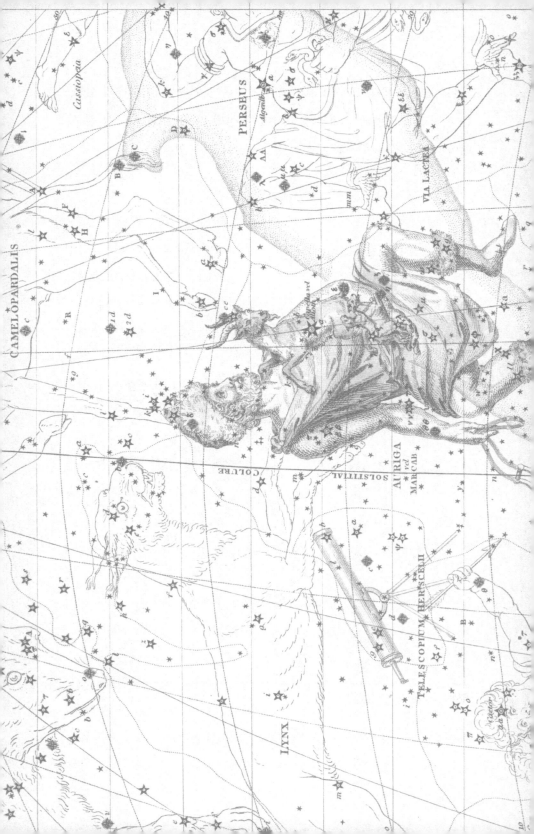

01

헌신의
가치

별자리
마차부자리(Auriga)
염소자리(Capricornus)
물고기자리(Pisces)
남쪽물고기자리(Piscis Austrinus)
돌고래자리(Delphinus)
독수리자리(Aquila)
물병자리(Aquarius)
제단자리(Ara)

별
염소(Capella)
쌍둥이 염소 별(Haedus 1, Haedus 2)
당나귀들(Asellus Borealis, Asellus Australis)

좌측: 제이미슨 삽화 4: 마차부자리

땅거미가 질 때부터 동이 틀 무렵까지 수천 개의 빛나는 별들은 동쪽에서 떠서 밤새 서쪽으로 옮겨 간다. 아주 희미한 빛이라도 놓치지 않으려는 날카로운 관찰자의 눈으로 하늘을 살펴보면, 별들이 별자리라 불리는 가족 집단을 이뤄 꾸준히 밤하늘을 가로질러 행진하는 모습을 볼 수 있다.

반짝이는 하늘을 쳐다보며 깊이 명상할 때 별자리가 전하는 고대 하늘의 이야기—오래된 이야기인, 영웅과 그의 적들에 관한 이야기—에 귀 기울여 보라. 그런 이야기는 우리에게 저 밤하늘 위에 떠 있는 많은 별들처럼 우리 인간들도 서로 조화를 이루며 사이좋게 나아가라고 말한다. 그 이야기들은 우주가 하나의 커다란 집이며, 또한 우리가 일치단결하여 평화롭게 걸어가야 하고, 자만, 탐욕, 갈등을 피해야 한다고 가르친다. 우리는 그 이야기로부터 온전하고 만족스러운 삶으로 나아가는 길을 배운다.

‖ 에레크테우스와 아테나 ‖

옛날 옛적에 아테네라는 도시에 육체, 정신, 영혼이 온전한 삶을 추구함으로써 엄청난 명성을 얻은 에레크테우스라는 사람이 있었다. 모든 아테네 시민은 훌륭한 운동선수인 젊은 에레크테우스를 흠모했다. 그는 누구보다도 빠르게 달렸고, 말을 몰 때는 맞수가 없었다. 그래도 그는 자신에게 향상의 여지가 있다고 생각했고, 더 빠른 속도를 추구했다.

우선 그는 자신의 말들 중 가장 빠른 네 필을 골라서 아주 세심하게 막강한 한 팀을 구성했다. 그런 다음 그 말들을 훈련하여 일사불란하게 자신이 특별히 고안한 이륜마차를 끌게 했다. 네 마리 말은 사람이 도저히 상상하지도 못할 정도로 빠르게 달려가며 흙길 위에다 무성한 먼지를 일으켰다. 달팽이처럼 느린 소달구지를 탄 농부들은 머리카락과 상의를 멋지게 휘날리면서 날아갈 듯 빠르게 지나가는 에레크테우스의 모습에 너무 놀라 벌린 입을 제대로 다물지 못했다.

또한 에레크테우스는 마차 바퀴를 더욱 완벽하게 잘 굴러가게 개량했고 급선회하는 커브와 구불구불한 언덕에서도 사두마차를 아무 문제 없이 다루는 방법도 터득했다. 다른 이들도 그를 흉내 내어 그의 옆에서 빠르게 달리려고 애썼지만, 전全 아테네 축제나 올림피아 경기에서 그의 용기와 속도를 따라올 자는 아무도 없었다.

운동선수이자 영리한 발명가인 것 이외에도, 에레크테우스는 비길 데 없을 정도로 독실한 신앙심의 소유자였다. 그는 아테나 여신의 헌신적인 숭배자였다. 그는 별이 총총한 밤하늘 아래에서 손에 횃불을 들고 신자들의 행렬을 인도하여 아크로폴리스의 석회암 산등성이까지 행진해 간 최초의 인물이기도 했다. 그는 그곳에 아테나 여신을 기리는 첫 번째 아테네 신전을 세웠다.

아테나는 에레크테우스의 그런 정성에 감탄하며 애정으로 보살폈고, 에레크테우스 역시 여신의 가호에 걸맞은 방식으로 여신에게 지극정성으로 보답했다. 이렇게 하여 그는 인간이 발휘할 수 있는 능력의 절정에 오른 위대한 인물이 되었다. 인간은 자신보다 더 위대한 이상을 향해 애정을 쏟고, 겸손하게 헌신해야 위대해질 수 있는데 에레크테우스가 바로 그런 사람이었다. 그는 뛰어난 운동선수이자 현명하고 독실한 신자로서, 아레테arete, 즉 고대 그리스인이 가장 높은 덕목으로 여겼던 탁월함과 미덕을 성취했다. 그는 오만한 마음으로는 절대 아레테를 성취할 수 없으며, 다른 사람들을 사랑하고 존중함으로써 비로소 아레테를 이룰 수 있다는 걸 몸소 보여 주었다.

에레크테우스는 걸출한 삶을 영위하면서 장수한 다음에는 하늘에 올라가 보상을 받았다. 그는 밤하늘의 별이 되어 반짝거림으로써 훌륭한 삶을 산 사람이 사후에 어떻게 되는지 보여 주고 있다.[1] 그는 마차부자리CHARIOTEER라는 별자리가 되었고, 델포이의 대리석상과[2] 똑같이 강인한 자세로 당당히 서서 고삐를 당기는 모습을 보여 주고 있다.

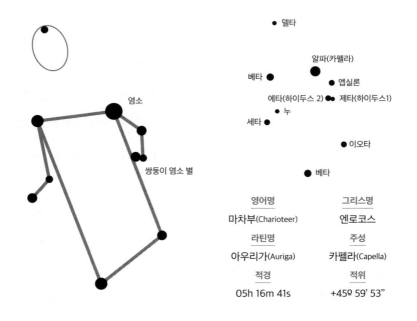

마차부(Charioteer)

영어명	그리스명
마차부(Charioteer)	엔로코스
라틴명	주성
아우리가(Auriga)	카펠라(Capella)
적경	적위
05h 16m 41s	+45º 59' 53"

델포이의 마차부상. 기원전 470년경 청동으로 제작. 작가가 직접 찍은 사진이며 그리스 델포이 고고학박물관으로부터 사용 허가를 받음. 강인하고 꼿꼿한 자세가 별자리의 모습과 잘 어울린다.

여러 세기에 걸쳐 그의 후손들은 그를 본받아 아테나 여신을 더욱 흠모하고 숭배하면서 그런 신앙심의 표시로 더 많은 신전을 지었다. 때때로 그들은 선조인 에레크테우스가 보여 준 헌신적인 모습을 기념하고자 그의 이름을 따서 사당을 세우기도 했다. 가장 최근의 것으로 그의 이름을 딴 에레크테움은 처녀신 아테나의 신전인 파르테논 근처 아크로폴리스에 서 있다.

에레크테움은 아테나 여신의 성스러운 나무인 올리브나무를 보호했는데, 이 나무는 아주 오래전 여신이 처음으로 도시를 보호하겠다고 맹세했을 때 아크로폴리스에 솟아오르게 했던 바로 그 나무였다. 신전은 또한 아테나의 불멸의 이미지를 상징하기 위해 세심하게 조각한 올리브 가지도 보관하고 있다.

장인들은 에레크테움을 지을 때, 여섯 개의 기둥으로 대리석 처녀 상을 만들어 내어, 성스러운 나무를 지키도록 했다. 이 처녀들을 가리 켜 카리아티드라고 하는데, 호두, 개암, 그리고 여러 과일 나무들의 수 호신인 카리아 여신을 섬기는 여사제들이다.[3] 인간이 농경하고 목축하 는 법을 알기 전, 그러니까 아주 오래전에 살기 어려운 시기가 들이닥 쳤을 때 카리아 여신이 우리 선조들을 구하고자 이런 열매를 내려 주었 다. 인제 여신을 섬기는 처녀들이 아테나 여신이 인간에게 준 위대한 선물인 올리브나무를 보호하고 있다.

생전에 에레크테우스는 아테나가 준 선물과 축복을 고맙게 여기면 서 여신을 흠모하고 존경했다. 하지만 그는 크건 작건 모든 피조물들을 사랑했다. 이 때문에 그의 별자리는 자기 왼쪽 어깨에 아말테아라는 늙 고 연약한 보모 염소GOAT를 올려놓은, 온화하고 다정한 모습을 보여 주 고 있다. 이 염소는 하늘에서 가장 밝은 별 중 하나이다. 제우스를 포함 한 인간과 신을 잘 섬겨서 사후에 그런 반짝거리는 별이 되었다.

‖ 제우스와 동료들 ‖

제우스가 막 태어났을 때 그의 어머니 레아는 갓난아기를 크레타섬 의 외딴 동굴에 숨겨 놓았다. 어머니는 동굴이 무시무시한 그의 아버지 에게서 아들을 숨길 수 있는 은신처가 되기를 바랐다. 타이탄인 제우스의 아버지 크로노스는 자기 자식인 제우스와 다른 아기 신들을 먹어 치워서 없애 버릴 생각이었다. 그는 이런 야만적인 식으로 장래의 어느 날 자식 중 하나가 왕위를 찬탈하리라는 예언을 미리 막고자 했다. 레아는 아들인 제우스를 필사적으로 구하려 하면서, 어린 아들을 아말테아에게 맡겨, 격리된 곳에서 몰래 키우라고 지시했다.

보모 염소는 레아의 뜻을 따라 제우스를 자식처럼 키웠다. 이렇게 한 것은 여신 레아를 두려워해서가 아니라, 오히려 그 반대로 애정을 느꼈기 때문이다. 아말테아는 자기 자식인 개구쟁이 쌍둥이 염소 옆에 아기 신을 두고 젖을 먹였다. 곧 그녀는 제우스를 자식만큼 사랑하게 되었다. 제우스는 생모의 부드러운 손길을 느끼지 못한 채 아말테아의 포근한 동굴에서 어린 시절을 보내면서 청년으로 자랐다. 하지만 아말테아는 제우스를 수시로 껴안아 주면서 끔찍이 아꼈고, 그의 주변에 동물과 요정들이 몰려들어 다정하게 지내는 광경을 보고서 기뻐했다.

인정 많은 아말테아는 갓난아기인 제우스와 자기 자식인 쌍둥이 염소 외에도 고아가 된 염소를 데려다 길렀다. 그녀는 이 고아 염소에게 아이고케로스라는 이름을 지어 줬는데, 염소 뿔이라는 뜻이었다. 그런 이름을 붙인 건 아이고케로스가 다른 염소와 뿔을 걸고 밀면서 노는 걸 좋아했기 때문이다. 넷은 형제처럼 자랐고 평생 동안 충실한 친구가 되었다. 세 마리의 어린 염소와 아장아장 걷는 아기 신이 동굴 집의 깊고 어두운 구석과 틈새를 샅샅이 돌아다니며 벌인 모험과 엉뚱한 장난은 이루 말할 수 없이 생기 넘치는 것이었는데 자세한 것은 독자의 상상에 맡긴다.

나이가 들면서 그들은 반짝이는 개울을 가로질러 바위와 물을 넘어 앞다투어 바깥세상으로 대담하게 나아갔다. 아침부터 밤까지 씩씩한 소년답게 좋아하는 운동을 하거나 서로에게 대담하고 무모한 행동을 벌이거나 받아들이면서 시간을 보냈다. 걱정 많은 보모는 아이들이 시야에서 벗어나서 잘 보이지 않으면 염려스러워했다.

어린 4인조는 어느 바람이 거센 날 바위투성이 해변을 거닐었는데, 수영을 무척 잘했던 아이고케로스가 남청색 바다로 풍덩 뛰어들어 깊이 잠수했다. 워낙 한참 동안 다시 떠오르지 않아 친구들은 근심스럽게 지켜보며 어떻게 된 상황인지 궁금하게 여겼는데, 갑자기 아이고케로스가 물 위로 솟구쳐 올라왔다. 그의 머리 꼭대기엔 매우 아름다운 소라 껍데기가 달라붙어 있었다. 그 껍데기는 아침 햇빛을 받아 황금처럼 반짝였다.

그는 조약돌 가득한 해변으로 첨벙거리며 나오자마자 그 소라 껍데기를 입으로 가져가더니 귀청이 터질 것 같은 나팔 소리를 냈다. 눈이 휘둥그레진 그의 친구들은 놀라서 펄쩍 뛰었지만, 이내 즐거워서 날아갈듯이 움직이며 마구 웃어 젖혔다. 그들은 나란히 서서 행진하면서 소리쳤고, 번갈아 가며 나팔을 불었는데 온몸이 지치고 얼굴이 창백해질 때까지 그만두지 않았다. 그날부터 아이고케로스는 소라 껍데기를 줄에 매달아 허리에 차고서 달랑거리며 돌아다녔고, 그 껍데기를 단 한 번도 몸에서 떼어 놓지 않았다.

네 명의 친구는 마음 편한 어린 시절을 보냈지만, 곧 무럭무럭 자라서 성인이 되었고 이제 성인의 의무를 실천해야 했다. 마침내 제우스가 그의 신성한 운명, 즉 예언대로 신들과 타이탄을 지배하는 운명에 따라야 할 때가 왔다.

제우스의 옆엔 충실한 동료인 아이고케로스가 있었다. 그는 평소의 우정을 지켜서 크로노스와 타이탄들에 대항하여 벌인 싸움에서도 제우스를 따랐다. 헤파이스토스와 디오니소스는 각각 당나귀에 타고 행군에 합류했다. 다른 신들, 사티로스들, 제우스에 동조하는 지지자들 등은 각각 무기를 휴대하고 병사로 참전했다.

지루하고 피곤한 여정 끝에 제우스의 군대는 타이탄이 사는 무시무시한 소굴을 발견했다. 타이탄들은 아직 그들의 존재를 알지 못했다. 제우스와 그의 일행은 용기를 내어 살금살금 움직이며 그 소굴 가까이 다가갔다. 이윽고 소굴 입구에 다가선 마지막 순간에 아이고케로스가 소라 껍데기를 입에다 대고 엄청난 뿔피리 소리를 냈다.

귀를 먹먹하게 하는 뿔피리 소리가 구불구불한 동굴 내에 울려 퍼졌을 뿐만 아니라 주변 언덕에까지도 메아리처럼 퍼져 나갔다. 그 소리에 당나귀 두 마리는 폐가 터져 나가도록 울어 젖혔다. 그 지독한 소음에 타이탄들은 불안해졌고, 결국 극심한 공포에 사로잡혀 무기를 내버리고 도망쳤다. 어찌나 무서웠는지 그들은 잠깐 멈춰 서서 뒤를 돌아볼 생각조차 하지 않았다. 제우스와 그의 충실한 추종자들은 앞으로도 많은 전투가 남아 있음에도 불구하고 그날 밤만큼은 그 위대한 승리를 축하하기로 했다.

그 순간의 영웅은 아이고케로스였다. 하늘과 폭풍의 신 제우스는 고마운 마음으로 그를 포옹하며 전투를 승리로 이끈 공로를 치하했다. 이

촌스럽게 생긴 염소는 아슬아슬한 전투 상황이 닥쳐오면 몇 번씩이나 제우스에게 유리한 쪽으로 상황을 역전시켜 주었다. 그는 칼이나 창으로 무서운 위력을 보이거나 눈부신 대담성을 보이지는 않았지만, 깊고 푸른 바다의 저 아래에서 가져온 아이들 장난감 같은 소라 껍데기 하나로 그런 멋진 일을 해냈다.

세월이 흘러 제우스는 더욱 강성해져서 신들의 지배자가 되었지만, 그의 보모인 아말테아는 나이가 들어 몸이 쇠약해졌다. 보모가 죽던 날에 제우스는 눈물을 흘렸는데, 그것은 지상에 폭우로 쏟아졌다. 제우스는 그 순간부터 아말테아를 기억하고자 그녀의 가죽을 몸에 지니고 다녔다. 이 부드럽고 유연한 가죽은 어린 그를 사랑하고 보호해 준 보모 염소의 사랑스러운 증표였다. 그는 상황이 위급하거나 절박할 때마다 그 가죽을 꺼내 쓰다듬었고 특히 적인 타이탄들과 싸울 때에는 반드시 몸에 지니고 싸움에 나아갔다. 보모 염소의 가죽은 그의 흉갑—이지스 aegis—이면서 무한한 힘의 상징이 되었다. 그는 보모 사후에 감사하고 존경하는 마음을 담아 하늘에 보모 염소의 별자리를 만들어 주었다. 그리하여 에레크테우스는 어깨에 그 염소를 조심스럽게 올려놓게 되었다.

불멸의 신 제우스는 친구 대다수가 마침내 노쇠하여 죽는 중에도 예전과 똑같은 강력한 힘을 유지했다. 심지어 그의 놀이 친구였던 쌍둥이 염소도 어머니의 뒤를 따라 하늘에 올랐다. 이제 그들은 어머니 아래 가까운 곳인 에레크테우스의 왼손에 머무르며 두 개의 작고 반짝이는 빛을 발산하고 있다.

마찬가지로 아이고케로스도 이 세상을 떠났다. 그의 별자리는 염소자리GOAT HORN라 불린다. 그 별은 수많은 전투에서 승리를 가져다준 나팔을 지닌 염소 모습을 멋지게 보여 주고 있다. 또한 그의 수영 실력을 자랑하려는 듯이, 한때 그가 에게해에서 첨벙거렸던 것처럼 별들 사이로 헤엄치는 모습도 보여 준다. 별이 된 그는 이제 물고기 꼬리도 가지게 되었고, 그 덕분에 파도 위로 머리와 뿔을 치켜들면서 앞으로 나아갈 수도 있다.

신들의 짐을 나르고 타이탄들을 박멸하는 데 도움을 준 두 마리 당나귀 역시 밤하늘의 중요한 자리를 함께 차지하게 되었다. 그들은 두

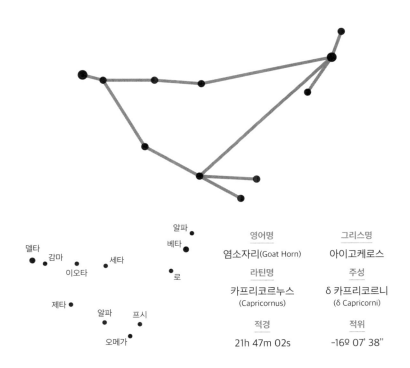

	영어명	그리스명
	염소자리(Goat Horn)	아이고케로스
	라틴명	**주성**
	카프리코르누스 (Capricornus)	δ 카프리코르니 (δ Capricorni)
	적경	**적위**
	21h 47m 02s	-16º 07' 38"

제이미슨 삽화 21: 염소자리, 물병자리

개의 이웃하는 별빛인데, 게자리라 불리는 별자리의 꼭대기에 자리 잡고 있다. 게는 지상에서 저지른 악행에 대한 징벌로 이제 밤하늘에서 두 당나귀의 짐을 나르는 짐승이 되었다. 또한 당나귀들에 대한 보상으로, 그들의 주둥이가 닿는 거리에 황금 짚이 수북하게 담긴 여물통이 놓였다. 밤이 되면 짚은 저 먼 하늘에서 흐릿한 별 무리로 나타나는데, 배고픈 당나귀들은 양쪽에서 그 짚을 조금씩 먹고 있다.[4]

‖ 아프로디테와 에로스의 탈출 ‖

제우스와 그의 친구들과 추종자들은 타이탄들과의 첫 싸움에서 승리했다. 하지만 대지모大地母이자 타이탄들의 어머니인 가이아가 마지막 자식인 괴물 티폰을 낳자 싸움은 신들에게 불리하게 돌아갔다. 이 괴물은 거대한 몸집, 세상을 뒤흔드는 힘, 작열하는 숨결 등으로 여태까지 봤던 짐승 중 가장 사나운 놈이었다. 티폰은 곧 우르릉거리며 땅의 가장 깊은 곳에서 튀어나왔고, 신들을 사냥하여 하나씩 먹어 치우려고 했다. 이에 여러 신들이 절망에 빠져 도망쳤다. 그들은 하늘로 도망치거나 바다로 피신하기 위해 새나 물고기로 변신했다.

아프로디테 여신과 그녀의 아들 에로스는 시리아 땅에 숨어들었다. 모자는 그곳이라면 티폰의 손길이 미치지 않아 안전할 거라고 생각했다. 하지만 그들이 어느 날 유프라테스강의 강둑에서 꿈을 꾸듯 천천히 걸어가고 있을 때, 티폰은 늘 그랬던 것처럼 난데없이 갑작스럽게 나타났다. 귀가 터질 것 같은 포효와 함께 그는 땅에서 불쑥 솟아올라 맹렬한 기세로 모자를 뒤쫓았다. 아프로디테는 갑작스럽게 불과 물 사이에 갇혀 꼼짝할 수 없게 되자, 아들 에로스를 껴안고 필사적으로 강 깊숙한 곳으로 잠수해 들어갔다.

아프로디테는 바다에서 태어난 여신이므로 아들과 함께 쉽게 물에 적응할 수 있었다. 모자는 서둘러 물고기로 변신하여 물속의 새로운 환경에서 숨을 쉬며 헤엄쳤다. 여신은 아들을 옆에 가까이 두기 위해 자신의 꼬리와 아들의 꼬리를 끈으로 묶어 연결했다.

다행스럽게도 티폰은 불의 악마여서 강과 바다의 차가운 습기와는 상극이었고 특히 불을 꺼 버리는 힘을 싫어했다. 아프로디테와 에로스가 미끄러운 바위 사이로 잡풀과 잔가지들을 쏜살같이 빠져나가면서 강의 흐름에 맞춰 안전하게 헤엄쳐 가는 동안에, 티폰은 그들을 더는 뒤쫓아 가지 못하고 강둑에서 망설였다. 그는 격렬한 분노를 참지 못해 증기를 내뿜듯 식식거리기만 할 뿐 결국에는 추격을 포기하고 말았다. 충분히 하류로 움직여 괴물로부터 멀찍이 떨어지자, 아프로디테와 에로스는 피난처였던 강에서 강둑으로 올라와 봄볕과 아늑한 미풍으로 몸을 말렸다.

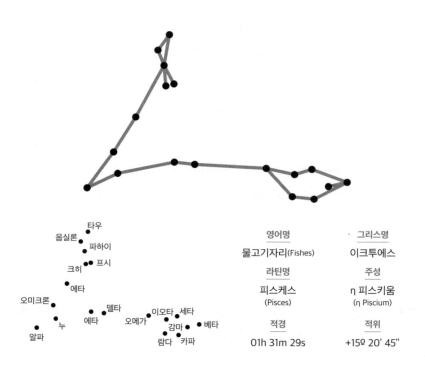

영어명	그리스명
물고기자리(Fishes)	이크투에스
라틴명	주성
피스케스	η 피스키움
(Pisces)	(η Piscium)
적경	적위
01h 31m 29s	+15º 20' 45"

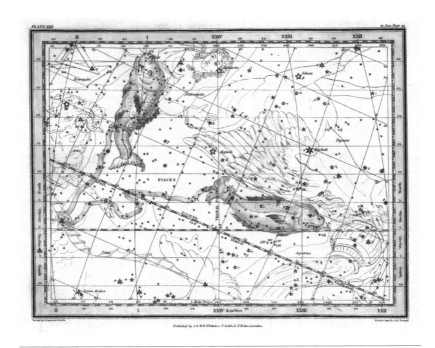

제이미슨 삽화 22: 물고기자리

이후 몇 년 동안 강변에 사는 시리아인들은 물고기를 먹지 않았다. 신성한 어머니와 아들에게 존경을 표시하기 위해서였다. 제우스는 밤 하늘에 물고기FISHES 형태의 별들을 조합함으로써 모자의 탈출을 축하 했다. 그리하여 아프로디테는 밤하늘 높은 곳에서 왼쪽으로 황급히 나 아가는 아들 에로스에게 끈으로 연결된 채, 유프라테스강의 흘러가는 물결 속에서 헤엄치는 모습을 취하고 있다.[5]

제우스는 두 모자를 더욱 대우하고자 태양이 매년 하늘을 지나가면 서 이 물고기자리를 횡단하도록 명령했다. 따라서 매년 태양이 물고기자리와 가지런히 서게 되면 이는 추운 우기가 끝나고 만물이 소생하는 봄이 곧 다가온다는 걸 알려 주는 신호가 되었다.

‖ 여신을 구한 물고기 ‖

훗날 또 다른 물고기가 아프로디테의 딸 데르케토를 물살 빠른 유프라테스강에서 구해 내 명성을 얻었다. 데르케토는 어머니가 강물 덕분에 티폰에게서 도망칠 수 있었던 것을 기억하여 늘 유프라테스강에 서식하는 물고기에게 호의를 보였다. 강의 서쪽 제방 근처 마을인 밤비케에는 데르케토의 신전이 있었다. 그녀는 이 신전 앞의 성스러운 호수에 평소 좋아하던 비늘 덮인 친구들을 살게 했다. 데르케토는 매일 물고기가 떼로 모여 물 위로 입을 벌리고 있으면 먹이를 주었다.

어느 날 저녁, 그녀는 호수 먼 쪽으로 먹이를 주려고 몸을 기울이다 균형을 잃고 그만 유리 같은 호수 속으로 빠져 버렸다. 그런데 여기서 몸집이 가장 큰 물고기가 섬광처럼 빠르게 지느러미를 움직여 호수에 가라앉는 그녀의 몸을 수중에서 받쳐 올렸다. 물고기는 물 위로 올라와 그녀를 제방에 내려놓음으로써 익사할 뻔한 데르케토를 살려 냈다.

어머니 아프로디테는 물고기가 딸의 목숨을 구했다는 사실에 감동하고 기뻐했으며, 물고기의 훌륭한 공로를 알아보고 그를 위해 밤하늘에 한 자리를 내줬다. 이렇게 하여 이 물고기는 남쪽 하늘 낮게 자리를 잡았고 남쪽물고기자리SOUTHERN FISH라는 이름을 얻었다. 이 물고기 역

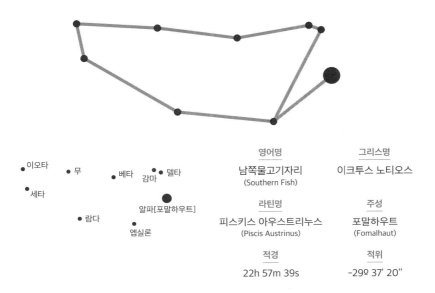

	영어명	그리스명
	남쪽물고기자리	이크투스 노티오스
	(Southern Fish)	
	라틴명	주성
	피스키스 아우스트리누스	포말하우트
	(Piscis Austrinus)	(Fomalhaut)
	적경	적위
	22h 57m 39s	-29º 37' 20"

이오타 무 베타 감마 델타

세타

람다 알파[포말하우트]

엡실론

시 아프로디테와 에로스처럼 시리아인들의 숭배를 받았다. 또한 시리아인들은 황금과 순은으로 정교하게 만든 물고기 모형을 만들어서 이셋을 기렸다.

남쪽물고기자리는 하늘에서 가장 눈부신 별 중 하나가 됨으로써 추가로 보상을 받았다. 이 별은 두 개의 작은 눈 밑에 물고기가 입을 벌린 모습이다. 그는 천구를 헤엄치며 입을 크게 벌리고 물병자리라 불리는 별자리가 정갈한 헌주의 용도로 내어 주는 물을 마신다.[6]

‖ 포세이돈의 충성스러운 돌고래 ‖

깊은 물에서 헤엄치는 돌고래도 신성한 신에게 사심 없이 봉사함으로써 하늘로부터 칭송을 받았다. 바다의 신 포세이돈은 자신의 영역에 사는 모든 돌고래와 다른 생물들을 다스렸다. 하지만 그의 신민들은 신의 강력한 존재감에 몸을 떨면서 거리를 두려고 했다. 그 결과 포세이돈은 아주 외로운 존재가 되었고 으리으리한 수중 동굴 속에서 슬픔과 번민으로 하루하루를 보냈다.

결국 그는 외로움을 이기지 못하고 암피트리테라는 평범한 요정과 결혼하겠다는 뜻을 선포했다. 그러나 이 수줍은 바다 처녀는 강력한 신이 보내는 구애에 혼비백산하며 더럭 겁을 집어 먹었다. 그리하여 그녀는 곧바로 서쪽 멀리, 지중해의 물이 아틀라스산 근처 해안을 찰싹이는 곳으로 도망쳤다.

포세이돈은 친구인 돌고래에게 자신의 속마음을 털어놓으면서 자신이 정말로 암피트리테를 사랑한다는 걸 확신시켰다. 이에 돌고래는 신의 좋은 의도를 온전히 알아차리고서 소금기 물씬 풍기는 바다 전역을 방랑하면서 그녀를 찾아 나섰다.

돌고래는 온갖 곳을 다 뒤지고 다녔다. 탁 트인 넓은 수역과 바다 사람들이 모인 섬들뿐만 아니라 수평선 한참 너머에 있는 비밀스러운 후미진 곳과 가라앉은 동굴까지 살폈다. 그는 바다 깊은 곳의 은신처를 잘 알았고, 모든 틈새, 동굴, 산호초 등 그가 모르는 곳은 없었다. 돌고래는 몇 번이고 파도 밑으로 헤엄치다 다시 물 위로 뛰어올랐고, 그러는 중에 물고기 무리를 흩어 놓기도 하고 더러는 위협적인 상어의 공격에서 벗어나기도 했다.

많은 날에 걸쳐 수색한 끝에 돌고래는 마침내 암피트리테를 발견했다. 그녀는 작은 동굴에서 몇 안 되는 친구들인 해마와 불가사리에 둘러싸여 공포와 불안으로 전신을 떨고 있었다. 돌고래는 온화한 말로 그녀를 격려하면서 구혼자의 사랑이 진실하니 부디 안심하고 돌아와 결혼할 것을 권했다. 행복을 보장한다는 말도 했다. 그리하여 돌고래는 오랜 시간 기다린 포세이돈에게 겁먹고 수줍은 신부를 데리고 왔다. 이어 돌고래는 밝고 활기찬 형형색색의 수중 동물들이 하객으로 모인 가운데 결혼식의 주례를 섰다.

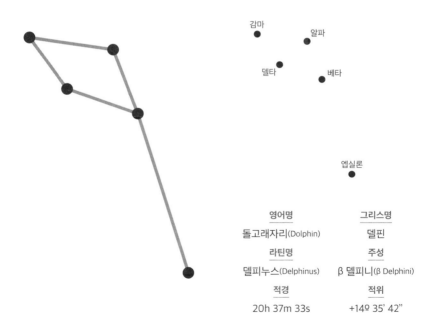

영어명	그리스명
돌고래자리(Dolphin)	델핀
라틴명	주성
델피누스(Delphinus)	β 델피니(β Delphini)
적경	적위
20h 37m 33s	+14º 35' 42"

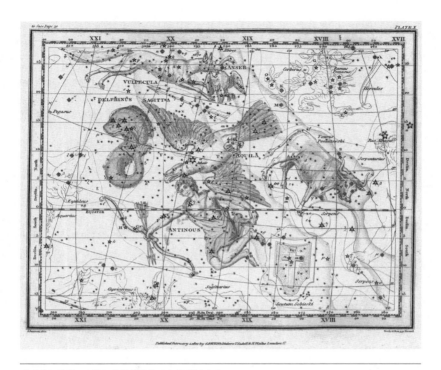

제이미슨 삽화 10: 돌고래자리, 독수리자리, 화살자리

　그 외에도 무수히 많은 경우에, 돌고래와 그의 친척은 배를 인도하고, 해상에서 난파하여 몸부림치는 선원을 구하는 등, 인간을 여러 모로 잘 도와주었다. 아르고호의 선원들도 돌고래에 관해선 좋은 기억을 갖고 있었다. "날씨가 잔잔할 때 돌고래들은, 배가 속도를 내어 가는 동안 바다에서 수면 위로 뛰어올라 떼를 지어 배 주위로 몰려들었다. 때로는 앞에서, 때로는 뒤에서, 때로는 옆에서 나타나며 녀석들은 선원들에게 커다란 즐거움을 안겨 주었다."[7]

포세이돈과 모든 인간에게 충실히 봉사한 결과 돌고래는 밤하늘의 별자리라는 영원한 집을 얻었다. 하늘에서 돌고래는 의기양양하게 뛰어오르면서 야간 항해에 나선 사람들에게 안심하라는 신호를 보내 주고 있다.

‖ 제우스의 용맹한 독수리 ‖

에레크테우스 같은 인간뿐만 아니라, 염소 아말테아, 그녀의 쌍둥이 자식, 아이고케로스, 두 마리 당나귀 등 지상의 짐승들은 충실하게 신들에게 봉사했다. 시리아인들 역시 아프로디테와 에로스를 물고기자리로 숭배했다. 데르케토를 도운 물고기와 돌고래 같은 수중 생물도 신들을 돕고 존경했다.

마찬가지로 하늘을 나는 새들도 여러 번에 걸쳐서 신들을 충실하게 섬기는 헌신적인 모습을 보였다. 실제로 모든 신은 각자 좋아하는 새들이 있었고 새들은 그런 호의에 보답하기 위해 충실히 신들을 섬겼다. 작은 부엉이는 아테네인들이 쓰던 드라크마 은화에 새겨져 기념된 것처럼 아테나 여신의 변함없는 동반자이다. 제우스가 선호하는 날개 달린 친구는 용맹한 독수리이다.

제우스가 타이탄에 대항하여 전쟁을 일으킴으로써 신들의 거처인 올림포스에는 전운이 감돌았다. 폭풍우가 몰아치는 하늘에서 번개가 번쩍거렸고, 천둥으로 우르릉거리는 소리가 울렸다. 무시무시한 폭풍

기원전 5세기에 라우리온 광산에서 캔 은으로 주조한 아테네 드라크마. 앞면은 아테나의 얼굴을 보여 준다. 뒷면은 그녀의 상징인 부엉이와 올리브나무 잔가지를 새겼다. 미국 텍사스 주 로마 팔로마 마셜 컬렉션. 저자가 직접 찍은 사진.

아래에서 제우스는 불안해하는 자신의 군대에게 전투대기 명령을 내렸다. 그가 휘하 군대의 두려움을 누그러뜨리고 용맹한 행동을 권면하는데, 갑자기 거대한 독수리가 공중에 나타났다. 이 위풍당당한 새는 돌풍처럼 제우스의 오른쪽 어깨에 내려앉았다.

병사들이 이런 길조를 목격하자 대열에선 기백이 넘치는 함성이 울려 퍼졌다. 병사들은 이제 용기로 가슴이 부풀어 올랐고, 적들(타이탄)을 쫓아내고자 무서운 기세로 돌진했다. 제우스의 병사들이 칼로 방패를 두들기고, 칼과 칼이 맹렬하게 부딪쳐서 철커덕, 쨍그랑 소리를 내는 동안 독수리는 공중 저 높은 곳에서 빙빙 선회하면서 그들을 한결같이 격려했다.

결국 그날 전투가 제우스의 승리로 끝나자 독수리는 하늘과 폭풍을 다스리는 신, 제우스에게 돌아왔다. 제우스는 자신의 손바닥에 내려앉은 맹금을 머리 위로 높게 들어 올렸고, 이제부터 독수리는 자신의 친구라고 선언했다.

이후로도 독수리는 자신의 충성을 종종 증명했고, 제우스에 대한 존경의 표시로 그 신이 바라는 것을 가져와 그를 도왔다. 제우스가 신들에게 바칠 헌주를 들기에 적합한 위엄과 우아함을 갖춘 자를 술 따르는 자로 요구하자 독수리는 "인간 중에 가장 아름답다는 가니메데스"[8]를 납치하여 데려왔다. 독수리는 저 높은 올림포스까지 그 커다란 발톱으로 조심스럽게 청년을 다루면서 대령해 온 것이었다.

이런 사려 깊은 독수리의 행동을 본 제우스는 그것을 기리기 위해 독수리EAGLE를 밤하늘에 날아오르는 불멸의 별자리로 만들어 주었다. 그렇게 하여 지상의 모든 사람이 그 화려한 모습을 쳐다보게 하려는 뜻

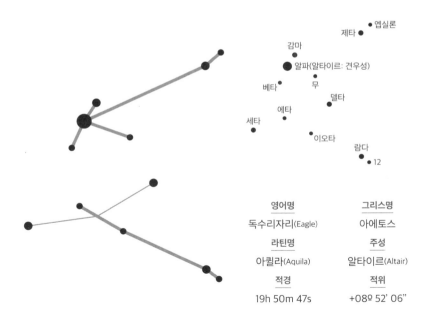

엡실론
제타
감마
알파(알타이르: 견우성)
베타
무
델타
에타
세타
이오타
람다
12

영어명	그리스명
독수리자리(Eagle)	아에토스
라틴명	주성
아퀼라(Aquila)	알타이르(Altair)
적경	적위
19h 50m 47s	+08º 52' 06"

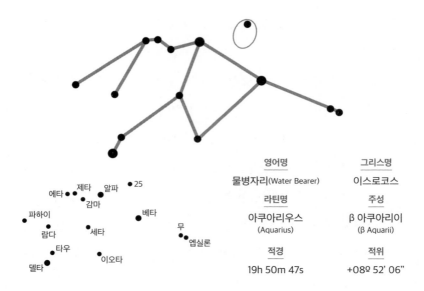

	영어명	그리스명
	물병자리(Water Bearer)	이스로코스
	라틴명	주성
	아쿠아리우스	β 아쿠아리이
	(Aquarius)	(β Aquarii)
	적경	적위
	19h 50m 47s	+08º 52' 06"

도 있었다. 독수리의 가슴은 지상을 향해 내밀고 있으며, 밝은 별을 어깨 위에 두고 있다. 이웃하는 세 개의 별은 부리와 날개를, 두 개는 꼬리를 나타낸다. 여섯 개의 별은 독수리가 발톱으로 부드럽게 붙잡은 미소년 가니메데스이다.[9]

트로스 왕(트로이라는 이름을 남긴 트로이 왕가의 조상)의 아들 가니메데스는 변함없는 마음으로 정성껏 신들의 시중을 들었기에 자신만의 별자리를 갖게 되었다. 그는 물병자리WATER BEARER라는 이름으로 알려져 있다. 매일 밤 희미하게 이어지는 별들이 그의 오른손에서 반짝이며 쏟아지는 헌주이다.

‖ 하늘의 제단 ‖

　크로노스와 타이탄들에 맞서 싸운 전쟁은 몇 달로 이어지다가 몇 년으로 길어지면서, 상황은 점점 악화되기만 했다. 하늘과 땅은 분노로 진동했고, 바다의 파도는 맹렬하게 해안으로 달려와서 부딪혔으며, 자연의 모든 것이 공포와 불안으로 온몸을 떨었다.

　이런 시련의 시기에 군대를 단결시키기 위해, 제우스와 신들은 종종 향을 피운 신성한 제단에 향기로운 풀을 바침으로써 병사들의 상호 유대와 충성을 유도했다. 신들은 빛나는 예복을 입고 모였는데 엄숙한 행진을 하는 신들의 손엔 활활 타는 횃불이 들려 있었다. 신들은 차례차

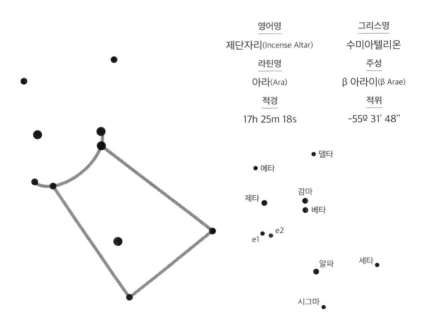

영어명
제단자리(Incense Altar)

그리스명
수미아텔리온

라틴명
아라(Ara)

주성
β 아라이(β Arae)

적경
17h 25m 18s

적위
-55º 31' 48"

델타
에타
감마
제타
베타
e2
e1
알파　세타
시그마

아스클레피오스 성역이었던 에피다우루스 유적에 위치한 아르테미스 신전 동쪽 페디먼트에서 발견된 니케의 석상. 만들어진 시기는 기원경 4세기로 추정된다.
Photo by DeAgostini/Getty Images

례 제단의 타오르는 화로에 햇불을 내려놓고, 자신들이 높이 내건 대의에 영원히 헌신할 것을 맹세했다.

그렇게 일치된 마음과 열정으로 무장한 신들은 적을 무찌르기 위해 과감하고 용감하게 앞으로 나섰다. 마침내 10년에 걸친 비극적인 전쟁이 끝났다. 참담한 패배를 당한 크로노스와 타이탄들은 땅 속 깊은 곳에 있는 타르타로스의 지하감옥으로 추락했다.

전쟁이 끝난 날 밤, 신들은 장엄한 올림포스산 정상에서 승리를 축하했다. 승리의 여신 니케는 별빛으로 찬란하게 빛났고, 순수한 헌주를 따르는 것으로 그 순간을 축복했다. 이어 제우스는 둥근 화로와 날아다니는 불꽃까지 포함하여 제단INCENSE ALTAR이라는 별자리를 밤하늘에 하나의 기념물로 설치했다. 그 제단은 밤하늘에서 은은히 빛나면서 신과 인간에게 똑같이 신성하게 여겨지는 헌신의 위력을 온 세상에 알려 주고 있다.[10] 이제 밤하늘에서 이 별을 쳐다보는 모든 사람들은 그로부터 영감을 얻어 지상의 성지들에 제단을 세웠고 또 훌륭한 사업에 성공을 내려 달라고 기도를 올리게 되었다. 이제 사람들은 "분향과 경건한 맹세, 제주, 그리고 희생제물을 바치면서"[11] 신들에 대한 헌신을 약속했다.

VIRGO

02
사랑받은 미덕과 잃어버린 미덕

별자리

처녀자리(Virgo)

궁수자리(Sagittarius)

남쪽왕관자리(Corona Australis)

켄타우로스자리(Centaurus)

이리자리(Lupus)

삼각형자리(Triangulum)

까마귀자리(Corvus)

컵자리(Crater)

별

곡물 낱알(Spica)

포도 수확기의 전령(Vindemiatrix)

좌측: 제이미슨 삽화 18: 처녀자리

하늘과 폭풍의 최고신 제우스는 무시무시한 번개와 천둥의 힘을 행사했다. 그는 전투에 나가면 뾰족한 번개를 쥐고서 그것을 맹렬한 기세로 적에게 퍼부었다. 이 무기로 그는 올림포스의 신들과 충실한 인간들을 통솔하여 타이탄 무리를 완파했다. 이제 제우스는 땅과 하늘을 모두 지배하고 통치하는 최고신이 되었다.

신들의 승리는 인류에게 행복과 조화를 가져다주었다. 사람들은 이웃, 그리고 자연과 어우러져 평화롭게 살았다. 그들은 주변에서 번창하는 많은 동식물을 소중히 여겼다. 그들은 만물과 밀접하게 조화를 이루었고, 만물을 존중하고 공정하게 대했다. 그에 대한 답례로 사람들은 음식과 주거지에 관한 욕구를 자연으로부터 온전히 충족할 수 있었다.

시인이자 예언가인 헤시오도스의 말에 따르면 그들은 번성했다. 시인은 다음과 같은 말을 남겼다. "그들은 정의에서 벗어나는 일이 전혀 없었다. 그들의 도시는 번영했고, 그 안에 사는 사람들 역시 번성했다. 그들이 볼 때, 아이를 길러 주는 힘인 평화가 지상에 널리 퍼졌고, 선견지명이 있는 제우스는 절대 고통스러운 전쟁을 벌이려고 하지 않았다. 기근 또한 인간을 심판하지 않았다. 이런 이유로 지상은 삶의 수단을 풍성하게 제공하는 곳이 되었다."[1]

‖ 별의 여신 아스트라이아 ‖

이런 황금기 동안 청렴, 평화, 박애를 주관하는 별의 여신 아스트라이아는 그녀가 사랑했던 천진한 인간들 사이에서 불멸의 삶을 살았다.[2] 그녀의 아버지는 황혼의 신 아스트라이오스이고, 어머니는 여명의 여신 에오스였으니 그녀의 혈통은 시간만큼이나 아주 오래된 것이었다.

아스트라이오스와 에오스는 "하늘을 덮은 빛나는 별들"을 낳기도 했다. 그들 중엔 동쪽 지평선 위로 환하게 떠오르면서 어머니인 여명이 다가온다는 걸 예고하는 샛별 포스포로스도 있었다. 다른 자식들로는 바람이 있는데, 이들은 북풍 보레아스, 남풍 노토스, 서풍 제피로스, 동풍 에우로스 등 네 방면의 바람이다.[3] 조용하고 우아한 딸들과는 달리 번잡스러운 아들들은 가만히 있지 못하고 이리저리 돌아다녔다. 그들은 앞으로 과감히 돌진하여 서로를 밀어내면서 바람의 방향에서 기선을 장악하려 했다. 그들이 한군데 차분하게 조용히 앉아 오래 쉬는 건 드문 일이었다.

아스트라이아의 태도는 늘 온화하고 다정했다. 그녀는 기분 좋은 평화의 여신이었다. 여신은 황금시대를 살아가는 인간들의 소박한 순수함이 매력적이고 사랑스럽다고 생각했다. 그녀는 자주 마을의 유지들 사이로 내려가서 그들에게 "마을 사람들에게 더욱 온화한 판단을 내리"라고 격려했다. 그리하여 평화가 지배했다. "황금시대에 아직 인간은 가증스러운 갈등, 트집 잡는 언쟁, 싸움의 소음 따위는 전혀 모르고

소박한 삶을 산 데다, 황소와 쟁기가 인간의 모든 욕구를 충족시킬 만큼 풍성한 농산물을 만들어 냈다."[4]

하늘의 별자리로서 아스트라이아는 고결하고 젊은 처녀MAIDEN의 모습이다. 아름답고 자애로운 그녀는 곡물 낟알EAR OF GRAIN이라는 밝은 별을 왼손에 들고 있는데, 이는 농업의 풍성함을 상징한다. 그녀의 오른쪽 날개엔 포도 수확기의 전령HERALD OF THE VINTAGE이라는 별이 있다. 이 별은 매년 동쪽 지평선에 새벽이 되면 떠올라 농부들에게 서둘러 포도밭으로 가서 무르익은 포도를 수확하라는 신호를 보낸다.[5] 그녀는 오른손으로 종려나무 잎을 들어 올리고 있는데, 그것은 지상을 평화가

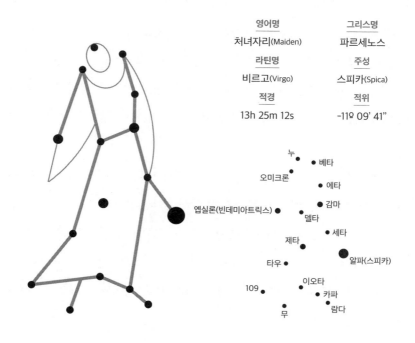

영어명
처녀자리(Maiden)
라틴명
비르고(Virgo)
적경
13h 25m 12s

그리스명
파르세노스
주성
스피카(Spica)
적위
-11º 09' 41"

누   • 베타
오미크론 •
          • 에타
          • 감마
엡실론(빈데미아트릭스) •   • 델타
                    • 세타
제타 •
          • 알파(스피카)
타우 •
        이오타 •
109 •   • 카파
              • 람다
        무

지배한다는 상징이었다. 지상의 여러 훌륭한 선물로 자신을 꾸민 아스트라이아, 즉 처녀자리는 인류를 향한 신성한 사랑의 증표로 영원히 밤하늘에서 빛나고 있다.

황금시대엔 다른 신들과 여신들도 지상의 존재들에게 축복을 내렸다. 심지어 이리저리로 질주하는 반인반마 켄타우로스조차 불멸하는 신들로부터 신성한 선물을 받았다. 인간과 비슷하게 켄타우로스도 그 기질이 다양하여 훌륭한 면도 있고 또 그렇지 못한 면도 있었다. 하지만 그들 중 두 켄타우로스는 인간과 다를 바 없이 늘 지극한 존중을 받는다.

‖ 뮤즈들의 켄타우로스 ‖

둘 중 하나는 에우페메의 아들인 크로토스이다. 에우페메는 상냥하고 온화한 켄타우로스였는데, 헬리콘산 정상에 사는 제우스의 딸들인 처녀 신 아홉 뮤즈의 보모로 있었다. 에우페메가 산간 샘물 옆의 그늘이 시원한 초지에서 크로토스를 낳던 날, 아홉 여신은 옆에서 그녀의 출산을 도왔다.

아홉 자매는 갓 태어난 작은 켄타우로스의 모습을 보고 기뻐하며 즐겁게 웃었다. 크로토스는 일어서서 그 가느다란 네 다리로 비틀거리며 앞으로 나아갔다. 어느 정도 시간이 흐르자 그는 몸에 균형을 잡게 되었고, 이어 마구 뛰어다니며 놀기 시작했다.

1603년 요한 바이어의 《우라노메트리아》에 묘사된 궁수자리. 잉글랜드 옥스퍼드의 역사박물관과 과학도
서관에서 사용 허가를 받음. 저자가 직접 찍은 사진.

    자매 여신들은 이 작은 친구를 곧바로 사랑하게 되었다. 여신들은
크로토스를 그날부터 동생으로 받아들이고 애지중지했다. 세월이 흐
르는 동안 젊은 켄타우로스는 여신들의 변함없는 격려와 친절한 가르
침 속에서 무럭무럭 성장했다. 대다수 켄타우로스와는 달리 그는 여신
들의 보살핌을 받으며 고상하고 세련된 삶을 살아가게 되었다.

    크로토스는 곧 어린 시절에 배워야 하는 기술을 능숙하게 익히게 되
었다. 그는 삼림지에서 만난 친구들과 함께 경주하는 놀이에 열중했
다. 그는 바위 많은 산꼭대기로 기어오르면서 온몸에 짜릿함을 느꼈

다. 그는 뒤로 구부러진 활에다 깃털 달린 화살을 걸어서 빠르게 날림으로써 털가시나무의 도토리나 잎을 떨어뜨리는 일을 아주 잘했다.

크로토스가 점점 더 나이가 들자 뮤즈들은 그를 학문의 길로 이끌었다. 공부를 열심히 하면서 우주에 관한 지식, 즉 시간과 공간에 관한 그의 지식은 날마다 늘어났는데 특히 역사와 천문학, 그리고 관련 학문의 지식 범위가 더욱 확장되었다. 그는 가정교사로 재능 있는 뮤즈들을 둔 덕분에 예술을 사랑하는 마음도 점점 깊어졌다. 뮤즈들은 역사와 천문학의 수호 여신 역할을 하는 것 외에도 시, 음악, 춤, 연극의 기술을 관장하는 신이었으므로 당연히 그런 분야 쪽으로 크로토스를 많이 가르쳤다.[6]

여신들로부터 많은 배움을 얻은 크로토스는 훌륭하고 탁월한 음악가로 성장했다. 그는 손뼉을 치고 발을 구름으로써 노래와 이야기의 리듬을 강조하고 표현하는 방법을 개발했다. 그는 또한 빠르게 손뼉을 쳐서 찬양의 태도를 보임으로써 음악의 피날레를 멋지게 장식하는 방법을 보여 주기도 했다.

크로토스가 이런 아이디어를 내놓을 때마다 아홉 여신은 칭찬을 아끼지 않았다. 크로토스의 주기적인 리듬 덕분에 여신들의 서사시적 이야기와 음악은 청중들에게 더욱 생생하고 친근하게 다가갈 수 있었다. 청중은 그에 대한 보답으로 박수를 치면서 그들의 즐거움을 표시했다. 뮤즈들이 종종 더욱 활기 넘치는 노래나 이야기를 공연할 때 크로토스는 감정을 주체하지 못하고 무대에 올라 열정적으로 춤을 추었다. 그는 머리에 쓴 올리브 나뭇가지 왕관을 땅으로 내던진 다음 그 주변을 홍겹

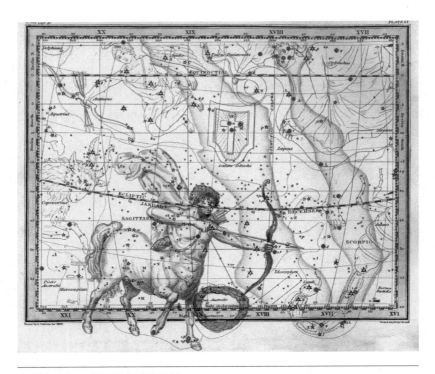

제이미슨 삽화 20: 궁수자리, 남쪽왕관자리

게 앞발로 차며 앞으로 갔다가 뒤로 가는 등 활발하게 뛰놀았으며, 때때로 공중 높이 뛰어오르기도 했다.[7]

뮤즈들과 켄타우로스 모자는 함께 즐거운 삶을 누렸고, 서로에게 가족이나 다름없는 존재가 되었다. 동시에 크로토스가 신성한 아홉 자매와 그들의 아버지인 제우스에게 경건하게 헌신하는 모습은 세월이 흐를수록 더욱 경건하고 정성스럽게 되었다. 하지만 아아, 켄타우로스들은 흐르는 세월을 이기지 못하고 점점 더 늙고 몸도 약해져 갔다. 유한한 존재로 태어난 이상 죽음은 피할 수 없는 운명이었다. 영원한 젊음

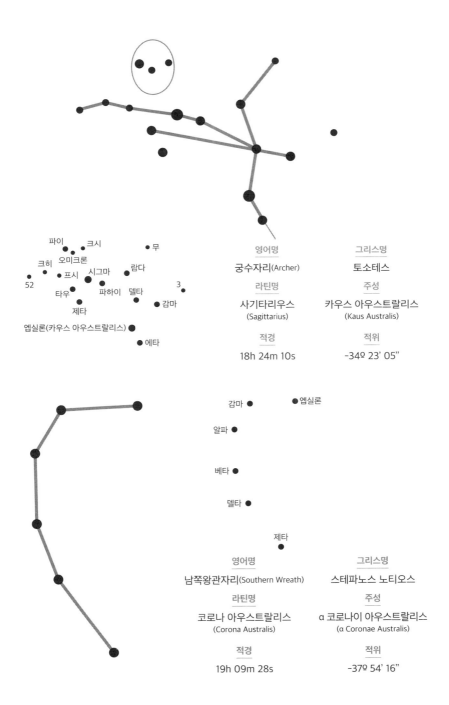

파이　크시
크히　오미크론
　　프시　시그마
52　　　　　파하이　델타
타우　　　　　　3
제타　　　　감마
엡실론(카우스 아우스트랄리스)
에타
무
람다

영어명
궁수자리(Archer)
라틴명
사기타리우스
(Sagittarius)
적경
18h 24m 10s

그리스명
토소테스
주성
카우스 아우스트랄리스
(Kaus Australis)
적위
-34º 23' 05"

감마　엡실론
알파
베타
델타
제타

영어명
남쪽왕관자리(Southern Wreath)
라틴명
코로나 아우스트랄리스
(Corona Australis)
적경
19h 09m 28s

그리스명
스테파노스 노티오스
주성
α 코로나이 아우스트랄리스
(α Coronae Australis)
적위
-37º 54' 16"

을 유지하는 불멸의 뮤즈들은 결국 비통한 심정으로 에우페메와 크로토스 모자가 나이 들어 몸을 가누지 못하고 죽어 가는 모습을 바라볼 수밖에 없었다.

크로토스가 마지막 숨결을 내쉬자 몹시 슬퍼한 여신들은 제우스에게 가장 아꼈던 친구를 위해 하늘에 별자리를 하나 만들어 달라고 요청했다. 그렇게 해서 크로토스는 별들 사이에서 숲을 따라 산책하는 모습으로 하늘을 계속 돌아다니게 되었다. 그는 왼손에 뒤로 휜 활을 단단히 붙잡고 오른손으로 활시위를 당기고 있다. 그가 썼던 올리브 나뭇가지 왕관은 앞에 있는 바닥에 놓여 있다. 크로토스의 별자리는 궁수자리 ARCHER로 불리며, 그의 왕관은 남쪽왕관자리SOUTHERN WREATH라 불린다. 이렇게 불리는 이유는 별자리의 위치가 크로토스의 활보하는 발굽 옆인 남쪽 하늘 낮은 곳에 있기 때문이다.

‖ 현 자 키 론 ‖

또 다른 켄타우로스인 키론 역시 신들에 대한 경건한 태도와 동정심으로 찬사를 받았다. 크로토스와 마찬가지로 그는 수많은 켄타우로스의 특징인 야만적인 모습이 아예 없었다. 그는 정신과 영혼 양쪽에서 한결같이 성실함을 유지하는 켄타우로스였다.

키론은 다른 이들은 도저히 따라잡을 수 없을 정도로 풍부한 식물학과 의학 지식을 갖췄고, 하늘의 이야기와 음악 분야에도 통달했다. 그는 이런 넘치는 지혜를 여러 제자에게 가르치며 공유했는데, 이 제자들은 이후 지식과 리더십 측면에서 우뚝 솟은 기둥 같은 존재가 되었다. 이런 제자들 중 하나로 이아손이 있었다.

　이아손이 아직 젖먹이였던 당시, 그의 삼촌인 사악한 테살리아 왕은 요람에 있는 그를 죽일 계획을 짰다. 가만히 두면 장래 어느 날 왕좌를 조카에게 빼앗길지 모른다고 생각했기 때문이다. 키론은 이 죄 없는 아이를 딱하게 여겨 펠리온산 정상에 있는 자신의 동굴 집에 그를 숨겨주었다. 이후 키론은 이아손을 아들로 받아들여 기르면서 그에게 지식과 민간전승을 가르쳤다.

　이아손의 곁엔 키론의 또 다른 제자인 아스클레피오스라는 아이가

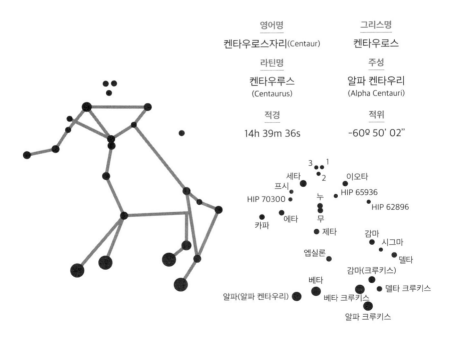

영어명	그리스명
켄타우로스자리(Centaur)	켄타우로스

라틴명	주성
켄타우루스 (Centaurus)	알파 켄타우리 (Alpha Centauri)

적경	적위
14h 39m 36s	-60º 50' 02"

있었는데 그는 의술을 배우고 실천했다. 아스클레피오스는 재능이 탁월하여 장래가 유망한 제자였기에 키론은 가지고 있던 치료용 식물을 그가 마음대로 쓸 수 있도록 허락했다. 공부가 끝나고 밖에 나가 놀 때가 되면 이아손과 아스클레피오스는 함께 동무가 되어 즐겁게 숲속을 돌아다녔다.

그들은 우뚝 솟은 전나무와 그늘이 시원한 빈터를 지나 펠리온산 정상으로 올라갔다. 더 멀리 돌아다닐수록 그들은 동굴집 근처에 있는 깊고 어두운 숲을 덜 두려워하게 되었다. 이렇게 돌아다니던 중에 그들은 벌을 관찰하여 벌집이 달린 야생 나무를 찾아내는 요령을 알게 되었고, 키론의 식물 표본집에 추가할 유용한 식물도 알아보게 되었다.

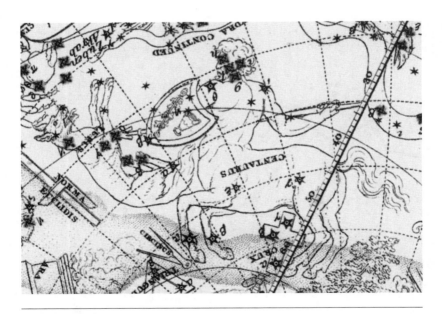

제이미슨 삽화 28: 켄타우로스자리, 이리자리

이제 세월이 흘러 마침내 성인이 된 소년들은 어린 시절을 보낸 동굴을 떠나야 했다. 이때 아스클레피오스는 이아손과 함께 여행을 떠나기로 했다. 그렇게 하여 이아손이 이끄는 아르고호의 모험심 강한 선원이 되었다. 훌륭한 선원인 아스클레피오스는 콜키스까지 먼 항해 도중에 선상 의사의 역할을 맡았다. 키론의 간청에 따라 이아손은 유명한 음악가인 오르페우스를 이 모험 여행에 초청하여 합류시켰다.

다정한 키론은 아르고호 선원들의 용맹한 노력을 처음부터 끝까지 지원했다. 그는 아르고호 선원들이 미지의 해역으로 항해를 준비할 때 무사귀환을 비는 기도를 올렸다. 마침내 선원들이 매어 둔 줄을 풀고 물결 위로 배를 띄우자 키론은 펠리온산 밑 자갈 해변까지 내려와 그들을 전송했다. 그는 조용히 중얼거리며 아들들이 안전하게 되돌아올 수 있도록 해 달라고 신들에게 빌었다. 키론은 웃으며 떠나는 이들에게 손을 흔들었고, 빨리 무사히 돌아오라고 말했다.[8] 항해를 떠난 이후 그들이 어떻게 되었는지는 뒷부분(제6장 고귀한 아르고호 선원들)에서 더 자세히 알아보게 될 것이다.

세월이 흘러가면서 키론의 지혜에 관한 소문은 멀리, 또 넓게 퍼졌다. 그러자 많은 사람들이 그의 슬기로운 조언을 얻고자 찾아왔다. 그들은 빈번히 키론의 동굴로 이어지는, 그늘 드리운 오솔길을 찾고자 숲속의 비탈길을 샅샅이 뒤졌다. 제우스의 아들 헤라클레스는 그 길을 아주 잘 알고 있었다. 그래서 현자 켄타우로스를 자주 찾아와 조언을 구했다.

어느 날 둘은 키론의 동굴에서 활기찬 대화를 나누고 있었는데, 갑자기 히드라의 맹독성 피를 촉에 발라 둔 화살이 헤라클레스의 화살 통

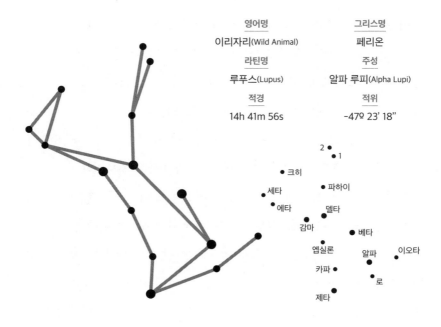

영어명
이리자리(Wild Animal)

그리스명
페리온

라틴명
루푸스(Lupus)

주성
알파 루피(Alpha Lupi)

적경
14h 41m 56s

적위
-47º 23' 18"

2
1

크히

파하이

세타

에타

델타

감마

엡실론

베타

카파

알파

이오타

로

제타

에서 빠져나와 키론의 다리 아랫부분을 찔렀다. 키론은 쓰러져 의식을 잃고 혼수상태에 빠졌고, 이에 용맹한 영웅은 공포를 느끼면서 무기력에 빠져들었다. 순식간에 벌어진 일이라 어쩔 줄 몰라 했다. 영웅은 양 팔로 부축한 켄타우로스 친구가 눈을 감고 숨을 거두는 모습을 바라볼 수밖에 없었다.

지상의 인간들은 현자의 비극적인 죽음에 애통함을 금치 못했고, 이에 신들은 모임을 갖고서 키론을 밤하늘의 별자리로 만들어 기리기로 합의했다. 그저 켄타우로스자리라고 불리는 그의 별자리는 네 다리로 당당히 서 있으며, 위엄에 찬 걸음으로 천구를 걷는다. 그는 손에 이리 WILD ANIMAL를 들고 있는데, 숲에 있는 그의 동굴 집에 몰래 접근하여 공격하려던 이 사나운 짐승은 이리의 모습으로 하늘에서 희미하게 빛나고 있다. 별들은 키론이 오른손으로 짐승의 뒷다리를 붙잡고 있는 모습을 보여 준다. 그의 왼손엔 티르소스thyrsus(잎이 무성한 포도나무와 솔방울로 장식된 지팡이)가 들려 있는데, 디오니소스 신을 숭배한다는 표시이다. 디오니소스 신 역시 숲이 우거진 산을 돌아다니는 걸 좋아했다.

크로토스와 키론은 불멸의 신들과 지상의 인간들에게서 끝없는 칭찬을 받았다. 둘은 그리스인들이 가장 동경하는 자질을 갖춘 자들이었다. 무기와 예술에 능하고, 허영심이 전혀 없으면서도 용맹하고, 모험적이면서도 계몽된 정신을 갖고 있으며, 지식과 지혜도 있고, 동정심이 있으면서도 경건했다. 그들은 아레테의 정수를 보여 주었다. 그런 자질에 어울리게 두 켄타우로스의 별자리는 공손한 태도로 신들의 제단에 접근하는 모습으로 하늘에 나타난다. 그들의 성격을 적절히 반영하듯 키론은 엄숙하게 나아가는 모습, 크로토스는 즐거워 춤을 추는 모습이다.

‖ 황금시대의 종언 ‖

크로토스와 키론은 인류의 영광스러웠던 시대에 살았다. 하지만 황금시대는 반드시 끝나게 되어 있었고, 여러 세기가 흘러가야만 황금시대가 다시 나타나기도 한다. 아아, 인간은 남녀노소를 가리지 않고 오만이라는 어리석음에 빠져들었다. 그들은 자신을 모든 창조물의 중심이라고 자만하게 되었다. 세상을 통치하겠다는 욕망에 눈이 멀어, 주위에 있는 자연, 그리고 영적인 본질과 일치를 이루던 자신의 모습을 잊어버리고 말았다.

아스트라이아의 성스러운 축복—미덕, 평화, 풍요로움—이 가져온 아름다움은 배은망덕이라는 안개 속으로 감쪽같이 사라졌다. 결국 여신은 자신이 홀로 남았다는 걸 알았다. 지상의 아이들은 더는 웃지도, 사랑하지도 않았으며 여신은 마치 있지도 않은 투명한 존재인 양 무시되었다. 인간들의 비참한 행동에 눈물을 흘린 그녀는 이제 끔찍한 결과가 닥쳐오리라는 생각에 깊은 절망에 빠졌다. 여신은 깊은 슬픔으로 눈물을 흘리며 상심한 채 지상을 떠나 하늘로 올라갔다.

평화로운 그녀의 존재가 사라지자 권력과 소유를 향한 인간의 욕구가 기승을 부리게 되었고 그 결과, 세상에는 증오에서 비롯된 참사와 전쟁이 넘쳐나게 되었다. 이렇게 하여 쉬지 않고 일하는 자들이 넘쳐나는 추악한 청동시대가 시작되었다. "이들은 제일 먼저 칼을 만들고… 사상 처음으로, 밭을 가는 황소의 살을 먹은 자들이었다."[9] 그들을 인도하던 성스러운 지침과 도덕적인 기풍이 사라지자 늑대처럼 서로에게 달려들어 싸웠고, "청동으로 서로를 학살했다."[10]

이제 그리스와 아시아의 왕국들은 에게해를 가운데 두고 전쟁을 벌였다. 어떤 이들은 아시아의 페니키아인 혹은 페르시아인이 이 오래된 전쟁을 부추겼다고 비난한다. 다른 이들은 반대로 그리스인들을 책망한다. 역사가 헤로도토스는 페르시아 측의 이야기를 기록했는데, 내용은 다음과 같다.

어느 날 페니키아 선원들이 아르고스에 도착했다. 이곳에서 그들은 아시아에서 가져온 물건을 올리브유와 와인, 그리고 그림이 그려진 그리스 도자기와 교환할 생각이었다. 며칠 동안 성공적으로 거래를 마친 선원들은 떠날 준비를 했다.

배를 준비하고 줄을 감아올리던 그들은 물건을 사려고 부두에 온 아르고스 여자 몇 사람을 갑자기 납치했다. 아르고스(그리스) 사람들이 대응할 시간도 없이, 페니키아 선원들은 서쪽에서 불어오는 호의적인 바람을 타고 동쪽 수평선 저 멀리로 도망쳤다. 납치당한 가여운 처녀 중엔 이오도 있었는데, 바로 아르고스의 공주였다. 이오의 아버지인 아르고스 왕은 격분하여 딸을 납치한 자들에게 복수할 것을 다짐했다.

여기까지가 페르시아의 이야기이다. 하지만 그리스 전설은 이오가 페니키아인에게 납치된 것이 아니라, 제우스에게 붙잡혔다고 전한다. 이 탐욕스러운 신은 이오와 동침하고서, 질투심 많은 아내인 헤라 여신으로부터 보호하기 위해 그녀를 새하얀 암소로 변신시켰다. 하지만 헤라는 제우스의 수법을 잘 알고 있었고, 이내 암소로 변신한 이오의 정체를 간파했다. 격노한 여신은 쇠파리를 보내 이오를 쫓게 하여 불쌍한 처녀를 고향에서 아주 먼 곳으로 추방시켰다.

이제 암소로 변신한 이오는 살갗을 물어뜯는 파리가 바짝 뒤를 쫓는 상황에서 자신의 이름을 딴 이오니아 바다의 해변을 따라 달리며 쇠파리를 쫓기 위해 몸을 흔들고 발길질을 했다. 그곳에서 그녀는 빠르게 동쪽으로 움직이며 마찬가지로 자신의 이름을 딴 보스포루스 해협(혹은 암소 여울)을 헤엄쳐 건넜다. 마침내 그녀는 쇠파리를 따돌리고 남쪽 먼 곳으로 도망쳐 이집트에서 안전한 피난처를 찾았다. 그녀가 나일강 유역에 다다르자 제우스는 그녀를 원래의 젊은 처녀 모습으로 되돌려 주었다. 여기까지가 그리스 쪽의 이야기이다.

다시 페르시아 쪽 이야기에 따르면, 아르고스에서 이오가 유괴된 뒤 그리스 상선이 에게해를 건너 아시아 해변에 있는 페니키아의 티레항에 정박했다. 그리고 무역이 끝나 가던 중에 한 아르고스 선원이 에우로파를 납치했는데, 바로 티레의 공주였다. 이 도발적인 행위는 명백히 이오를 납치한 것에 대한 보복이었다. 얼마 뒤엔 또 다른 그리스 선원이 콜키스 동쪽 도시 아이아에서 무역을 하다 또 다른 아시아 공주인 메데아를 납치하여 도망쳤다. 물론 앞으로 살펴볼 테지만, 여인 납치에 대한 그리스 쪽 이야기도 다양하다.

페르시아인들이 이렇게 아시아의 공주를 두 번이나 납치했기 때문에, 아시아 도시 트로이의 왕자 파리스가 보복 차원에서 그리스 스파르타의 왕비 헬렌을 납치한 거라고 주장했다. 트로이가 아름다운 헬렌을 납치하자 그리스의 왕들은 분노를 참지 못했다. 그들은 힘을 합쳐 용맹한 전사를 가득 채운 배 1천 척을 바다에 띄우고 트로이 정벌에 나섰다. 그들은 에게해를 건너 동쪽으로 갔고, 스파르타 왕비를 납치한 도시 트로이를 약탈한 후 왕비를 되찾아서 그리스로 데려오려 했다.

이후 10년 동안 양측 사이에서 지독하고 치열한 전쟁이 벌어졌다. 무수한 전투를 펼치며 병사들이 흘린 피는 트로이 성벽에서 시작하여 그리스군 막사, 해변의 배까지 흘러가며 모래사장을 유혈로 얼룩지게 했다. 이런 맹렬한 전투로 "많은 용맹한 전사의 영혼이 하데스[지하의 명부]로 갔고, 해변에 숨이 끊어진 채로 쓰러진 시체는 온갖 들짐승과

새의 먹잇감이 되었다."[11] 결국 웅장하게 번창하던 트로이는 잿더미와 연기만 가득한 숨 막히는 폐허로 변했다.

트로이의 왕자 파리스는 이솝 우화에 나오는 탐욕스러운 개처럼 행동했다. 우화에서 개는 자신이 챙긴 고기를 모두 입에 꽉 물고 있었다. 하지만 그는 더 많은 걸 챙기려고 턱을 벌리다가 모든 걸 잃게 되었다.[12] 파리스는 트로이 왕가의 막대한 부를 자기 마음대로 사용할 수 있었으나, 헬렌을 납치함으로써는 자기 목숨뿐만 아니라 수천 명의 목숨마저 함께 잃었다.

파리스가 유산으로 남긴 것은 폐허가 된, 조상으로부터 물려받은 땅뿐이었다. 더욱 좋지 못한 건 트로이 전쟁으로 이후로도 아시아와 그리스 왕국들 간의 갈등이 8세기나 이어졌다는 것이다. 양쪽에선 수십만에 이르는 사람이(교전국 당사자는 물론이고 무고한 사람까지 포함하여) 목숨을 잃었다.[13]

그리스인들은 인간과 신들을 경멸했기 때문에 트로이 전쟁을 일으켰다. 더욱이 헬라스의 군대도 역시 그런 오만한 태도를 보여서 더 큰 신의 분노를 자아냈다. 오디세우스와 그의 이타카 군대는 트로이를 상대로 10년 동안 펼쳐진 원정에서 그리스 군대를 돕고자 합류했다. 영리하고 교활하기까지 했던 오디세우스는 전쟁 마지막 몇 달 동안에 승리를 거두기 위해 거대한 목마를 만들었다. 그리스인들은 마치 바다의 신 포세이돈에게 공물을 바치기라도 하는 것처럼 모래 해변에 그 커다란 목마를 덩그러니 홀로 남겨 둔 채 함대를 띄워 고향으로 돌아가는 척했다.

그리스인들이 해변에 거대한 목마를 남겨 두고서 서둘러 퇴각하는 모습을 본 트로이인들은 승리의 함성을 크게 내질렀다. 그들은 재빨리 거대한 목마를 난공불락인 도시 성벽 안으로 들였고, 그것을 포세이돈의 신전에 선물로 바쳤다. 트로이인들은 승리의 기쁨에 취하여 종일 방탕하게 술을 마셨고, 도시의 모든 시민은 그날 밤 곤히 잠이 들었다.

하지만 트로이인들은 이 목마 안에 피에 굶주린 그리스인들이 발 디딜 틈도 없이 빽빽이 들어가 있다는 건 알지 못했다. 어둠이 내리고 도시가 조용해지자 목마 내부에서 대기하던 그리스 전사들은 살며시 땅에 내려와, 다시 트로이 항구로 돌아오는 그리스 군대를 위해 성문을 열었다. 10년 동안 쌓아 올린 거대한 분노 때문에 그리스인들은 남녀노소를 구별하지 않고 트로이인들을 무자비하게 학살했다. 자신에게 가짜 공물을 바친 건 물론 이런 학살을 저지른 것에 대하여 포세이돈은 크게 분노했다. 그리하여 해신은 이 계획의 주동자인 오디세우스를 처벌하기로 마음먹었다. 포세이돈은 그가 험난한 바다에 배를 띄워 귀향할 때 징벌의 시련을 내리기로 마음먹었다.

그리하여 오디세우스는 전쟁에서 승리하기는 했지만, 트로이의 신성한 성채를 약탈한 후 오랫동안 바다에서 길을 잃고 헤매게 되었다. 자신의 왕국이 있는 이타카섬으로 돌아가는 중에 포세이돈의 징벌에 직면한 오디세우스는 거센 파도가 일고 차가운 바람이 부는 무자비한 바다에서 10년이나 떠돌게 되었다. 그 항해에서 오디세우스는 끝없이 곤경을 겪었고, 거의 죽을 뻔한 적도 여러 번이었다. 그를 괴롭히는 재앙이 워낙 많이 생겨서, 그의 목숨이 위험해지는 건 물론이고 그의 전우들마저 이타카로 돌아갈 수 없었다. 이타카에선 그의 아내 페넬로페가 온갖 고통을 받아 가면서 끈기 있게 그를 기다리고 있었다.[14]

‖ 슬픔에 찬 아름다운 섬 ‖

거센 풍랑이 몰아치는 바다에서 길을 잃고 표류한 오디세우스와 굶주린 그의 병사들은 햇빛이 비치는 어떤 섬의 완만하게 비탈진 해변에 갑작스럽게 상륙하게 되었다. 지중해 한가운데 있는 이 낙원은 트리나키아라고 했는데, 섬의 기이한 삼각형 모양 때문에 생겨난 이름이었다. 그로부터 몇 세기가 흘러간 후, 그리스 선원들은 이 섬이 바다의 파도 위로 아름답게 우뚝 솟은 걸 보고 시칠리아라고 이름을 바꿔 주었다.

한때 이 섬은 불멸의 신들이 즐겨 찾는 안식처였다.[15] 아폴론은 이곳에 훌륭하고 신성한 소 무리를 안전하게 격리시켜 기르고 있었다. 아폴론과 마찬가지로, 농경과 수확의 여신이자 꽃을 피우는 푸르른 식물들의 보호자인 데메테르도 섬의 무성한 초록과 목가적인 분위기를 사랑했다. 그녀는 심지어 제우스에게 이 쾌적한 섬을 밤하늘의 별자리로 만들어 달라고 했고, 그리하여 섬은 세 개의 별을 갖춘 삼각형자리로 빛나게 되었다.[16]

하지만 슬픈 일이 곧 트리나키아에 들이닥쳤다. 데메테르의 아름다운 딸 페르세포네는 처녀 친구들과 함께 부드럽게 웃고 또 향기로운 꽃을 따 모으면서 이슬 촉촉한 섬의 초지를 천천히 거니는 것을 좋아했다. 페르세포네의 매혹적인 아름다운 목소리와 홍조를 띤 싱그러운 얼굴은 곧 명계(지하)의 왕 하데스의 마음을 사로잡았다. 하데스는 어둠과 죽음 말고는 다른 걸 거의 본 적이 없는 신이었다. 하지만 깊고 어두운 틈새를 통해 종종 그녀가 앙증맞은 발로 반짝거리는 들판을 미끄러지듯 나아가며 즐거워하는 모습을 몰래 훔쳐보며 마음이 울렁거리는 것을 느꼈다.

어느 화창한 날, 페르세포네는 깊은 틈새 근처에서 미풍에 흔들리는 화려한 꽃을 보게 되었다. 그 꽃의 아름다움에 마음을 빼앗겨서 곧 친구들 곁을 떠나 그 유혹하는 꽃 쪽으로 서둘러 갔다. 그녀가 틈새에 접근하자 하데스는 갑자기 지하에서 불쑥 지상으로 솟구쳤고, 그 바람에 겁먹은 그녀를 자신의 무시무시한 지하 세계로 데려갔다. 그녀를 아내로 삼기 위해서였다.

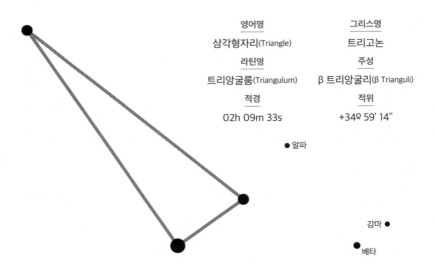

영어명	그리스명
삼각형자리(Triangle)	트리고논
라틴명	주성
트리앙굴룸(Triangulum)	β 트리앙굴리(β Trianguli)
적경	적위
02h 09m 33s	+34º 59' 14"

● 알파

감마 ●

● 베타

데메테르(좌)와 페르세포네(우)의 대리석 부조. 기원전 5세기에 제작된 것으로 추정된다.
Photo by DeAgostini/Getty Images

데메테르는 딸이 납치되었다는 소식을 듣고 밤낮으로 극심한 괴로
움과 번민에 사로잡혀 통곡했다. 그녀는 몇 번이고 제우스에게 간청하
여 하데스를 처벌하고 자신의 딸을 되돌려 달라고 요청했다. 결국 제우
스가 중재하려고 개입했지만, 그는 동생인 하데스로부터 여섯 달밖에
양보받지 못했다. 그렇게 하여 비록 매년 여섯 달뿐이기는 하지만, 페
르세포네는 자신이 사랑하는 즐거운 세상에서 어머니와 함께 보내게
되었다. 그러나 나머지 여섯 달 동안 데메테르는 하계에 있는 딸 때문
에 번민하며 한탄했고, 그 기간에는 춥고 어두운 겨울이 지상을 뒤덮었

다. 하지만 페르세포네가 어머니의 품으로 돌아오면 봄이 오고, 지상은 다시 꽃을 피우는 식물들과 새들의 노래가 가득하게 되었다.

오디세우스의 굶주린 병사들이 왕의 엄명을 무시하고 아폴론의 신성한 소를 잡아먹었을 때 트리나키아에 비극이 다시 찾아왔다. 이런 신성 모독은 당연히 아폴론의 분노를 샀고, 오디세우스와 그의 부하 선원들은 평화로운 섬 시칠리아를 떠나자마자 무시무시한 폭풍에 휘말리게 되었다. 두려운 파도가 배의 들보를 박살 내면서 곧 배는 산산이 조각났다. 선원들은 전부 어둡고 소용돌이치는 바다에서 허둥거리다 익사했다.

유일하게 살아남은 건 선원들의 행동을 혐오하고 신들에게 용서를 빈 오디세우스뿐이었다. 하지만 그는 오래전 트로이 전쟁에 참여했던 자랑스러운 이타카 군대의 유일한 생존자로 더 많은 재앙에 시달려야 할 운명이었다. 신들이 그를 좀 더 처벌하고자 귀향을 몇 년이나 더 뒤로 미루었기 때문이다.

‖ 아폴론의 탐욕스러운 까마귀 ‖

신들을 경배하는 데 실패하여 그들의 분노를 사게 된 것은 인간만이 아니다. 올림포스의 신들이 가장 신뢰한 몇 안 되는 동물 역시 자기 이익을 먼저 챙기다가 신들의 총애를 잃었다. 그런 사례로 아폴론이 아끼던 새이자 가까운 동료였던 까마귀가 있다.

어느 날 아폴론은 까마귀를 불러 신주를 바쳐야 하니 올림포스산에 있는 반짝이는 못에서 물을 떠 오라고 명령했다. 당시 불멸의 신들은 종종 존경의 표시로 순수한 물을 부음으로써 서로를 향한 충성을 확인했다. 이것은 봉헌의 목적으로 쓰는 와인이 발명되기 훨씬 오래전의 일이었다.

까마귀는 즉시 아폴론의 명령을 받들어 빛나는 크라테르(신들이 쓰는 물잔)를 발톱으로 꽉 움켜쥐었다. 까마귀는 온갖 비탈을 살피며 신주에

아폴론이 까마귀가 보는 데서 리라를 쥔 채로 신주를 붓고 있다. 기원전 약 470년에 제작된 꽃병에 그려진 그림. 그리스 델포이의 고고학박물관의 사용 허가를 받음. 저자가 직접 촬영한 사진.

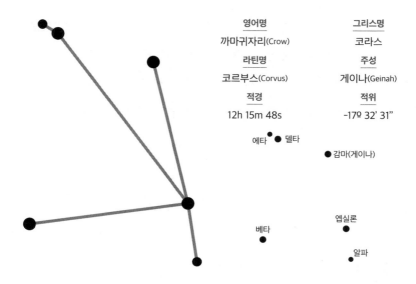

영어명	**그리스명**
까마귀자리(Crow)	코라스
라틴명	**주성**
코르부스(Corvus)	게이나(Geinah)
적경	**적위**
12h 15m 48s	-17º 32' 31"

에타 ● 델타

● 감마(게이나)

엡실론 ●

베타 ● 알파 ●

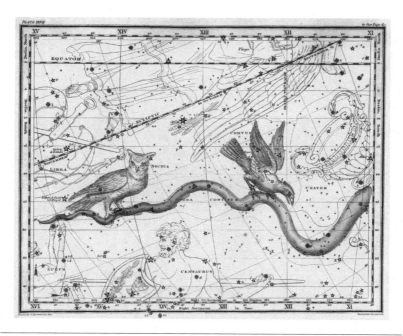

제이미슨 삽화 27: 까마귀자리, 바다뱀자리

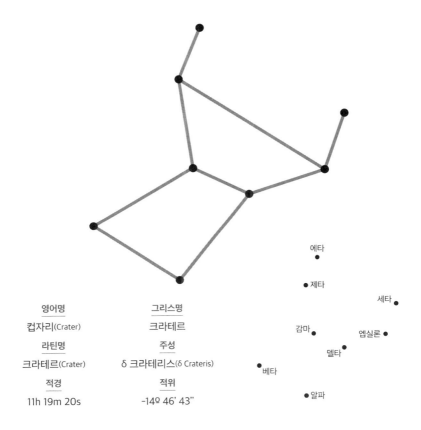

영어명	그리스명
컵자리(Crater)	크라테르
라틴명	주성
크라테르(Crater)	δ 크라테리스(δ Crateris)
적경	적위
11h 19m 20s	-14º 46' 43"

쓰기에 적합한 물이 솟구치는 샘을 찾았다. 곧 그는 반짝거리며 빛나는 샘물의 그늘진 둑에 내려앉았다. 크라테르에 깨끗한 샘물을 담으려는데, 마침 풍성한 열매의 무게를 이기지 못해 가지를 아래로 늘어뜨린 무화과나무를 보게 되었다.

배가 고파 욕심이 생긴 까마귀는 가지에서 가지로 뛰어다니며 무화과가 완전히 익기를 기다렸다. 아폴론에게 어서 돌아가기보다는 허기진 배를 채우겠다는 생각이 훨씬 강했던 것이다. 하루는 이틀로, 이틀은 사흘로 늘어났다. 마침내 열매가 포동포동하게 익자 까마귀는 매우 좋아하며 열매를 실컷 따 먹었다.

식욕을 마음껏 채운 까마귀는 자신의 식탐을 이기지 못해 생긴 시간 지연을 아폴론이 어떻게 생각할지 곰곰이 따져 보기 시작했다. 잠시 망설인 그는 한쪽 발톱으로 크라테르를 쥐고 다른 발톱으로는 신성한 샘물을 지키던 경이로운 물뱀을 쥐었다. 이어 그는 곧바로 최대한 속도를 내어 아폴론에게 갔다.

까마귀는 샘물에서 며칠씩이나 지연된 일에 관해 설명하면서 자신도 어색했던지 머리를 숙이고 눈은 땅만 바라보았다. 그는 여러 차례 말을 중단하고 갑자기 다시 말을 시작하다가 결국에는 거짓말로 둘러댔다. 거대한 뱀이 날마다 물을 마셔 대는 바람에 잔을 채우기 어려웠노라고. 하지만 아폴론은 그런 빤한 말에 쉽게 속아 넘어가지 않았다. 그는 자신의 까마귀는 물론이고 모든 까마귀에게 며칠씩이나 물을 먹지 못하게 하는 형벌을 내렸다. 그 결과 까마귀들은 목구멍이 마르고 갈라져서 소리를 지를 때마다 사람의 귀에 거슬리는 괴성을 냈다. 그들은 들판과 숲 위로 날아가면서 사라지지 않는 갈증 때문에 시원한 물을 갈구하며 큰 소리로 까악까악 울어 젖히는 것이다.

아폴론은 여기서 그치지 않고 밤하늘에 까마귀crow 별자리를 두어 신들보다 자신의 탐욕을 먼저 챙기려는 자들에게 경고의 메시지를 보냈다. 밤하늘에서 이 시끄러운 새는 날개를 모두 높게 쳐들고 샘물에 있던 뱀과 매우 닮은 뱀을 쪼고 있다. 까마귀의 손길이 미치지 못하는 바로 옆에는 깨끗하고 시원한 물이 담긴 크라테르crater가 있다.[17]

03

방종한 신들의
한심스러운 행위

별자리
큰곰자리(Ursa Major)
목동자리(Bootes)
작은곰자리(Ursa Minor)
백조자리(Cygnus)
황소자리(Taurus)
북쪽왕관자리(Corona Borealis)

성단
플레이아데스(Pleiades)
히아데스(Hyades)

별
곰의 보호자(Arcturus)

인간들이 동포와 신들을 무시하면서, 이기적인 갈등과 분쟁으로 서로 싸우게 됐다. 신들은 그런 행위를 못마땅하게 여기면서 분노를 터트렸다. 심지어 인간을 순진한 아이들로 여기면서 사랑했던 아스트라이아조차 슬픔을 느끼며 지상을 떠났다. 제우스도 인간들의 순진한 어리석음을 내려다보며 즐거워 낄낄거릴 때가 있었지만, 이젠 태도를 바꾸어 인간들에게 가혹하게 대하면서 변덕스럽고 잔인하게 굴었다. 그 결과 순진무구한 인간들마저도 나머지 이기적인 인간들과 함께 고통을 받았다. 칼리스토, 아르카스, 포이니케 등의 이야기가 그것을 증명한다.

‖ 산 속 의 처 녀 칼 리 스 토 ‖

먼 옛날에 칼리스토라는 처녀가 아르카디아의 어두운 숲속과 험준한 바위산에서 살았다. 헤르메스는 이런 험준한 바위투성이 지역에 있는 킬레네산의 바위 동굴에서 태어났다. 또한 염소의 발굽에 뿔 두 개가 달린, 난폭한 목신牧神이자 사나운 짐승과 양치기의 양들을 수호하는 판도 이곳의 깊은 계곡과 아찔한 높은 언덕에 자주 나타났다.[1]

이 신비로운 산은 칼리스토를 매혹했다. 그녀는 달빛 아래에서 은은한 빛으로 반짝거리는 초지와 그늘이 시원한 숲속을 자주 거닐었다. 긴장감에 도취된 듯 그녀는 때때로 걸음을 멈추고 조용히 어둠 속에서 가만히 서서 숲속의 정적에 귀를 기울였다. 그녀는 자기 주위를 돌아다니는 경계심 많은 야생 동물의 발걸음 소리에도 귀를 기울였고, 또 어둠 사이로 그들의 모습을 어렴풋이 보기도 했다.

칼리스토는 사냥과 달의 여신 아르테미스를 흠모하면서 헌신적으로 여신을 따랐다. 아르테미스 역시 사냥감을 찾으러 어두침침한 숲속을 따라 밤낮으로 은밀하게 추적하며 사냥하는 것을 즐겼다. 처녀신은 여자의 순결을 수호하는 신이므로 칼리스토는 그런 규범을 철저히 따르기로 마음먹고 또 맹세했다. 하지만 운명은 그녀가 스스로 결정할 수 있는 것이 아니었다.

어느 날 아침, 제우스는 어스름한 숲속에서 위안이 될 만한 걸 찾아 두리번거렸는데, 멀리서 아름다운 처녀 칼리스토가 나무와 나무 사이를 조용히 걸어가면서 사냥감에 정신을 집중하는 모습을 보게 되었다. 제우스는 그녀를 따라 숲속을 걸어가며 뒤쫓았고, 그녀는 제우스와 얼굴을 맞닥뜨릴 때까지 최고신의 존재를 전혀 의식하지 못했다. 그러나 그녀는 결국 신의 접근을 물리칠 수 없었다. 그리하여 임신했고, 그다음 해 봄에 아들을 낳았다.

칼리스토는 자신의 임신과 출산에 아르테미스가 분노할 것을 두려워했다. 절망에 빠진 그녀는 갓난아기를 강보에 싸서 망토 안에 숨겼다. 하지만 처녀신은 아기가 우는 소리를 듣고 말았고, 결국 칼리스토가 순결하지 않았다는 걸 알게 되었다. 이에 아르테미스는 앞뒤 사정도 잘 알아보려고 하지도 않고 분노를 터트리면서 칼리스토가 지각없는 행동을 했다고 맹렬하게 비난했다.

여신은 비행에 대한 처벌로 칼리스토의 아들을 빼앗고 젊고 우아한 그녀를 둔중한 곰으로 변신시켰다. 그녀의 부드러운 목소리는 으르렁거리고 울부짖는 소리로 바뀌었다. 비단 같던 머리카락은 엉겨 붙은 거친 털로 변하여 머리부터 발끝까지 온몸을 뒤덮었다. 거친 짐승으로 둔갑하여 네 발로 숲속을 돌아다니게 된 칼리스토는 이제 동료들에게 사냥당하는 신세가 되었다. 과거 사냥을 나갔을 때, 개 짖는 소리와 쫓으라고 외치는 사람들의 목소리는 그녀에게 짜릿한 흥분을 안겨 주었지만, 이젠 두려움과 불길함의 전조가 되었다.

외롭고 지긋지긋한 세월이 계속 흘러갔다. 칼리스토의 아들 아르카스는 건장한 청년으로 성장했다. 바위 많은 아르카디아 고지대에서 시골 염소지기 손에 길러진 아르카스는 염소와 양 떼를 몰면서 사냥에서 얻은 사냥물의 고기를 팔아 생계를 유지하는 전형적인 촌사람이었다. 어느 조용한 날 아침, 그가 몰던 염소와 양 무리가 줄줄 흐르는 샘 옆에서 느릿느릿 풀을 뜯는 동안에, 그는 숲의 그늘진 주변부에서 웅크리고 있는 암컷 곰 한 마리를 발견했다.

그는 공중으로 껑충 뛰어오르고 소리를 지르며 그 곰을 쫓았지만, 그 짐승이 실제로는 슬픈 운명에 떨어진 자기 어머니라는 건 꿈에도 생각하지 못했다. 그는 온종일 잡목을 헤치고, 바위투성이 산골짜기를 지나고, 차가운 산의 개울을 가로지르면서 미친 듯이 달아나는 짐승을 뒤쫓았다. 마침내 아르카스는 달아나는 곰을 탈진시키는 데 성공했다. 곰은 아르카스의 바로 앞에서 탈진한 채로 누워 머리를 땅에 내려놓고 있었는데, 간청하는 눈빛으로 위를 올려다보고 있었다. 아르카스는 곧 그 곰을 죽이려고 몽둥이를 높게 치켜들었다.

사냥꾼이 크게 외치는 소리와 곰의 슬픔 가득한 애원의 소리는, 모든 것을 다 살펴보는 제우스의 귀에 들려왔다. 저 아래 지상에서 펼쳐지고 있는 비극적 드라마를 내려다보던 최고신은 오랫동안 보지 못한 연인과 그의 아이—칼리스토와 아르카스—에게 갑자기 강한 연민의 정을 느꼈다. 그는 아들의 손에 죽는 어머니와 모친을 죽인 아들이라는 흉악한 운명을 막고자 서둘러 움직였다. 녹음이 우거진 숲속에서 갑자기 들려온 제우스의 목소리에 모자는 서로의 정체를 알게 되었고 재회를 기뻐했다.

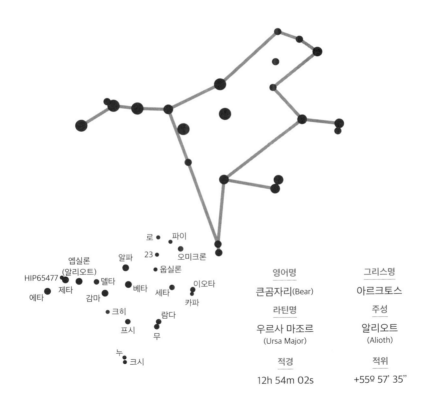

영어명	그리스명
큰곰자리(Bear)	아르크토스
라틴명	주성
우르사 마조르 (Ursa Major)	알리오트 (Alioth)
적경	적위
12h 54m 02s	+55º 57' 35"

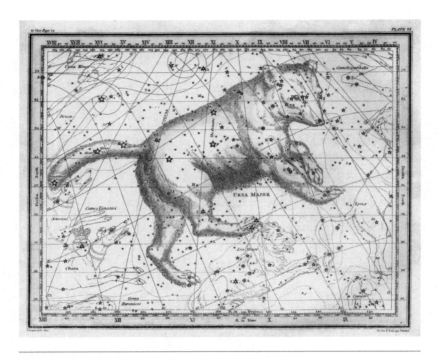

제이미슨 삽화 6: 큰곰자리

그날부터 숲속의 움푹 꺼진 곳과 은밀한 곳 등 모든 세세한 부분을 잘 아는 칼리스토가 숨겨진 산길로 아들을 인도했고, 모자는 숲속을 멀리 또 넓게 돌아다녔다. 아르카스는 늘 어머니 뒤를 바싹 따르며, 충실한 아들답게 어머니를 보호했다. 최고신 제우스는 마침내 칼리스토를 영원히 안전한 존재로 만들어 위로해 줄 생각으로 그녀를 하늘의 가장 높은 곳에 두어 큰곰자리BEAR로 만들어 주었다.[2] 여기에 자리 잡은 그녀는 아무런 근심 걱정 없이 평화롭게 천구의 북극 주위를 돌고 있다. 하지만 그녀는 오리온이라는 이름의 사냥꾼 별들에게는 계속하여 경계의 눈빛을 보내고 있다.

아르카스는 바위 가득한 험준한 산악 왕국을 통치하게 되었는데, 그를 기리고자 훗날 왕국의 이름은 아르카디아가 되었다. 그는 백성들을 잘 인도하는 건 물론이고 밤하늘에 뜬 빛나는 어머니를 영원히 존경하며 행복하게 살면서 장수했다. 마침내 그가 하늘로 돌아갈 때가 되자 제우스는 그를 밤하늘에 올려 곰의 보호자로 만들어 주었고, 그 별의 이름은 목동자리Bootes—혹은 소리치는 자—라고 했다.[3] 별자리에서 가장 밝은 별은 아르크투로스이며 곰의 보호자BEAR GUARD로 불리는데, 이런 이름이 붙은 것은 그가 지속적으로 어머니의 별자리를 지켜보고 있기 때문이다. 오른손에 양치기의 막대를 들고, 왼손은 공손하게 어머니 쪽으로 내민 그는 북쪽 하늘에서 어머니의 뒤를 가까이 따르고 있다.

제우스가 칼리스토 모자의 재회에 개입했을 때, 아르테미스는 마침내 사태의 진상을 알게 되었다. 임신과 출산의 과정에서 칼리스토의 잘못은 전혀 없었다. 여신은 성급한 판단으로 잔인한 보복을 펼친 것에 깊이 후회했을 뿐만 아니라 몹시 부끄러워 고개를 숙였다. 여신은 비록 잘못을 되돌리기에 너무나 늦은 시점이었지만 앞으로 절대 그런 행동을 하지 않으리라고 스스로 맹세했다.

그로부터 몇 년 뒤에 방탕한 최고신 제우스는 아르테미스를 충실히 섬기는 또 다른 처녀인 포이니케에게 욕정을 품고 그녀의 뒤를 쫓았다. 페니키아인의 딸인 포이니케는 도덕률과 얌전한 태도 등이 칼리스토를 무척 닮은 정숙한 처녀였다. 여신은 제우스의 위협을 발견하자마자 순진무구한 처녀를 보호하려고 재빠르게 나섰다. 분노하기보다 동

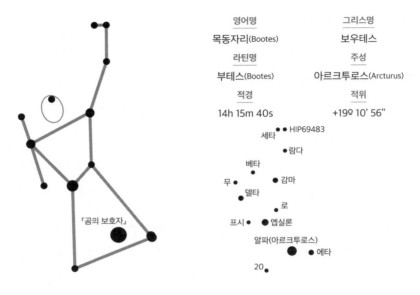

영어명	그리스명
목동자리(Bootes)	보우테스
라틴명	주성
부테스(Bootes)	아르크투로스(Arcturus)
적경	적위
14h 15m 40s	+19º 10' 56"

세타 ● ● HIP69483
람다 ●
베타 ●
무 ● 감마 ●
델타 ●
로 ●
프시 ● 엡실론 ●
알파(아르크투로스)
● ● 에타
20 ●

「곰의 보호자」

제이미슨 삽화 6: 큰곰자리

정을 느낀 여신은 포이니케가 더 피해를 입기 전에 그녀의 여성스러운 모습을 곰의 모습으로 바꾸었다.

하지만 포이니케는 칼리스토처럼 두려움에 떨며 숲속을 배회하지 않아도 됐다. 아르테미스가 그녀를 안전하게 하늘의 별자리로 만들어 준 것이다. 그녀는 몸집이 더 큰 동료인 큰곰자리 옆의 가까운 곳에 있게 되었다. 그녀는 하늘의 정점에서 큰곰자리의 등 위에 있으면서 빠르게 원형을 그리며 밤하늘을 걸어간다. 이 두 곰은 지상의 다른 곰들과 금방 구별이 되는데, 길고 화려한 별로 이루어진 꼬리 덕분에 잘 구별이 되는 것이다. 작은곰자리의 꼬리는 곡선을 이루며 위를 향하는데, 그래서 때로는 키노수라, 혹은 "개의 꼬리"[4]라는 별명으로 불린다.

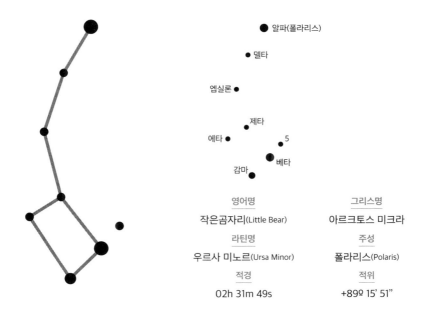

| 알파(폴라리스) |
| 델타 |
| 엡실론 |
| 제타 |
| 에타 5 |
| 베타 |
| 감마 |

영어명	그리스명
작은곰자리(Little Bear)	아르크토스 미크라
라틴명	주성
우르사 미노르(Ursa Minor)	폴라리스(Polaris)
적경	적위
02h 31m 49s	+89º 15' 51"

‖ 유혹하는 백조 ‖

제우스는 계속 아름다운 처녀들을 쫓아다녔다. 최고신은 그들을 유혹하고자 때로 멋진 동물의 모습으로 둔갑하여 처녀들의 감각을 현혹하고 그들로부터 사랑을 받았다. 눈처럼 하얀 멋진 백조의 모습으로 변신한 최고신은 스파르타의 레다라는 처녀의 사랑을 얻었다. 곧 그녀는 쌍둥이 아들 카스토르와 폴리데우케스, 그리고 두 명의 딸 헬렌과 클리템네스트라를 낳았다.

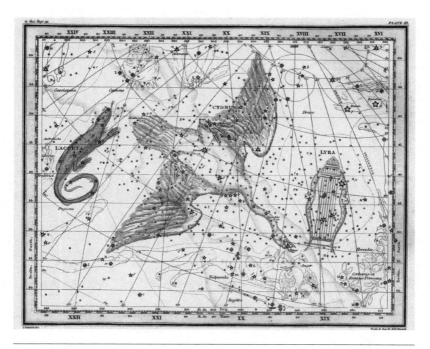

제이미슨 삽화 11: 백조자리, 거문고(리라)자리

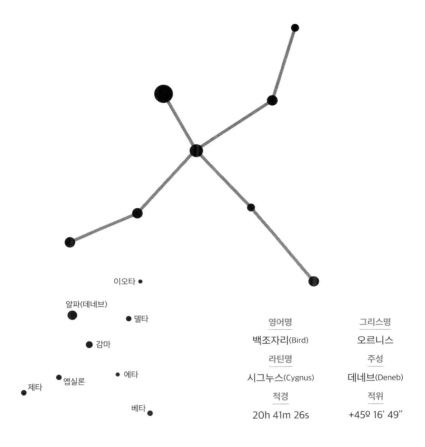

영어명	그리스명
백조자리(Bird)	오르니스
라틴명	주성
시그누스(Cygnus)	데네브(Deneb)
적경	적위
20h 41m 26s	+45º 16' 49"

이오타 •
알파(데네브) •
델타 •
감마 •
에타 •
제타 엡실론 •
베타 •

　　두 소년은 훗날 그리스의 영웅이 되었고, 이아손과 함께 아르고호의 선원이 되어 먼 바다로 여행했다. 헬렌은 비할 데 없는 아름다움으로 명성을 얻어 스파르타의 왕 메넬라오스와 결혼했다. 그러나 그녀가 트로이로 납치되면서 그리스는 번영하고 강성한 도시인 트로이를 정복하기 위해 원정을 떠나게 되었다. 헬렌의 자매 클리템네스트라는 메넬라오스의 형 미케네의 아가멤논 왕과 결혼했는데, 아가멤논은 에게해를 건너 트로이 침공에 나선 그리스 군대의 총사령관이었다.

제우스는 레다와 정을 나눈 일을 기념하기 위해 밤하늘에 백조자리 BIRD라고 불리는 별자리를 만들었다. 백조는 별들이 밀집한 빛나는 은하수 사이에서 밝게 빛난다. 그곳에서 백조는 마치 "안개 속에 파묻힌" 듯한 모습으로 "즐겁게 나는 새처럼" 솟구치고 있다.[5]

‖ 에우로파와 황소 ‖

제우스는 에우로파라는 처녀와 사랑을 나누고 싶어서 또 다른 굉장히 아름다운 동물, 즉 눈처럼 새하얀 황소로 둔갑했다. 쾌활한 에우로파는 어릴 때부터 자기 고향인 페니키아의 해안을 너무나 사랑했고 그 바다를 사랑하지 않은 적은 한 번도 없었다. 이러한 애향심은 칼리스토가 자신이 태어난, 숲으로 뒤덮인 산악 지대를 무척 좋아했던 것과 비슷했다. 에우로파는 종종 아시아의 해변을 따라 거닐었는데, 그럴 때면 파도가 철썩이는 모습을 보고 웃는가 하면, 소금기 있는 미풍을 음미하며 얼굴을 찡그리기도 했다. 그녀는 자애로운 바다가 자신의 앙증맞은 발에 아름다운 조개껍데기나 다른 보물을 언제 가져다줄 것인지 찬찬히 지켜보기도 했다.

어느 따뜻한 날, 에우로파는 훈훈한 지중해 해변을 천천히 산책하던 중 저도 모르게 발걸음을 멈추었다. 그녀는 해변 근처에서 해초를 뜯는 아름다운 황소를 보고서 그만 넋을 잃어버렸다. 황소에게 천천히 다가

간 그녀는 두 개의 뿔 사이에 난 곱슬곱슬한 금빛 머리털을 어루만지고 그 부드러운 느낌을 음미하며 가만히 두 눈을 감았다. 그녀는 아름다운 꽃을 따 와 화환을 만들어 황소의 머리를 장식했다. 마침내 그녀는 황소의 풍성한 갈기 털을 붙잡고 그 넓은 등 위에 올라타서 굽이치는 파도를 건너가고 싶었다.

그런데 갑자기 유순한 황소가 불끈 힘을 내더니 파도 속으로 뛰어들었다. 황소는 빠르게 헤엄치며 서쪽을 향해 물결을 뚫고 나아갔다. 졸지에 에우로파는 휩쓸리듯 바다 한가운데로 들어서게 되었다. 필사적으로 황소의 곱슬곱슬한 갈기 털을 붙잡고 매달린 그녀가 경악하며 뒤

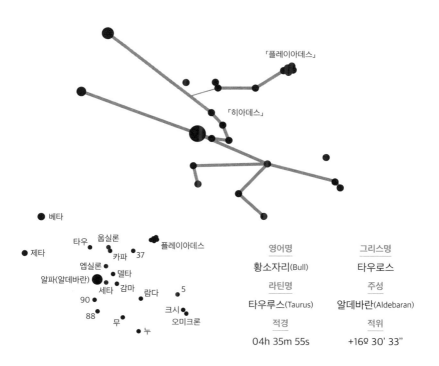

「플레이아데스」

「히아데스」

베타

제타   타우   옵실론   플레이아데스
              카파   37
        엡실론   델타
알파(알데바란)   세타   감마   람다   5
      90   크시
        88   무   누   오미크론

영어명	그리스명
황소자리(Bull)	타우로스
라틴명	주성
타우루스(Taurus)	알데바란(Aldebaran)
적경	적위
04h 35m 55s	+16º 30' 33"

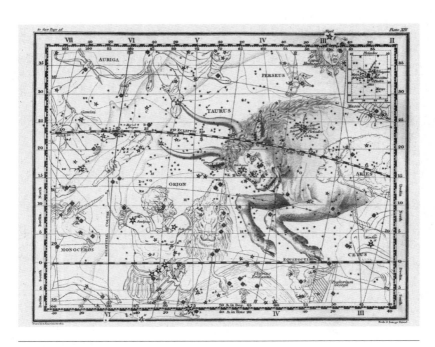

제이미슨 삽화 14: 황소자리, 오리온자리

를 돌아보자, 고향 마을은 점점 작은 점처럼 줄어들더니 마침내는 사라지고 말았다.

곧 키프로스섬이 그녀의 앞에 어렴풋이 나타났다. 하지만 황소는 계속 파도와 부딪히며 해가 지는 방향으로 나아갔다. 땅거미가 지고 이제 크레타섬이 시야에 들어왔다. 황소와 처녀가 그 섬에 접근하자 섬은 수평선 위로 부풀어 오른 것처럼 보였다. 마침내 여기서 황소는 전리품인 처녀와 함께 해변 쪽으로 걸어가서 모래 해변에서 쉬었다.

에우로파는 부서지는 파도 근처에 쓰러져 자신에게 닥친 재앙과 불길한 징조에 한없이 눈물을 흘리며 고향에 있는 가족을 그리워했다. 하지만 이 매력적인 섬은 그녀에게 쾌적한 해변을 한번 걸어 보라고 유혹했다. 점점 그녀는 이 아름다운 섬의 온 사방을 우아한 해변이 둘러싸고 있다는 걸 알게 되었다. 해변 근처에 사는 새들이 그녀를 환영하며 노래 부르고, 온화한 바다 미풍이 그녀의 눈물을 닦아 주자 슬픔은 흔적도 없이 사라지고 기쁨이 살며시 그녀의 가슴에 찾아왔다.

크레타는 곧 에우로파의 마음을 사로잡았고, 제2의 고향이 되었다. 다음 해에 그녀는 미노스라는 이름의 아들을 낳았다. 이제 걸음마를 배우는 제우스의 아들은 어머니와 손을 잡고, 햇볕을 받아 마른 섬의 해변을 아장아장 걸어갔다. 그 아들도 어머니를 닮아 바다의 선물을 무척 소중하게 여겼다.

아직 청년일 때 미노스는 홀로 언덕에 올라서 발아래의 모든 땅, 즉 동굴과 절벽, 산, 초지, 숲 등을 사랑하게 되었다. 이내 그는 섬의 모든 피조물들, 예를 들면 각종 동식물과 사람들의 이름도 모두 알게 되었다. 얼마 지나지 않아 모든 사람이 언젠가는 에우로파와 제우스의 아들인 미노스가 크레타의 왕이 될 것이라고 확신하게 되었다.

제우스는 모자가 행복하게 지내는 것이 아주 마음에 흡족했다. 강력한 최고신은 그러한 상황에 만족하며 그 어느 때보다 자신의 행동이 자랑스러웠다. 최고신은 에우로파를 교묘하게 납치한 사건을 기념하고자 밤하늘에 황소자리를 만들었다. 이 당당한 짐승은 두 앞발을 벌린 채 절반쯤 물에 잠긴 모습으로 별들 사이에서 눈부시게 빛나고 있다. 일찍이 에우로파를 납치했을 때 넘실거리는 바다를 헤엄치며 건너가던 바로 그 모습이다.

황소자리는 "처녀가 많은" 별자리라 불린다. 한때 에우로파를 등에 태웠던 것처럼 일곱 자매를 등에 태우고 있기 때문이다. 일곱 자매는 플레이아데스PLEIADES 성단으로서, 둥글게 솟은 황소의 등 위에 높게 올라탄 일곱 개의 별이다. 그들의 다섯 이복 자매인 히아데스HYADES 성단은 황소의 머리 위에서 희미하게 빛나고 있다.[6]

‖ 테세우스와 아리아드네 ‖

미노스는 공정하게 크레타인들을 통치했다. 하지만 그는 인간사에서 너무나 자주 반복되는 어리석은 짓, 그러니까 여러 자식 중 어느 하나에게만 애정을 쏟고 다른 자식들은 홀대하는 실수를 저질렀다. 실제로 미노스는 아들 안드로게오스를 자신의 다른 가족 구성원, 자신의 친구, 자신의 왕국보다도 더 아꼈다.

아버지의 한결같은 애정 속에서 지도와 훈련을 잘 받은 소년은 훌륭한 운동선수가 되었다. 안드로게오스가 아테네로 가서 전(全) 아테네 축제에서 승리했을 때 모든 크레타인은 기뻐서 어쩔 줄 모르는 미노스에게 축하를 아끼지 않았다. 하지만 많은 아테네인들은 외지인이 그들 도시의 승리 화환을 쓰는 것이 못마땅하여 화를 냈다.

몇몇 악당들은 음침한 곳에 모여 흥분하면서 분노에 찬 말을 주고받았다. 이어 그들은 안드로게오스를 뒤따라가 그의 주변에 몰려들더니 결국 그를 살해했다. 크레타인들은 이런 끔찍한 소식을 듣고 크게 동요

했다. 사랑하는 아들을 잃은 미노스는 왕궁에 칩거하면서 며칠 동안 모습을 드러내지 않았다. 그는 도저히 제정신을 유지할 수 없었고, 세상의 사악한 짓거리에 진절머리를 냈다.

결국 그의 슬픔은 분노로 바뀌었다. 그는 잔인한 복수를 하고 싶은 마음에서 아테네에 끔찍한 공물을 부과했다. 노기등등한 왕은 인간을 잡아먹는 미노타우로스에게 제물을 바쳐야 하니 매년 그리스 총각과 처녀 각각 일곱 명을 희생 제물로 보내라고 아름다운 도시 아테네에 요구했다.

절반은 인간이고 절반은 황소인 괴물 미노타우로스는 깊고 어두운 미궁에 살았는데 그 속으로 들어가면 누구나 길을 잃어버리게 되어 있었다. 이런 음울한 곳에서 혼자 살고 있는 흉물스럽고 허기진 괴물은 자신의 비참한 주거 환경에 분노했고, 밤낮을 가리지 않고 괴성을 질러 대며 희생 제물을 내놓으라고 요구했다. 그 미궁에 들어간 희생 제물은 아주 비참한 최후를 맞이할 수밖에 없었다.

아테네인들이 이런 지독한 인신 공양 요구를 충족시키지 못하면, 크레타의 왕 미노스는 자신이 위협한 것처럼 강력한 군사력을 동원하여 아테네를 잿더미로 만들 것이었다. 오랜 세월 동안 아테네 시민들은 끔찍한 공물을 바치는 것 이외에는 다른 방법이 없었다. 해마다 희생 제물을 바쳐야 하는 시기가 다가오면 아테네 의원들은 절망과 번민에 온몸을 부들부들 떨었다. 고통스러운 죽음을 맞이해야 할 자식들을 선정하는 것은 그들로서는 차마 하지 못할 일이었다.

그러던 때에 테세우스라는 자신만만한 청년이 대담하게 앞으로 나섰다. 아테네 의원들이 깜짝 놀라 아무 말도 하지 못하고 있는데 그는 자신을 희생 제물로 크레타에 보내 달라고 요청했다. 그는 그곳에서 괴물과 싸워 이겨서 이런 불쾌하고 극악한 공물 제도를 폐지시키겠다고 자신 있게 말했다. 아테네 의원들은 마음속으로 그 무모한 계획에 반대했지만, 그런 거사가 성공될 경우에 얻을 수 있는 이득이 너무 커서 테세우스의 요청을 거절할 수 없었다. 결국 그들은 그의 제안을 받아들였다.

곧 이 자신감에 찬 영웅과 선원들, 그리고 울먹이는 열세 명의 남녀 희생 제물을 태운 아테네의 선박이 와인처럼 어두운 바다를 가로질러 크레타섬의 해안 습지에 도착했다. 큰 키의 열정적인 청년 테세우스는

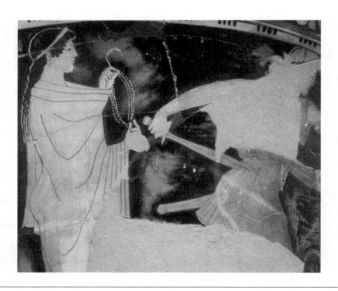

아리아드네가 테세우스에게 실을 건네주는 모습. 기원전 480년경 꽃병에 그려진 그림. 그리스 아테네 국립 고고학박물관의 사용 허가를 받음. 저자가 직접 찍은 사진.

가장 먼저 모래 해안에 용감히 발을 내디뎠다. 그는 전혀 의식하지 못했지만, 미노스의 딸 아리아드네는 그를 본 순간 사랑에 빠지고 말았다.

이 크레타 공주는 앞뒤 가릴 것 없이 망설이지 않고 곧장 이 잘생긴 청년을 괴물 미노타우로스의 손길에서 구해 내겠다고 결심했다. 호기심에 사로잡혀 현장에 모여든 구경꾼 무리가 사라지면서 기회를 잡은 아리아드네는 그에게 은밀하게 다가갔다. 이어 그녀는 부드러운 말투로 서둘러 조언을 말해 주고서 그에게 실타래를 하나 건넸다.

테세우스는 다음 날, 그 실타래를 몸에 지니고 자신감에 넘치는 태도로 미궁 속으로 들어갔다. 그와 함께 온 아테네 남자와 여자들은 입구에서 몸을 떨고 흐느끼면서 전송했다. 이들과 헤어진 테세우스는 어둑어둑한 동굴 속으로 은밀하게 잠입했다. 그는 방심하지 않고 앞으로 계속 나아가면서 조용히 실타래를 풀었다. 그의 계획은 괴물을 죽인 다음에 풀어 놓은 실타래를 지표 삼아서 그 복잡하게 꼬불꼬불한 동굴의 미로를 탈출하려는 것이었다.

음산한 동굴 길을 한참 지나던 그는 부패한 살점이 붙은 뼈들이 가득 쌓여 파리가 들끓는 곳을 지나게 되었다. 곧 그는 어둠 속에서 그 사악한 악마를 만났다. 영웅과 괴물 사이에 싸움이 벌어져 전투가 격화되었다. 강력한 힘을 지닌 두 적수는 상대를 때리고 들이받다가 지쳐서 희생 제물의 피가 홍건한 바닥에 쓰러졌다. 그러나 테세우스는 숨을 헐떡이며 호흡을 가다듬는 가운데서도 체력을 먼저 회복했다. 그는 맨주먹으로 미노타우로스를 계속 강타했고 괴물은 결국 눈알이 돌아가며 흰자위를 드러낸 채로 죽었다.

이제 영웅은 천천히 실을 따라 미로에서 탈출했다. 정신을 산만하게 하는 얽히고설킨 미로에서 실은 그야말로 생명줄이었다. 그가 동굴의 음침한 어둠으로부터 환한 밖으로 휘청거리며 걸어 나오자 밝고 즐거운 햇빛이 그의 얼굴을 때렸고, 순간 눈이 부셔서 손으로 햇빛을 가렸다. 근처에 있던 다른 아테네 젊은이들은 다가오는 발걸음 소리를 듣고서 두려움에 몸을 떨었다. 하지만 곧 테세우스가 눈앞에 나타나자 믿을 수 없다는 듯 쳐다봤고, 엄청난 안도감을 느끼며 눈물을 흘렸다. 실제로 테세우스를 구한 거나 다름없는 아리아드네는 근처 작은 숲의 은신처에서 그가 동굴에서 빠져나오는 모습을 은밀히 살펴보면서 마음속으로 기뻐했다.

테세우스와 열세 명의 그리스 남녀는 미노스 왕궁의 근위병에게 발각되지 않은 채, 선원들이 은근한 희망 속에서 기다리는 아테네의 배로 달려갔다. 그들 옆엔 크레타 공주도 함께 있었다. 그녀는 이미 굳건하게 마음을 굳혔다. 아버지와 조국을 버린 아리아드네는 서둘러 영웅과 함께 아테네로 가서 그곳에서 새로운 삶을 시작할 생각이었다. 그녀의 마음은 장래에 대한 희망으로 가득 차 있었다.

아테네 선박은 항해 도중에 휴식을 취하기 위해 낙소스섬에 정박했다. 그 섬에 상륙하자 몸과 마음, 그리고 감정까지 완전히 고갈된 아리아드네는 엄청나게 깊은 잠에 빠졌다. 너무 오랜 시간 미동도 하지 않고 조용히 잠을 자고 있었으므로 테세우스는 그녀가 죽은 게 아닐까 염려했다. 그는 그녀를 깨우고자 온갖 시도를 했지만 아무 소용이 없었다. 결국 테세우스는 아주 무겁고 우울한 마음으로, 아리아드네가 계속

썰 수 있도록 섬에 남겨 둔 채 다시 긴 여행을 떠났다.

테세우스는 슬픔으로 분별력이 흐려진 나머지, 아테네 해안에 배가 접근하면 흰색 돛을 부풀어 오르도록 달아 놓겠다고 아버지에게 했던 약속을 잊어버렸다. 흰색 돛은 테세우스가 무사히 고향으로 돌아왔다는 걸 알리는 신호였다. 하지만 그는 깊은 잠에 빠져 있었고, 이런 사실을 모르는 선원들은 돛대에 전통적인 애도의 검은색 돛을 달고 해안에 접근해 갔다.

테세우스의 아버지는 날마다 수평선을 처다보며 시선을 떼지 못했다. 왕은 바닷가 벼랑 위에 있는 소우니오곶의 포세이돈 신전에 나가서 아들의 귀환하는 모습을 기다리며 멀리 수평선을 지켜보았다. 마침내 멀리 바다 위에서 끔찍한 검은 천이 나부끼는 걸 본 순간, 왕은 테세우스와 나머지 열세 명의 젊은 남녀가 흉포한 미노타우로스에게 희생 제물로 먹히고 말았다고 추측했다.

슬픔과 절망에 빠진 테세우스의 아버지는 절벽 아래로 몸을 던져 거센 파도가 몰아치는 바다 속으로 빠져 들어갔다.

테세우스는 해안에 발을 딛자마자 부왕에 대한 끔찍한 소식을 들었다. 그의 승리감은 아버지와 아리아드네를 모두 잃은 이중의 비극 때문에 순식간에 사라져 버렸다. 마치 무더운 여름날에 빗방울이 증발하는 것처럼.

한편 낙소스섬에서는, 마침내 죽음 같은 잠에서 깨어난 아리아드네가 사랑하는 영웅이 떠나 버려 자신이 섬에 홀로 남겨졌다는 걸 알게 되었다. 불쌍한 그녀는 어디에서도 위안을 받을 수 없었다. 그 짧은 시간에 그녀는 사랑하는 영웅, 가족, 친구, 고향까지 한꺼번에 잃고 말았다.

이때 그녀의 애절한 흐느낌과 깊은 번민은 천상의 신 디오니소스의 관심을 끌게 되었다. 디오니소스 신은 몸을 떨며 우는 처녀를 딱하게 여겨서 아리아드네의 얼굴을 어루만지고 머리카락을 쓸어내리면서 달래려고 했다. 그러다 이내 사랑에 빠지게 되었다. 결국 그녀는 슬픔을 극복하고 디오니소스를 따라 올림포스산 정상으로 올라가서 그의 신부가 되었다.

올림포스에서 디오니소스의 사랑스러운 아내는 영원불멸하는 신들

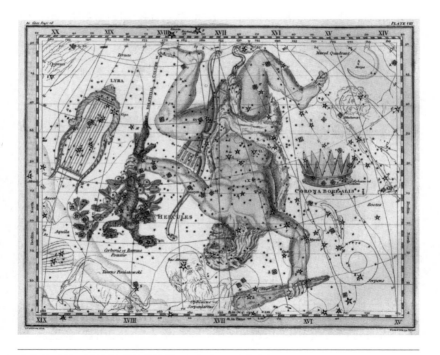

제이미슨 삽화 8: 북쪽왕관자리, 헤라클레스자리, 거문고(리라)자리

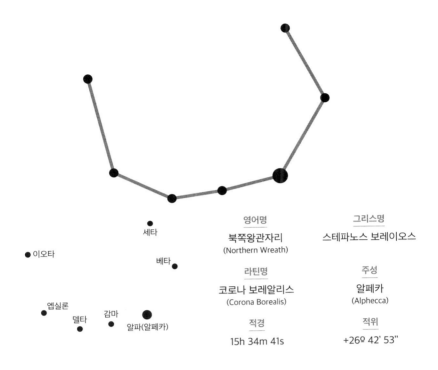

영어명
북쪽왕관자리
(Northern Wreath)

그리스명
스테파노스 보레이오스

라틴명
코로나 보레알리스
(Corona Borealis)

주성
알페카
(Alphecca)

적경
15h 34m 41s

적위
+26º 42' 53"

세타

이오타

베타

엡실론
델타
감마
알파(알페카)

의 호감을 사게 되었다. 여러 해가 흘러간 후에 아리아드네가 마침내
세상을 떠나자 모든 올림포스 신이 그녀의 죽음을 슬퍼했다. 특히 슬
픔을 이기지 못했던 디오니소스는 사랑했던 아내가 결혼식 때 썼던 화
환을 밤하늘의 별자리로 만들었다. 이 화환은 북쪽왕관자리NORTHERN
WREATH로서 여전히 밤하늘 한쪽 구석에서 빛나고 있으며, 아름다운 아
리아드네를 추모하는 멋진 기념물이 되었다.[7]

청동시대에 인간과 신의 호전적인 태도는 지상에 무수한 슬픔을 만
들어 냈다. 하지만 결국 선善이 승리했다. 제우스가 레다를 유혹한 건
파렴치한 일이었다. 그러나 그 결과 태어난 쌍둥이, 즉 카스토르와 폴

리데우케스는 인간과 신을 충실히 돕는 두 영웅이 되었다. 마찬가지로 에우로파를 납치한 일도 악랄했지만, 훗날 아리아드네라는 손녀가 태어나는 계기가 되었다. 이 상냥하고 온화한 처녀는 테세우스와 다른 열셋 아테네 선남선녀의 목숨을 구했으며, 괴물 미노타우로스를 세상에서 제거하는 데 도움을 주기도 했다. 이후엔 올림포스 산정으로 올라가 디오니소스의 아내로서 신들을 기쁘게 하고 그들의 영원한 사랑을 얻었다.

영원한 바람둥이인 제우스는 플레이아데스로 알려진 일곱 자매 중 셋에게서 아이를 봤다. 하지만 다시 한번 결국 선이 승리했다. 이런 밀회에서 태어난 세 명의 아이는 불멸하는 신과 필멸하는 인간들 사이에서 훌륭한 존재로 성장했다. 플레이아데스 중에서 가장 아름다운 마이아는 헤르메스를 낳았고, 이후 이 아들은 전령의 신이 되어 하늘을 날아다니며 인간들에게 많은 사랑을 받았다. 마이아의 여동생 타이게타는 라케다에몬이라는 아들을 낳았고, 그는 스파르타 왕국을 세웠다. 엘렉트라의 아들 다르다노스는 트로이인의 시조가 되었다. 이 아이들은 아주 비천한 시작에서도 위대한 선이 나타날 수 있다는 걸 증명하는 사례였다.

04

오만의
대가

인간들이 신성에 합당한 존경과 헌신을 보이지 않았으므로 신들은 그들을 경멸하게 되었다. 무엇보다 인간의 오만은 신들을 크게 자극했다. 그뿐만 아니라 오만은 인간들 사이에서도 갈등을 일으켰다. 인간은 어리석게도 그런 오만에 빠져서 신들까지 포함한 모든 존재 중에 자신들이 가장 뛰어나다고 생각했다.

‖ 사냥꾼 오리온 ‖

오리온은 힘이 센 거구의 사나이였고 인간들 사이에서도 두드러진 존재였지만, 자만하여 어리석은 행동을 저지르고 말았다. 그는 거인처럼 키가 컸고, 사냥꾼으로서의 기량은 최상급이어서 지켜보는 사람들은 그 노련한 기술에 모두 감탄했다. 오디세우스는 오리온에 대하여 키가 가장 크며, 가장 잘생긴 남자라고 하면서, 손에 청동으로 만든 곤봉과 동물의 가죽을 들었다고 말했다. 오리온의 동물 가죽은 사냥꾼의 상징이었다.[1]

오리온은 그리스의 전사이자 사냥꾼으로 성장했다. 어릴 때부터 사냥용 곤봉, 가죽, 칼 등의 무기를 챙기면서 사냥에 호기심을 보였다. 이런 타고난 사냥꾼들은 무척 어린 나이에도 들판과 숲을 따라 넓은 지역을 혼자서 돌아다니며 사냥감을 찾아내는 감각을 갈고 닦았다. 그들은 풀잎과 나뭇잎 사이에서 발생하는 미동도 금방 알아채는 요령이 있었다. 또 사냥감의 존재를 알려 주는 아주 미세한 소리도 놓치지 않고 귀

기울여 들었다.

이런 그리스의 사냥꾼들은 나이가 들어 갈수록 힘도 더 세지고 강건해지면서 용맹하고 대담해졌다. 몇몇 사냥꾼은 마치 전장에서 무기를 휘두르는 것처럼 거들먹거리며 자기가 최고의 사냥꾼이라고 허풍을 떨기도 했다. 그들은 철저한 자신감과 예리한 관찰 기술 덕분에 다른 분야에서도 뛰어난 존재가 되었다. 특유의 자기 수양과 끈기로 하는 일마다 쉽게 성공을 이뤄 냈다.[2]

사냥꾼들은 나이가 많건 적건 구불구불한 숲속 길을 돌아다닐 때 한

1603년 요한 바이어의 《우라노메트리아》에 묘사된 오리온자리. 잉글랜드 옥스퍼드의 역사박물관과 과학도서관에서 사용 허가를 받음. 사진은 직접 저자가 촬영함.

마리 혹은 그 이상의 개를 동료로 데리고 다녔다. 사냥꾼들 사회에서 인간과 개는 서로를 존중했다. 그들의 우정은 고대 그리스의 도자기에 그려진 사냥 장면에 잘 드러나 있다. 인간과 개는 사냥에서 각각 중요한 역할을 맡았고, 사냥감을 획득한 후에 뒤풀이 잔치도 함께 즐겼다. 사냥꾼들은 자신의 개들을 무척 소중하게 여겼는데, 특히 체격이 좋고 훈련을 잘 받은 개라면 자기 목숨처럼 아끼고 귀하게 여겼다. 사냥꾼은 그저 산토끼(사냥꾼이 가장 선호하는 사냥감)를 뒤쫓을 때에만 도움을 받으려고 개들을 부리는 게 아니었다. 개들은 산토끼 사냥은 물론이고, 덩치가 크고 치명적인 맹수인 늑대, 멧돼지, 곰, 사자 등이 사냥꾼 공격해올 때 옆에서 지켜 주었다.

대다수 그리스인처럼 오리온도 본토와 섬에 많이 서식하는 산토끼 사냥을 즐겼다. 그는 빠르고 활기찬 사냥에서 심장을 뛰게 하는 짜릿함을 느꼈다. 그는 신선한 날고기를 먹는 걸 즐겼고, 산토끼의 생가죽은 따뜻한 망토와 침구를 만드는 데 필요하므로 소중하게 여겼다.

숲속 사정에 밝은 사람답게 오리온은 커다란 동물 가죽을 들고 다니며 토끼를 꾀어냈고, 정신이 산만해진 토끼를 곤봉으로 두들겨 잡았다. 그의 허리띠엔 사냥감의 가죽을 벗기고 손질하는 데 사용하는 단검이 매달려 있었다. 그 칼로 쇠꼬챙이에 꿰어 구운 사냥감 고기의 일부를 잘라서, 타오르는 석탄 위에 놓아두어 신들에게 제물로 바쳤다. 그런 절차를 거친 다음에야 비로소 굶주린 입에 고기를 집어넣으며 발아래서 간절한 눈빛을 보내는 허기진 사냥개에게도 고깃덩이를 던져 주었다.

오리온이 사냥감을 뒤쫓아 갈 때 사냥개를 놓치는 적은 거의 없었다. 오리온의 사냥개는 사방을 경계하며 주의 깊게 앞으로 나아갔다. 빠르게 움직이는 눈과 날카로운 후각을 가진 그 사냥개는 오랜 세월 바위투성이 험준한 지역을 돌아다니며 사냥한 결과 튼튼한 발을 갖게 되었다. 몸도 단색이 아니라 점들이 박힌 얼룩 개였는데, 훌륭한 품종임을 보여 주는 확실한 증거였다. 뒷다리는 길고 튼튼했으며, 뛰어오를 수 있는 탄력이 충분한 데다 전력 질주하기에 완벽한 몸집을 갖추었다.[3]

사냥개는 사냥감을 추적할 때 사냥감의 흔적을 찾고자 땅에 코를 대고 쿵쿵거리며 냄새를 따라가는 등 자신의 예리한 후각을 백분 발휘했다. 이런 후각적인 이유 때문에 오리온은 봄이나 가을의 상쾌한 아침을 선호했다. 겨울엔 땅이 얼어붙어 사냥감의 냄새가 은폐되었고, 여름엔 햇볕을 받은 땅에서 나오는 열기가 그 냄새를 분산시키기 때문이다. 사냥꾼은 새벽이 오기 전에 일찍 사냥을 나섰다. 새벽이 되면 전날 밤의 냄새가 희미해지고, 낮 동안 부는 바람이 냄새를 날려 버리기 때문이었다.

함께 숲속을 돌아다니면서 사냥개는 은밀하게 사냥감의 냄새를 찾았고, 오리온은 사냥이 성공하게 해 달라고 신들에게 기도를 올렸다. 그는 사냥에서 얻는 고기를 가장 먼저 사냥의 신이자 쌍둥이 신 아폴론과 아르테미스에게 바치겠다고 맹세했다. 이런 의식이 끝나면 사냥개는 갑자기 몸을 부르르 떨고 흔들면서 사냥감의 냄새를 맡았음을 알렸다. 근처 어딘가에 산토끼가 마치 조각상처럼 미동도 하지 않고 웅크리고 있다는 뜻이었다. 산토끼는 반쯤 파인 것처럼 꺼진 땅이나 풀로 우거진 덤불 속에 몸을 숨기려고 머리와 몸을 엎드린 채, 두 다리는 몸 밑에 바싹 붙이고 긴장한 상태로 경계하고 있는 것이었다. 긴 귀는 마치 등에 누운 것처럼 착 달라붙은 채.

사냥개는 미친 듯이 컹컹대면서 그 냄새를 따라 재빠르게 움직였는데 그 모습이 깃이 없는 화살이 날아가는 것 같았다. 개는 "거세게 짖어대고 빠르고 멋지게 달리면서" 사냥감을 바싹 추격했다. 거의 마지막 순간이 다가오면 산토끼는 귀를 쫑긋 세운 채 은신처에서 쏜살같이 뛰쳐나와 도망쳤다. 산토끼는 이리저리 움직여 추적자를 따돌리며 자신만 아는 지름길로 미친 듯이 내달렸다. 당황한 사냥개가 어쩔 수 없이 잡목 숲과 나무 덩굴 사이로 달려오는 동안에, 산토끼는 늘 그랬던 것처럼 가파른 산비탈로 위쪽으로 계속 도망쳐 갔다.

영리한 산토끼는 여러 번 다녀서 잘 알고 있는 개울을 건넜다가 다시 왔던 길을 되짚으며 도랑이나 굴로 도망치는 법을 알고 있었다. 종종 토끼는 사냥개를 보기 좋게 따돌리곤 했다. 하지만 오리온과 사냥개는 그런 실수를 개의치 않았다. 다음 날 새벽이 되면 또 다른 즐거운 사냥감이 기다리고 있으니까.[4]

하늘과 땅의 그 어떤 것도 오리온이 사냥에 열정을 쏟는 것을 말리지 못했다. 하지만 그가 플레이아데스를 보고 난 뒤에 상황은 바뀌었다. 아틀라스와 플레이오네 사이에서 태어난 일곱 자매는 사랑스러운 아가씨들이라 많은 남자의 마음을 사로잡았다. 여러 남자들이 그들을 사랑했으나, 오리온만큼 그들에게 깊이 빠진 남자는 없었다. 오리온은 겁 많은 사슴을 쫓는 산사람처럼 아주 집요하게 그들을 쫓았지만 늘 허사였다.

지금까지 그 어떤 처녀도 그의 구애에서 벗어나지 못했다. 어떤 사람들은 순결을 수호하는 여신인 아르테미스조차 오리온의 남자다운 매력에 거의 넘어갈 뻔했다고 말한다. 어쨌든 겁먹은 플레이아데스는 오리온의 열정적인 접근에 마지막 순간까지 저항했다.

마침내 더 이상 저항하기 어렵게 된 자매들은 제우스에게 보호를 간청했다. 하늘과 폭풍의 최고신은 그 간청을 받아들여 자매들을 평화롭고 즐겁게 우짖는 비둘기들로 변신시켜 주었다. 훗날 제우스는 그들이 별들 사이에서 불멸의 존재가 되게 해 주었고, 그리하여 서로 사랑하는 자매들은 함께 밤하늘에서 영원한 안식을 누리게 되었다.[5]

오리온은 자신의 사랑이 퇴짜를 맞자 크게 충격을 받았다. 깊이 실망한 그는 다시 숲속으로 돌아가 첫사랑 취미인 사냥을 계속했다. 그는 일부러 과거의 사랑이 아무것도 아닌 척 허세를 부리면서 플레이아데스를 향한 감정을 잊어버리려 했고, 그럴수록 사냥감을 더욱 열심히 쫓아다녔다.

오리온은 덩치에 상관없이 어떤 짐승이라도 정복할 수 있다고 소리 높여 호언장담했다. 대지모인 가이아는 그런 허세를 더 이상 참아 줄 수가 없었다. 그녀는 오리온이 큰 목소리로 자연에 대해 불경스러운 말을 지껄이는 태도를 혐오했다. 동시에 그녀가 아끼고 사랑하는 모든 동물을 조만간 죽여 버릴 것 같다는 두려움에 몸을 떨었다.

따라서 과거 한때 괴물 티폰을 신들에게 맞서 싸우게 했던 가이아는, 이번에 거대하고 잔인한 전갈을 소환하여 오리온을 죽이라고 명령

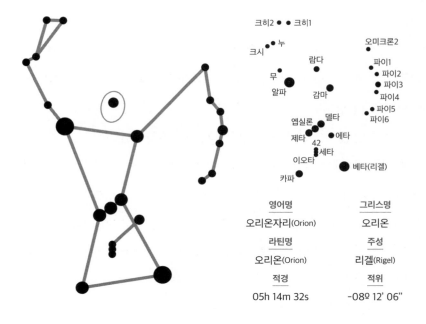

크히2 ● ● 크히1

크시 ● ● 누

무 ● 람다 ●

알파 ● 감마 ●

오미크론2 ●

파이1 ●
파이2 ●
파이3 ●
파이4 ●
파이5 ●
파이6 ●

엡실론 ● 델타 ●

제타 ● 에타 ●

42

이오타 ● 세타 ●

카파 ● 베타(리겔) ●

영어명	그리스명
오리온자리(Orion)	오리온
라틴명	주성
오리온(Orion)	리겔(Rigel)
적경	적위
05h 14m 32s	-08º 12' 06"

했다. 이솝 우화에 등장하는 자만심 넘치는 수탉 비슷하게, 오리온은 너무 큰 소리로 오만하게 떠들어 댔고, 그것이 결국 포식자를 불러들였다.[6] 힘센 사냥꾼은 이제 그 자신이 쫓기는 사냥감이 되었다.

어느 날 오리온이 숲속을 걸어가고 있을 때, 흙에서 태어난 괴물인 전갈이 온 사방에 진흙을 날리면서 갑자기 땅 위로 튀어나왔다. 오리온을 발견한 전갈은 곧바로 그에게 돌진했다. 괴물은 집게를 딱딱거리면서 여덟 개의 다리로 종종걸음 치면서 빠르게 앞으로 달려왔다. 오리온은 그 어마어마한 곤봉을 번개처럼 휘둘러 집게발 공격을 막아 냈다. 하지만 곧 전갈은 독침을 쓰기 시작했다.

독침은 오리온의 곤봉보다 더 길게 뻗어 있었고, 100마리의 독사가 내뿜는 독보다 훨씬 강력한 맹독을 뚝뚝 흘렸다. 오리온은 그 치명적인 독침을 간신히 피하면서 어떻게든 괴물에게 가까이 접근하여 결정적인 일격으로 그 머리를 부수려고 했다. 오리온은 눈을 크게 뜨고 사방을 살피며 필사적으로 앞으로 나아갔지만, 불운하게도 돌부리에 발이 걸려 땅에 넘어지고 말았다. 전갈은 즉시 발을 끌며 앞으로 나와 독침으로 그의 심장을 꿰뚫었다. 이렇게 하여 영웅호걸인 사냥꾼은 전갈의 "맹렬한 독침"에 쓰러지고 말았다. 전갈은 자신이 영웅보다 "더 강한 존재"임을 증명했다.[7]

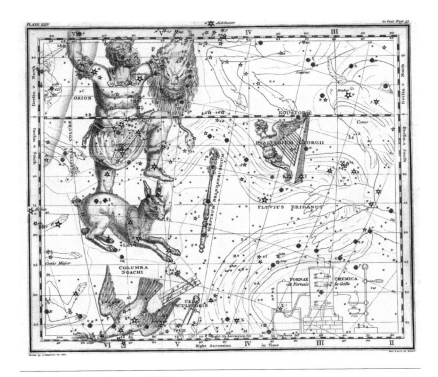

제이미슨 삽화 24: 오리온자리, 이리자리

오리온ORION이 죽자 아르테미스는 땅바닥에 털썩 주저앉으며 슬퍼했다. 여신은 이 사냥꾼의 거처를 하늘에 마련해 달라고 간청했고 제우스는 허락했다. 다만 인간의 과도한 자만심을 경멸했던 최고신은 하나의 경고로 전갈SCORPION 역시 밤하늘에 올려놓았다. 그곳에서 이 짐승은 영원히 오리온을 뒤쫓고 있다. 전갈자리는 지상에서 그 별을 쳐다보는 모든 사람에게 자만하지 말아야 몰락하지 않는다는 교훈을 전하고 있다.

거대한 전갈은 천구를 가로질러 매우 멀리 뻗어 있어, 별이 가득한 하늘에서 적정한 몫 이상의 공간을 차지하고 있다. 이를 해결하고자 그의 강력한 집게발은 천칭자리CLAWS라는 별도의 별자리로 자리 잡았

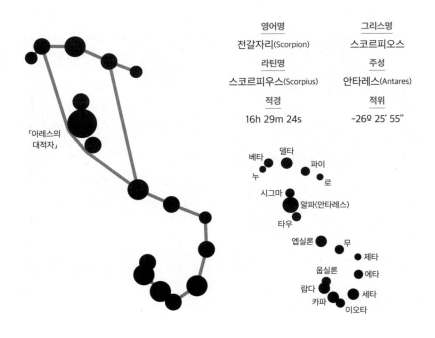

영어명	그리스명
전갈자리(Scorpion)	스코르피오스
라틴명	주성
스코르피우스(Scorpius)	안타레스(Antares)
적경	적위
16h 29m 24s	-26º 25' 55"

「아레스의 대적자」

베타
델타
누
파이
시그마
로
알파(안타레스)
타우
엡실론
무
제타
윕실론
에타
람다
세타
카파
이오타

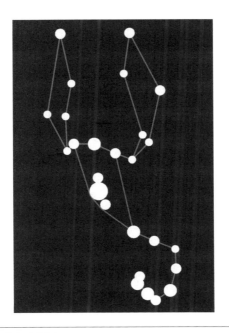

제이미슨 삽화 24: 오리온자리, 이리자리

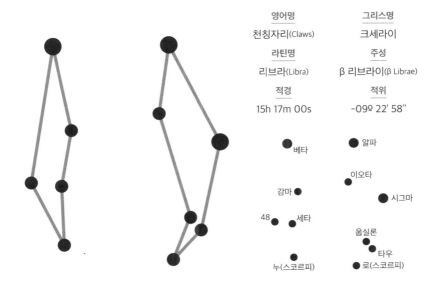

영어명	그리스명
천칭자리(Claws)	크세라이
라틴명	주성
리브라(Libra)	β 리브라이(β Librae)
적경	적위
15h 17m 00s	-09º 22' 58"

다.[8] 전갈이 동쪽 지평선 위에 나타나면 오리온은 서쪽으로 더 멀리 달아나려고 한다. 하지만 전갈이 보이지 않으면 오리온은 하늘의 거처에서 행복감을 느끼면서 그 어떤 별보다 더 밝게 빛난다.[9] 그는 엄청나게 큰 키, 밝은 별빛, 적도의 별들 사이에서 차지하는 우뚝한 위치 등을 뽐내며 지상에 살고 있는 모든 사람과 장소를 비추어 준다.

밤하늘 높은 곳에서 오리온은 여전히 하늘을 가로지르며 플레이아데스를 쫓고 있다.[10] 아직도 그는 왼손에 가죽을 들고, 오른손은 곤봉을 높게 든 채, 허리띠엔 반짝이는 칼을 매달고서 천체의 사냥감을 사냥하고 있다. 큰곰조차 "자기 자리를 돌면서 오리온을 의심의 눈길로 지켜보고 있다."[11] 하지만 사냥꾼은 귀를 쫑긋 세우고 언제나 발아래에서 달리는 산토끼HARE에게 주의를 기울인다.

전령의 신 헤르메스는 산토끼의 놀라운 민첩성과 속도를 높이 평가하여 밤하늘에 올렸다. 지상에 있을 때와 마찬가지로 산토끼는 발각되기 전 마지막 순간까지 뛰쳐나갈 준비를 하며 별들 사이에서 미동도 하지 않고 조용히 앉아 있다. 그러다가 갑자기 밖으로 뛰쳐나가 사냥개의 추적 범위 밖으로 내달리는데, 산토끼는 사냥꾼만큼이나 쫓고 쫓기는 사냥을 즐기는 듯하다.[12]

오리온의 동료인 점박이 사냥개DOG 역시 이 추격에 합류하고 있다. 별들 사이를 뛰어다니는 사냥개는 긴 다리를 사냥감 쪽으로 내밀며 앞으로 움직이고, 영리한 산토끼의 뒤를 바짝 뒤쫓는다. 오리온처럼 사냥개의 별자리도 밤하늘에서 밝게 빛난다. 사냥개의 주둥이 부분엔 밤하늘에서 가장 밝게 빛나는 별인 개의 별—어떤 사람들은 시리우스라고

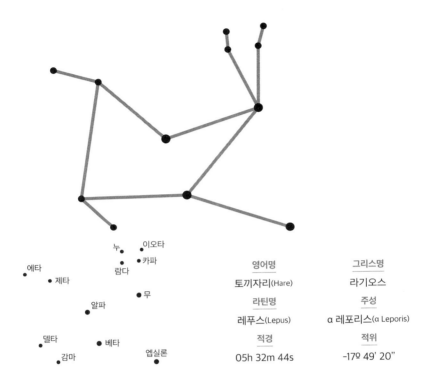

영어명	그리스명
토끼자리(Hare)	라기오스
라틴명	주성
레푸스(Lepus)	α 레포리스(α Leporis)
적경	적위
05h 32m 44s	-17º 49' 20"

부른다―이 있다. [13]

  사냥개의 옆에서 즐겁게 뛰노는 쾌활한 강아지가 있는데, 이놈 역시 오리온이 데리고 있던 개였다. 강아지의 별자리는 작은개자리 HERALD OF THE DOG 이며 일명 개의 전령이라고도 하는데, 큰 개가 나타나기 전에 지평선 위로 떠오르기 때문에 이런 이름이 붙었다. 이 강아지 역시 그 작은 꼬리를 즐겁게 흔들며 사냥에 합류하는 걸 좋아했다. 하지만 강아지는 성숙한 사냥개보다 꾸준함과 자제력이 부족하여, 때때로 느닷없이 앞으로 뛰쳐나가 은밀한 추적을 망치거나, 혹은 낙오하여 장난기 많은 강아지가 늘 그러는 것처럼 제자리에 멈추고 꽃을 물어뜯는다. 이 강아지의 주둥이에도 한 개의 별이 있다. 측면엔 그 별보다 훨씬 밝게 빛나는 〈개의 별 전령〉, 혹은 프로키온이라 불리는 별이 있다. 이 별은 시리우스보다 약간 덜 밝게 빛난다.[14]

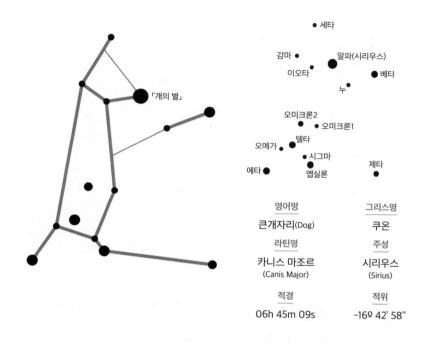

영어명	그리스명
큰개자리(Dog)	쿠온
라틴명	주성
카니스 마조르 (Canis Major)	시리우스 (Sirius)
적경	적위
06h 45m 09s	-16º 42' 58"

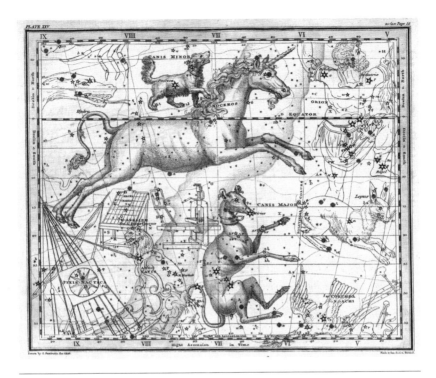

제이미슨 삽화 25: 큰개자리, 작은개자리

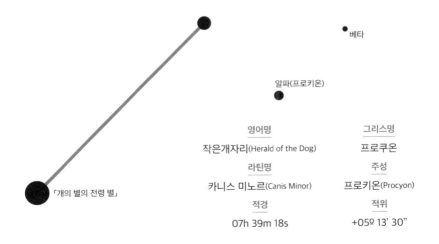

베타

알파(프로키온)

「개의 별의 전령 별」

영어명	그리스명
작은개자리(Herald of the Dog)	프로키온
라틴명	주성
카니스 미노르(Canis Minor)	프로키온(Procyon)
적경	적위
07h 39m 18s	+05º 13' 30"

‖ 파에톤의 추락 ‖

밤하늘 높은 곳에서 오리온과 그의 사냥개들은 깊게 소용돌이치는 에리다노스강 입구에서 사냥을 즐기고 있다. 이젠 별들의 물결이 된 이 슬픈 강은 오리온처럼 자만심 때문에 처벌받은 파에톤의 비극적인 추락을 연상시킨다. 파에톤의 아버지는 빛나는 태양신 포이보스 아폴론(빛나는 아폴론)로서, 하늘 높은 곳에 군림하고 있었다.[15] 하지만 이 소년은 인간으로 태어났고, 상냥한 어머니 클리메네와 누나들인 쾌활한 헬리아데스의 보살핌을 받으며 자라났다.

명랑한 헬리아데스 자매는 강둑에 있는 나무들 사이에서 노는 걸 즐겼다. 그들은 머리 위에 있는 나뭇가지처럼 팔과 손가락을 넓게 펼치거나, 또는 다채로운 가을 나뭇잎으로 머리를 장식하며 자기들끼리 잘 어울려 놀았다. 때로 그들은 잔가지 사이를 가볍게 돌아다니며 즐겁게 지저귀는 새들의 목소리를 흉내 내기도 했다.

파에톤은 누나들의 행복한 산책을 따라다녔고, 종종 누나들과 함께 발걸음을 멈추고 경이로운 태양이 하늘에서 뜨고 지는 모습을 지켜봤다. 태양은 이른 아침에 어둠을 흩뜨리며 밝게 하늘로 솟아올랐다. 이어 땅과 바다를 가릴 것 없이 드넓고 푸르른 지역에 황금색 아치를 드리웠다. 아이들은 태양이 서쪽 지평선에 도착할 때면 집에 돌아갈 때가 되었음을 알았다.

클리메네는 처음부터 자식들에게 빛나는 태양이 실은 아버지 포이보스 아폴론이라는 사실을 알려 주었다. 그녀는 아버지가 매일 웃으며 그들을 내려다보고 있으며, 그래서 그들의 얼굴이 햇빛을 받아 양 볼이 장밋빛이 되는 거라고 자신 있게 말했다. 파에톤은 영광스러운 아버지처럼 되길 갈망했지만, 안타깝게도 그는 자신이 지상에 매인 몸임을 잘 알았다.

세월이 흐르고, 좀처럼 가만히 있지 못하고 싸돌아다니던 소년은 성장하여 더욱 대담해졌으며 그 어느 것에도 굴하지 않는 늠름한 청년이 되었다. 그는 어렸을 때 느꼈던 두려움 따위는 이제 싹 잊어버리고 아버지를 직접 만나기로 결심했다. 곧장 보따리를 싸서 어깨에 둘러멘 그는 여러 날을 힘들게 걸어가서 마침내 올림포스산 아래에 도착했다. 그는 위로 튀어나오듯 우뚝 솟은 산봉우리에도 전혀 겁먹지 않았고, 그 산의 정상을 향하여 천천히 그러면서도 꾸준히 올라가기 시작했다.

마침내 빛나는 산꼭대기에 발을 내디딘 그는 즉시 아폴론의 눈부시게 빛나는 궁전을 알아보았다. 그 과감한 청년은 곧장 궁전의 문을 확 열고 안으로 들어섰다. 이내 그는 환하게 빛나는 태양신의 모습을 보게 되었다.

아버지 아폴론은 아들인 파에톤을 따뜻하게 환영했고, 아들의 간절한 소원 한 가지를 들어주겠다고 말했다. 청년은 조금도 대답을 망설일 필요가 없었다. 그는 곧바로 단 한 번도 잊은 적이 없는 평생소원을 말했는데, 단 하루만이라도 태양 마차를 몰아 보는 것이었다. 그 멋진 마차를 타고서 지상과 바다, 그리고 하늘까지 온 세상을 바라보고 싶었다.

아폴론은 아들의 무모한 요청에 기겁하면서 만류하려고 했다. 그는 우주를 가로질러 움직이는 마차를 끄는 사나운 말들은 자기밖에 다룰 수 없다고 하면서, 심지어 제우스조차 그 일을 감히 하려 들지 않는다고 타일렀다.

아폴론은 하늘로 오르는 길은 지나치게 가파르며, 거기서 내려오는 건 그보다 훨씬 아찔하고 어려운 일이라고 아들에게 주의를 주었다. 그뿐만 아니라 별들 사이에서도 위험한 일이 발생할 수 있다고 경고했다. 전갈, 게, 사자, 황소 등이 아폴론의 태양 마차가 매일 그들의 영역을 침범하는 것에 불쾌함을 느끼고 있으며, 그런 상황에서 인간 청년이 태양 마차를 몰다가 그들에게 찔리고, 꼬집히고, 할퀴어지고, 뿔에 받히면 아주 순식간에 불구가 될 수 있다고 아들에게 자상하게 말해 주었다.

파에톤은 아폴론의 경고에 미소를 지을 뿐이었고, 태양신은 어떻게

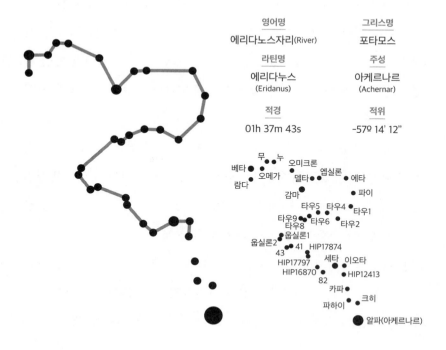

영어명
에리다노스자리(River)

그리스명
포타모스

라틴명
에리다누스
(Eridanus)

주성
아케르나르
(Achernar)

적경
01h 37m 43s

적위
-57º 14' 12"

무 누
베타   오미크론
람다 오메가   엡실론 에타
델타   파이
감마
타우5 타우4 타우1
타우9 타우6 타우2
타우8
웁실론1
웁실론2 41 HIP17874
43
HIP17797 세타 이오타
HIP16870 HIP12413
82
카파
파하이 크히
알파(아케르나르)

든 아들의 간절한 소원 한 가지를 들어주겠다고 한 약속을 철회하여 자신의 어리석음을 수습하려 들었다. 하지만 태양신은 아들의 뜻을 꺾을 수가 없었다. 결국 고개를 숙이고 천천히 가로저으며 아들을 동쪽에 있는 햇빛 환한 마구간으로 데려갔다. 그곳에서 아폴론은 햇빛으로 환히 빛나는 마차와 생기 넘치는 말들을 대기시키고 아들에게 태양 마차의 고삐를 넘겨주었다. 이어 태양신은 옥좌로 돌아와 침울해하고 괴로워하면서, 불길하고 파멸적인 날이 눈앞에 펼쳐지는 걸 지켜봐야 했다.

겁이라곤 전혀 없는 파에톤은 마차에 훌쩍 뛰어올라 편안하게 고삐를 잡았다. 태양 마차는 즉시 앞으로 덜컥거리며 움직였고, 시위를 떠난 화살처럼 두려울 정도로 빠르게 공중으로 치솟았다. 이내 말들은 뭉게뭉게 피어 오른 구름들을 헤치고 푸른 하늘 높은 곳으로 돌진했다. 이제 파에톤도 약간 두려움에 휩싸였지만, 그래도 불안한 눈빛으로 조심스럽게 아래를 내려다봤다. 그는 무척 괴로워하며 기겁한 채로 고향, 도시, 섬, 산이 작아지는 걸 봤다. 마침내 그런 것들이 전혀 보이지 않을 정도로 공중 높이 솟아올랐다.

파에톤은 이제 본격적으로 겁에 질려 덜덜 떨기 시작했다. 사납게 날뛰는 말들은 마부가 자신들을 제대로 통제하지 못한다는 걸 알아챘다. 말들은 광포하고 의기양양하게 날뛰며 마차를 멋대로 통제하게 되었고, 서로 거칠게 떠밀고 싸우면서 새로운 길로 나아가려고 했다. 말들은 마차의 방향을 온 사방으로 제멋대로 바꾸었다.

이제 태양 마차는 드높은 하늘로 들어서며 별들이 머무르는 거주지를 일대 혼란에 빠뜨렸다. 그곳에서 말들은 전속력으로 땅을 향해 내려왔고, 마침내 산꼭대기를 여기저기 들이받으며 튕기듯이 앞으로 나아갔다. 태양 마차와 부딪힌 산 정상은 활활 불타올랐다. 까마득히 높게 솟은 봉우리들—신들이 거주하는 신성한 정상—은 이제 불에 타서 연기가 피어오르는 불구덩이가 되었다. 심지어 올림포스산도 불타기 시작했다. 이후 지상의 숲들도 맹렬한 불에 휩싸였다. 무수한 강들이 펄펄 끓어오르면서 숨을 쉬기 힘들 정도의 증기탕으로 변했다.

식물들은 불길에 타서 시들더니 곧 죽었다. 동물들은 흩어져 도망쳤다. 인간들은 고향이 잿더미가 된 광경에 크게 통곡했다. 가이아는 불멸의 신들에게 빨리 사태 수습에 나서 달라고 외쳤고, 자신이 아끼는 지상과 그곳에 있는 모든 생명체를 살려 달라고 호소했다. 그러던 중 최고신 제우스가 앞으로 나섰는데, 그는 자신의 평화로운 하늘이 광범위하게 파괴되고 혼란에 휩싸인 것에 크게 분노했다. 그는 뻔뻔한 인간 청년이 오만하게도 감히 신의 역할을 해 보겠다고 나선 것에 대해서도 격분했다.

그는 하늘에서 벼락으로 일격을 내려서 광포하게 날뛰는 태양 마차의 말들을 쓰러뜨렸다. 이 공격으로 파에톤은 "그 붉은 머리가 불붙은 채로" 불타는 마차와 함께 공중에서 지상으로 추락했다. "그 모습은 마치… 청명한 하늘에서 별이 떨어지는 것 같았다." 그는 에리다노스강 속으로 섬광처럼 떨어져 내렸다. 귀가 먹먹할 정도로 커다란 풍덩, 하는 소리가 났고 강물에선 쉬익, 하는 소리와 함께 수증기가 무럭무럭 피어올랐다.

강에 사는 물의 정령들은 침울한 표정으로 불타고 부서진 파에톤의 몸을 수습했다. 이어 그들은 "갈라진 벼락을 맞고 불에 타서 여전히 김을 내뿜는" 청년의 시체를 정중하게 땅에다 묻었다. 마지막으로 물의 정령들은 매우 엄숙하게 그의 묘비에 이런 글을 새겼다. "여기에 파에톤이 눕다: 포이보스의 마차를 몰던 그는 비록 크게 실패했지만, 그 용기는 그 실패보다 더 큰 것이었다."[16]

파에톤의 누나들인 헬리아데스는 슬픔을 가누지 못하고 파에톤 주변에 모여들었다. 그들은 그곳에서 미동도 하지 않으면서 남동생을 애도했고, 이어 강둑에 뿌리를 내린 포플러 나무로 변신했다. 그들은 나뭇잎을 떨며 발아래에 있는 잔물결 일렁이는 강과 부드러운 풀 위에다 달콤한 호박 눈물을 쏟았다. 제우스는 포이보스 아폴론의 슬픔을 달래고자 자식들을 기억할 수 있게 강RIVER을 밤하늘에 올려 주었다. 이제 별들의 흐름이 "많은 눈물의 강 에리다노스"라고 알려진 자랑스러운 강을 밤하늘에서 상징하고 있다.[17]

‖ 오만한 자 벨레로폰 ‖

또 다른 젊고 오만한 영웅인 벨레로폰도 파에톤과 비슷한 운명을 겪었다. 아무도 그가 놀라운 업적을 이뤘다는 걸 부정하지 않는다. 그는 다루기 힘든, 날개 달린 야생마 페가수스를 발견하고 그 천마天馬에 접근하였다. 그러곤 이내 그 온화한 손길과 달래는 목소리로 광포한 페가수스의 마음을 사로잡았다. 이어 그는 조심스럽게 천마의 등에 올라타고 앞으로 달려 나가 결국 천마와 한 몸이 되어 하늘 높이 날았다.

천마를 얻은 영웅은 이제 말과 함께 모험을 찾아 멀리 날아갔다. 동쪽으로 나아간 그들은 여전사 아마존―모든 남자를 경멸했고, 자기 자식이라도 아들이면 내다 버린 여자들―과 싸우게 되었다. 이어진 맹렬한 싸움에서 벨레로폰은 많은 호전적인 여전사들을 물리쳤다. 승리감에 도취된 그는 이제 가장 끔찍한 악마를 뒤쫓았다. 위풍당당하게 페가수스의 등에 올라탄 그는 두려움의 대상인 키마이라와 대적하고자 하늘 높이 날아올라 험준한 산악 지대로 갔다.

티폰의 추악한 딸 키마이라는 황폐한 고지대와 험준한 바위 산 사이에 있는 동굴에 기거하고 있었다. 벨레로폰과 페가수스는 하늘 높이 날면서 지상을 내려다봄으로써 비로소 그녀를 찾아낼 수 있었다. 거대하고 흉측한 그녀의 몸뚱이는 민첩한 산양의 몸과 같아서 이 봉우리에서 저 봉우리로 마음대로 뛰어다닐 수 있었다. 키마이라는 사자의 머리를 하고 있어 그것으로 상대방의 살을 뜯어 먹었고, 꼬리는 뱀처럼 감기기도 하고 꾸불꾸불 움직이기도 하면서 독니로 상대방에게 공격을 가했다. 밤중에 이 잔인한 짐승은 쉴 새 없이 계곡을 돌아다니면서 "끔찍하게 타오르는 불을 그 입에서 뿜어냈다."[18] 그녀는 살아 있는 모든 것을 증오했지만, 그중에서도 인간을 제일 미워했다.

자기 머리 위의 공중에서 맴도는 천마와 기수를 발견하자마자 키마이라는 입에서 맹렬한 불을 토해 냈고, 그 불은 벨레로폰과 페가수스의 털과 피부를 그을렸다. 기수와 천마는 고통을 이기지 못하고 비명을 내질렀지만 그래도 괴물의 추적을 계속했다. 그들은 일정한 거리를 유지하고 공중에서 빙빙 돌면서 불과 독니를 어렵사리 피했다. 동시에 벨레로폰은 화살을 계속 발사하여 키마이라의 몸을 꿰뚫었다. 마침내 괴물은 힘이 빠져 계곡 아래로 곤두박질쳐서 비참한 최후를 맞이했다.

벨레로폰은 사나운 키마이라를 죽이자 자신을 무적이라 생각했고 심지어 죽음조차도 이겨 낼 수 있다고 생각했다. 그는 자신을 불멸의 존재로 여기기 시작했고, 자신의 거처는 마땅히 신들이 사는 거처가 되어야 한다고 생각했다. 그래서 페가수스의 등에 한 번 더 오른 그는 말을 몰아 하늘로 솟구쳐 올림포스산 정상으로 갔다. 그는 올림포스의 신들이 박수 치며 자신을 맞이할 것이라고 기대했다.[19]

벨레로폰이 날개 달린 말에게 박차를 가해 구름 위로 더 높이 움직이자 최고신 제우스는 고통스러운 환영 인사를 해 왔다. 제우스가 환영 인사로 보낸 말파리는 페가수스의 등을 사정없이 물어뜯으며 고통을 가했다. 아픔을 이기지 못한 말은 공중에서 사납게 날뛰었고, 그 바람에 벨레로폰은 푸른 하늘에서 먼지투성이 땅으로 추락하기 시작했다. 하지만 명예가 더럽혀진 영웅은 가시나무 덤불에 걸렸고 그 덕분에 허망한 죽음을 피할 수 있었다. 그러나 영웅은 몸과 마음에 심한 상처를 입고 격심한 후유증에 시달리게 되었다. 신들에게 경멸당하고 힘과 자부심도 잃어버린 벨레로폰은 이후 "비탄에 잠긴 채로 사람들이 다니는 길은 피하며"[20] 홀로 떠돌다가 쓸쓸히 죽었다.

벨레로폰은 놀라운 업적에도 불구하고 오만이라는 치명적인 흠 때문에 결국에는 불행한 결말을 맞이했다. 신들은 이 에피소드를 통하여 오만하면 몰락한다는 엄중한 경고를 다시 한번 인간들에게 내려 주었다.

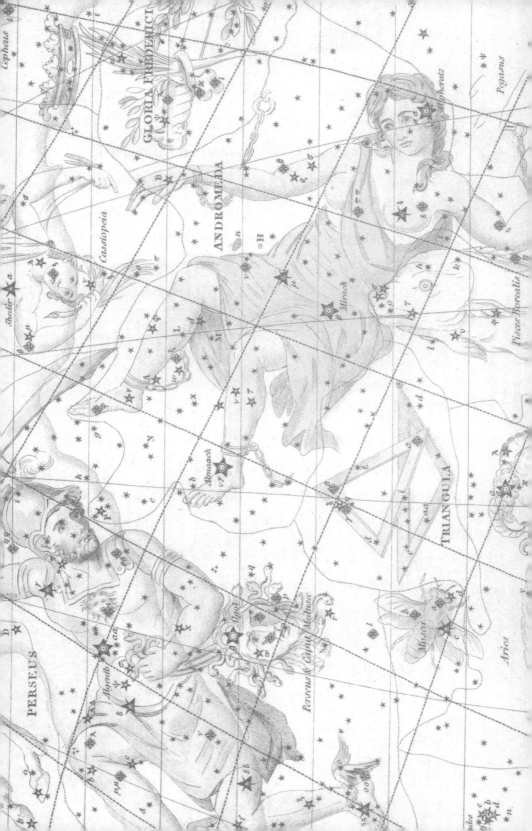

05

영웅의
시대

별자리

페르세우스자리(Perseus)

안드로메다자리(Andromeda)

고래자리(Cetus)

케페우스자리(Cepheus)

카시오페이아자리(Cassiopeia)

페가수스자리(Pegasus)

조랑말자리(Equuleus)

용자리(Draco)

헤라클레스자리(Hercules)

바다뱀자리(Hydra)

사자자리(Leo)

게자리(Cancer)

화살자리(Sagitta)

별

고르곤(Algol)

좌측: 제이미슨 삽화 3: 페르세우스자리, 안드로메다자리

오리온은 커다란 키와 힘을 자랑하는, 영웅이라는 말에 어울리는 사람이었다. 파에톤은 자신감 넘치는 모습으로 젊음을 불태우며 과감하게 앞으로 나아갔다.

벨레로폰은 필사적으로 싸우며 사악한 적들을 격파했다. 하지만 세 사람은 똑같이 보이지 않는 적, 자신의 오만한 마음에 당하여 추락하고 말았다. 그들은 거대한 오크나무가 벼락을 맞아 숲의 바닥으로 쓰러지는 것처럼, 자신들의 거만함에 대한 처벌을 받고 파멸로 떨어졌다.

교만한 마음 때문에 처벌받은 건 그들만이 아니었다. 인간 여자도 남자들과 다름없이 자만이라는 악덕에 사로잡혔다.

메두사에 관한 이야기는 모두들 들어 봤을 것이다. 지독한 괴물인 그녀를 똑바로 쳐다본 자는 생명이 없는 차가운 돌로 변하고 만다. 하지만 이 끔찍한 괴물은 한때 눈부시게 아름다운 젊은 여자였다. 그녀의 사랑스러운 외양과 흐르는 듯한 머릿결, 매혹적인 두 눈은 마치 여신처럼 빛났으며, 남자는 물론 여자, 새, 짐승, 꽃, 나무, 그리고 불멸의 신들까지 그 여성적 아름다움에 매혹되어 시선을 뗄 수 없었다.

바다의 신인 포세이돈조차 그녀의 매력에서 헤어나지 못했다. 그는 매일 소금기 많은 파도를 헤치고 나와 첨벙거리며 해변까지 와서 그녀의 발자국을 멀리까지 따라갔다. 그녀는 빛나는 매력으로 포세이돈의 마음을 사로잡고, 그의 정신을 완전히 정복하여 끝없이 그녀를 갈망하게 했다. 해신은 메두사라는 처녀에게 완전히 넋이 나가 맹렬하고 절박한 사랑에 빠져 버렸다.

하지만 신과 인간이 보내는 그러한 찬양이 결국에는 그녀를 오만하게 하여 파멸시켰다. 그녀의 상냥한 미소는 천천히 사라졌고, 그 자리엔 거만한 비웃음이 들어섰다. 마침내 그녀의 교만이 신들에게 너무나 혐오스럽게 느껴지자 메두사를 몹시 질투했던 아테나는 그녀를 소름끼치는 악귀로 변신시켰다. 메두사의 아름다웠던 몸매는 이제 뱀처럼 땅 위에서 스르르 기어가는 형태로 바뀌었다. 그녀의 풍성하게 늘어진 머리카락은 서로 꼬여서 몸부림치는 독사들로 변했다. 그녀의 매혹적인 눈은 그녀를 쳐다본 모든 사람을 돌처럼 굳어져서 죽게 했다. 그녀는 다른 사람의 즐거운 삶을 보면 반드시 그것을 끔찍한 죽음으로 바꾸어 놓아야 직성이 풀렸다.

이런 흉물스러운 외양 때문에 메두사는 증오에 사로잡히게 되었다. 마침내 마음은 부패하고 기질도 사악해졌다. 그녀는 밤낮을 가리지 않고 소리치며 신들에게 불경스러운 말을 내뱉었지만, 감히 신들을 해치지는 못했다. 그리하여 아주 끔찍한 고통을 겪던 그녀는 대신 자신의 음침한 영역에서 배회하는 인간을 최대한 많이 죽이자고 결심하게 되었다.

‖ 페르세우스와 안드로메다 ‖

결국 소수의 생존자들이 두려움과 슬픔으로 고개를 숙이고 몸을 덜덜 떨며 비통함과 절망감을 품은 채 메두사의 악행을 고발했다. 그들은 사랑하는 사람들을 잃었다. 희생자들은 메두사의 비참한 동굴에서 영원히 돌이 되어 고통스러운 침묵의 장식품으로 서 있어야 했다. 절망에 빠진 생존자들은 페르세우스에게 간절하게 도움을 청했다. 그는 비할 데 없는 대담함과 용기로 세간의 주목을 받는 청년 영웅이었다. 생존자들은 페르세우스에게 악귀를 죽여 달라고 애원했다. 제우스와 다나에의 아들인 페르세우스는 영웅이 늘 그런 것처럼 망설이지 않고 행동에 나섰다. 그는 서둘러 위험한 여행을 떠났고, 메두사를 수소문하여 그녀가 있는 소굴로 찾아갔다. 동굴에 들어서서 괴물에게 가까워지자 그는 조심스럽게 접근하며 여러 기둥을 지났는데, 이 기둥들은 모두 메두사에게 당해 차가운 돌로 변한 사람들이었다.

그런 처참한 운명을 피하고자 페르세우스는 신들에게서 받은 여러 무기를 사용했다. 그는 잘 닦아 놓은 반들반들한 방패를 사용하여 메두사의 끔찍한 모습을 간접적으로 봄으로써, 괴물을 직접 보지 않을 생각이었다. 신발에 달린 작은 날개들은 그를 빠르게 공중으로 날아오를 수 있게 해 주고, 마법 투구는 그의 몸을 메두사의 눈에 보이지 않게 해 줄 것이었다. 메두사의 거처에 도착하자 그는 공중에 떠서 예리한 눈으로 메두사를 찾았고, 결국 발견해 냈다.

그는 번개처럼 빠르게 칼을 뽑아 들고 폭풍처럼 메두사에게 달려들었다. 괴물은 세찬 바람 소리가 나는 방향으로 재빨리 몸을 돌렸다. 하지만 메두사가 페르세우스에게 눈을 고정하기 전에 그는 예리한 칼을 휘둘러 단 일격에 비늘로 뒤덮인 괴물의 목을 베었다. 메두사의 머리는 쿵, 하는 소리를 내며 땅에 떨어졌다. 몸에서 떨어져 나갔는데도 불구하고 괴물의 머리는 여전히 성난 눈을 부릅뜨고 있었다. 그녀의 머리카락은 모두 뱀이었는데 그 뱀들이 상대방을 물려고 몸부림치고 있었다. 페르세우스는 매우 조심스럽게 메두사의 치명적인 눈을 천으로 덮은 다음에 괴물의 잘린 머리를 챙겼다. 혐오감을 못 이긴 그는 이 기분 나쁜 전리품을 가죽 주머니에 넣고서 날개 달린 신발을 움직여 공중에 훌쩍 떠올라 반짝이는 바다 위를 날아갔다. 메두사의 머리에서 피가 흐르자 가죽 주머니는 피로 흠뻑 젖었고, 핏방울은 그 주머니에서 똑똑 떨어져 저 아래에 있는 바다의 포말과 뒤섞였다. 포세이돈은 한때 사랑했던 처녀가 그토록 잔혹하게 처벌당하고 고통스럽게 죽은 것을 애통해하고 한탄했다. 하지만 운명의 뜻을 거스를 수 없었던 해신은 메두사의 피를 자신이 관할하는 바다의 포말과 섞어서 뭔가 아름다운 존재를 만들어 내고 싶었다. 이제 페르세우스가 메두사를 끔찍한 꼴에서 해방시켰으니 바다의 신은 한때 자신이 사랑했던 눈부시게 아름다웠던 여자로부터 뭔가 훌륭한 것을 얻고 싶은 마음이었던 것이다. 포세이돈의 의지에 따라 주둥이부터 꼬리까지 눈처럼 흰, 날개 달린 천마 페가수스가 메두사의 피와 바다의 포말에서 태어나, 소금기 있는 바다 위로 뛰어올랐다. [1]

한편 페르세우스는 날개 달린 신발로 의기양양하게 며칠 동안 밤낮을 가리지 않고 하늘을 날아갔다. 하얀 포말(파도)로 뒤덮인 바다가 발 아래에 있었고, 위에선 플레이아데스가 그를 흡족한 눈빛으로 내려다보고 있었다. [2] 영웅은 이렇게 공중의 좋은 위치에서 많은 기이하고 이색적인 왕국을 내려다봤다. 멀리 서쪽까지 날아간 그는 거인 아틀라스와 그의 아내 헤스페리스, 그리고 부부의 딸들인 헤스페리데스가 사는 땅으로 내려왔다. 아틀라스의 가족은 자신들이 거기에 산다는 그 사실만으로도 열대 기후인 그 땅을 한층 더 빛냈다.

페르세우스는 아틀라스 가족을 상대로 즐거운 대화를 나누었다. 하지만 안타깝게도 힘만 세고 머리는 별로 좋지 않은 불쌍한 아틀라스는 피에 젖은 가죽 주머니를 몰래 쳐다봤다. 그는 방심한 채로 메두사의 끔찍한 머리와 치명적인 눈을 호기심으로 훔쳐보았고, 그 순간 곧바로 돌로 변해 북아프리카의 산맥이 되었다. 지금도 이 산맥은 그의 이름을 간직하고 있다. 페르세우스는 헤스페리스와 그녀의 딸들에게 심심한 사과를 한 후에 다시 한번 하늘로 날아올라 별들 사이에서 사흘 밤 사흘 낮을 여행했다. 그는 북쪽 하늘에서 "차가운 큰 곰을 세 번 봤고" 별자리들 사이에서 "게의 펼쳐진 집게발을 세 번 봤다."[3]

나흘째가 되자 그는 요파의 해안가 위를 날게 되었는데, 저 아래에 있는 어떤 작은 물체가 그의 시선을 사로잡았다. 더 자세히 살펴보기 위해 공중을 빙빙 선회하며 아래로 내려온 그는 어떤 처녀가 돌출된 들쭉날쭉한 바위에 혼자 사슬로 묶인 채 밀려드는 파도에 무기력하게 노출되어 있는 걸 발견했다. 그녀의 연약한 몸은 소금기 있는 공기와 솟아오르는 물결에 무방비로 노출되어 있었다. 빠르게 그 바위로 내려온 페르세우스는 서둘러 그녀의 곁으로 갔다.

이 조용한 아가씨는 몸이 차갑게 굳은 채 전혀 생기가 돌지 않았으나, 그래도 그 용모는 완벽하다는 말도 모자랄 정도로 아름다웠다. 어떤 조각가가 신들에게 영감을 받아 만든 걸작이라고 할 만했다. 이어 "가벼운 미풍이… 그녀의 머리카락을 흔들자 따뜻한 눈물이 눈가에 고였다."[4] 안드로메다라고 하는 이 처녀는 시원한 바닷바람에 그나마 원기가 회복되어 잠시 의식을 되찾았다. 그녀는 처음엔 자신의 옆에 있는 이방인의 모습에 깜짝 놀랐지만, 곧 두려움과 수줍음을 극복하고 자신이 겪은 비통한 이야기를 청년에게 들려줬다.

메두사와 비슷하게도 그녀의 어머니 카시오페이아는 자신의 완벽한 아름다움을 자랑하고 돌아다니는 등 교만한 태도를 보였다. 얼마나 자신이 오만한지 깨닫지도 못할 정도로 우둔한 그녀는 포세이돈이 소중히 여기는 사랑스러운 바다 요정 네레이드보다도 자신의 미모가 더 낫다고 주장했다.[5] 바다의 신은 이런 모욕에 화를 참지 못했지만, 카시오페이아는 자기 생각에만 몰두하던 터라 격노하여 복수심에 불타는 신의 존재 따위는 아랑곳하지 않았다. 그녀는 거센 풍랑이 이는 바다에서 건방진 선원들을 처벌한 게 포세이돈이라는 사실을 알지 못했다. 그 당시 바다의 신은 우르릉거리는 지진을 일으켜 맹렬한 해일로 연안 도시와 모든 선단을 파괴했던 것이다.

카시오페이아의 무분별한 행동을 더 이상 참아 줄 수 없던 해신 포세이돈은 케토스를 보내 그녀를 징벌하게 했다. 바다와 땅 양쪽에 살 수 있는 이 바다 괴물은 거대하고 치명적인 힘을 가진 괴물이었다. 이 게걸스러운 짐승은 요파의 땅을 유린했고, 어선과 어망 근처에 있는 조심성 없는 어부들을 매일 먹어 치웠다. 이 괴물은 해안 바윗길을 따라다니는 양치기와 양들의 뼈와 살을 으스러뜨렸다. 폭식을 즐기고 탐욕을 멋대로 부리는 케토스는 성벽 위에서 불쌍한 경비병들을 낚아채어 그들의 비명을 아랑곳하지 않고 먹어 치우기도 했다.

마침내 카시오페이아의 남편인 심약한 요파의 왕 케페우스는 괴물 케토스에게 왕가의 후예를 제물로 바쳐 포세이돈을 달래는 수밖에 없었다. 곧 케페우스는 적합한 희생자를 찾아냈다. 그 희생 제물은 왕 자신은 절대 아니었고, 그렇다고 이런 재앙을 불러온 아내도 아니었다. 대신 온순하고 순종적인 딸이 희생 제물로 선택되었다.

소녀가 눈물을 흘리며 다가올 파멸에 관한 이야기를 마치자 페르세우스는 바다를 쳐다봤다. 그러다 이미 따개비로 외피가 덮인 바다 괴물이 그녀를 잡아먹고자 대서양을 서둘러 헤엄쳐 오는 모습을 보고서 깜짝 놀랐다. 안드로메다를 사랑하게 된 영웅은 곧 바로 전투 준비에 돌입했다. 그는 빛나는 칼을 손에 쥔 채로 날개 달린 신발을 이용하여 순

고대 요파 항구 지중해 위로 돌출된 안드로메다 바위는 페르세우스가 안드로메다를 구한 전설적인 장소이다. 이스라엘 야파에서 저자가 직접 촬영함.

식간에 하늘로 솟아올랐다.

갑자기 괴물 케토스가 바다 위로 나타났고, 페르세우스는 즉시 괴물의 몸뚱이를 공격했다. 영웅은 몇 번이고 계속하여 위에서 아래, 앞에서 뒤, 측면에서 다른 측면으로 접근하면서 칼로 괴물을 자르고 베었다. 입을 떡 벌리고 이를 갈면서 반격하는 괴물을 피하면서 그놈에게 큰 상처를 입혔다. 마침내 혐오스럽고 거대한 바다 괴물은 많은 피를 흘리고 체력이 소모된 나머지 동작이 둔해지고 몸이 흔들리기 시작했다. 바다 괴물 케토스는 귀가 먹먹할 정도로 커다랗게 첨벙거리는 소리를 내며 쓰러졌는데, 그 몸뚱이가 얼마나 길던지 성벽 위에 몰려와 불안한 표정으로 싸움을 구경하던 사람들을 거의 덮칠 뻔했다. 이제 소름끼치는 희생 제물은 더 이상 바칠 필요가 없게 되었고, 페르세우스는 바위에 묶여 기절한 소녀를 묶인 사슬에서 풀어 줬다.

요파 왕국은 여러 날 동안 밤낮을 가리지 않고 영웅의 승리를 기념하며 기쁨으로 환호하며 흥청망청 놀았고, 축제 행렬과 노래가 끊이지 않았다. 수줍음을 많이 타고 조용한 안드로메다는 성벽에서 쏟아지는 꽃잎을 맞으며 따뜻한 환호 속에 왕국으로 돌아왔다. 한편 그녀의 어머니 카시오페이아는 사람들이 자신을 무시하고 잘 돌보지도 않는다고 불평하면서 그런 홀대를 슬퍼하고 있었다.

안드로메다는 동포들의 사랑을 받았지만 그런 것은 거들떠보지 않았고 페르세우스 이외에는 관심도 없었다. 두 청춘 남녀는 요파를 떠나 함께 아르고스의 해변 도시에서 새로운 삶을 시작하기로 약속했다. 케페우스와 카시오페이아는 얼굴을 붉히며 딸이 외지인 청년과 결혼하는 것을 격렬하게 반대했다. 하지만 안드로메다는 딸을 희생시켜 자신들의 목숨을 구하려 했던 부모의 판단을 믿지 못했다. 그녀의 마음은 이미 정해졌고, 페르세우스의 손을 굳건히 잡았다.

영웅의 아버지로서 뿌듯함을 느낀 제우스는 페르세우스PERSEUS의 놀라운 자질과 업적에 감탄했고, 그런 영웅을 기리고자 하늘에 별자리를 만들어 주었다. 별들 사이에서 페르세우스는 튼튼한 투구를 쓰고 날개 달린 신발을 신은 채 등에 반짝거리는 방패를 멘 모습으로 나타난

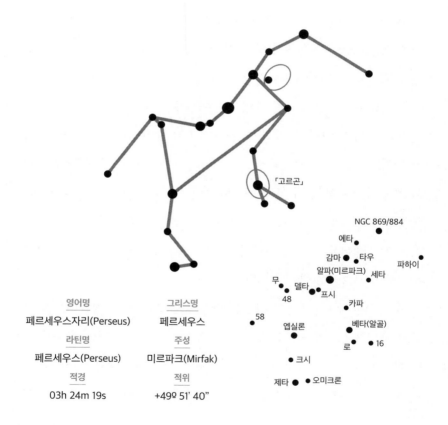

영어명	그리스명
페르세우스자리(Perseus)	페르세우스
라틴명	주성
페르세우스(Perseus)	미르파크(Mirfak)
적경	적위
03h 24m 19s	+49º 51' 40"

다. 그의 오른손은 불타는 듯 번쩍거리는 칼을 들고 있다. 왼손에는 소름 끼치고 엽기적인 메두사의 머리를 들고 있는데 그 머리는 고르곤GORGON이라는 별이 되었다. 머리 뒤에 끌리듯 나타난 두 개의 별은 몸부림치는 뱀 머리카락의 상징이다.[7]

이 장면에 최종적 화룡점정을 하려는 듯이, 사랑스러운 안드로메다ANDROMEDA가 영웅이 치켜든 칼 근처에서 사슬에 묶인 채 기절한 모습으로 나타난다. 케토스SEA MONSTER는 입을 크게 벌리고 안드로메다의 발밑에 있는 별들 사이에서 육중한 지느러미를 흔들며 위로 돌진하여 위협적으로 솟구친다. 케페우스CEPHEUS와 카시오페이아CASSIOPEIA 역시 이 장면에 등장하여 이 끔찍한 사건을 지켜보고 있는데 그들은 비겁하게도 일정한 거리를 유지하며 경계하고 있다.

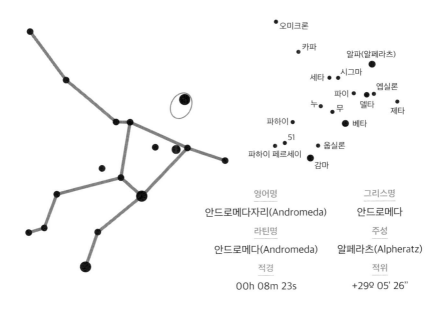

오미크론
카파
알파(알페라츠)
세타 시그마
파이 엡실론
누 무 델타 제타
파하이 베타
51
파하이 페르세이 옵실론
감마

영어명	그리스명
안드로메다자리(Andromeda)	안드로메다
라틴명	주성
안드로메다(Andromeda)	알페라츠(Alpheratz)
적경	적위
00h 08m 23s	+29º 05' 26"

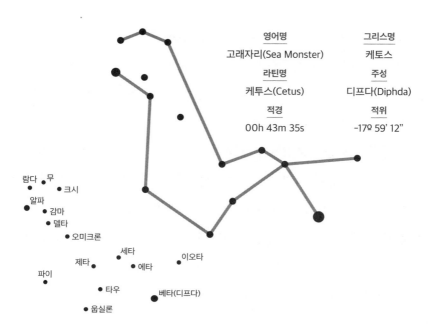

영어명	그리스명
고래자리(Sea Monster)	케토스
라틴명	주성
케투스(Cetus)	디프다(Diphda)
적경	적위
00h 43m 35s	-17º 59' 12"

람다 무
알파 크시
감마
델타
오미크론
제타 세타
파이 에타 이오타
타우 베타(디프다)
윕실론

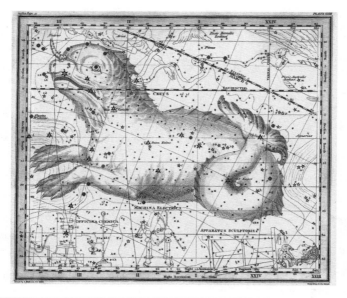

제이미슨 삽화 23: 고래자리

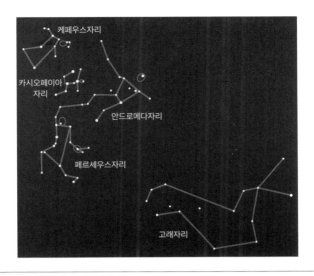

안드로메다의 사건이 벌어지는 광경, 하늘에서 각 별자리의 위치가 나타난다.

제이미슨 삽화 2: 케페우스자리, 카시오페이아자리, 용자리, 작은곰자리

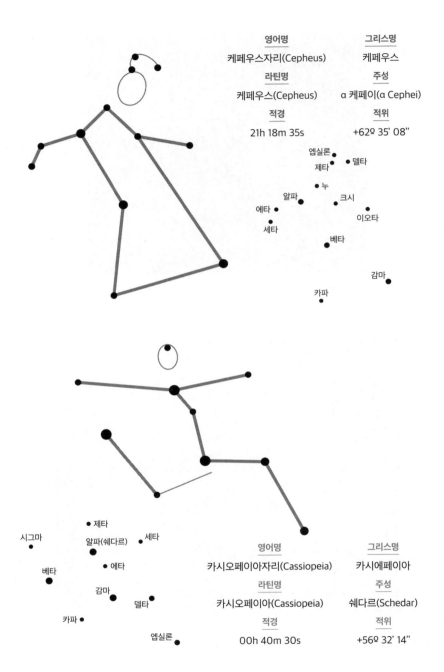

영어명

케페우스자리((Cepheus)

라틴명

케페우스(Cepheus)

적경

21h 18m 35s

그리스명

케페우스

주성

α 케페이(α Cephei)

적위

+62º 35' 08"

엡실론

제타 • 델타

• 누

알파 • 크시

에타 •

세타 • 이오타

베타 •

감마 •

카파 •

제타 •

시그마 • 세타 •

알파(쉐다르) •

• 에타

베타 •

감마 •

델타 •

카파 •

엡실론 •

영어명

카시오페이아자리(Cassiopeia)

라틴명

카시오페이아(Cassiopeia)

적경

00h 40m 30s

그리스명

카시에페이아

주성

쉐다르(Schedar)

적위

+56º 32' 14"

케페우스는 위로 솟은 펠트 모자를 쓰고 있는데, 이것은 그의 나라에서 유행하던 아시아 패션이다.[8] 그는 접근하는 괴물을 보고 겁에 질려 움츠리고 있다. 건방지고 불손한 카시오페이아는 간단한 옷을 입고 있는데, 왕좌 가장자리에 앉아 긴장감 때문에 양팔을 위로 들어 올리고 있다. 오만한 왕비에 대한 징벌로 최고신 제우스는 그녀의 별자리가 하늘을 가로지르며 여행할 때 머리가 아래쪽으로 수그려지도록 했다. 카시오페이아는 이런 불편한 자세로는 오만할 수도, 겸손할 수도 없다. 그녀가 "잠수부처럼 머리부터 대양에 뛰어들기 때문에" 그녀의 별들은 서쪽으로 진다.[9]

‖ 날개 달린 말 페가수스 ‖

바다에서 솟아오른 날개 달린 말 페가수스는 그 아름다움과 용맹으로 널리 알려져 있었다. 그는 종종 필사적인 모험에 휘말린 영웅들을 돕기 위해 서둘러 달려오곤 했다. 천마 페가수스는 벨레로폰을 등에 태우고 하늘 높이 날아올라 사악한 키마이라를 해치우는 데 도움을 주었다. 제우스가 건방진 인간 청년 벨레로폰을 페가수스의 등에서 떨어뜨린 뒤 페가수스는 그대로 하늘로 올라 올림포스산에 있는 "불멸의 신들에게 합류했다."[10] 세상을 내려다보는 빛나는 올림포스 정상에서 천마는 제우스의 마구간에 들어가 살았다. 이내 그는 최고신이 가장 신뢰하는 말이 되었고, 덕분에 별들이 가득한 하늘을 날며 제우스의 번쩍이는

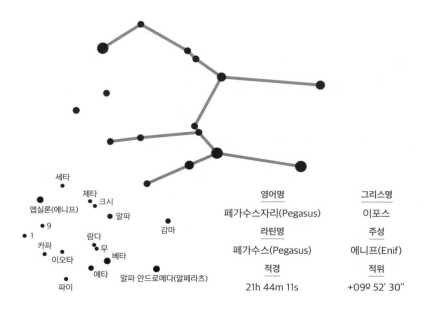

	영어명	그리스명
	페가수스자리(Pegasus)	이포스
	라틴명	주성
	페가수스(Pegasus)	에니프(Enif)
	적경	적위
	21h 44m 11s	+09º 52' 30"

세타
제타
크시
엡실론(에니프)
알파
9
감마
1
카파 람다
무 베타
이오타
에타 알파 안드로메다(알페라츠)
파이

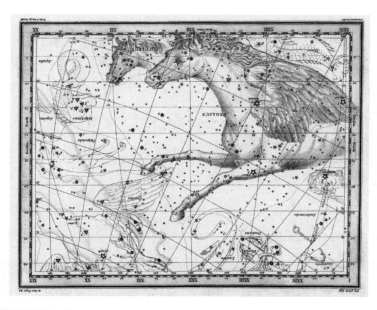

제이미슨 삽화 23: 고래자리

번개를 나르는 말이 되었다.

세월이 흘러 페가수스가 수명을 다하자 제우스는 천마를 밤하늘의 별자리로 만들어 주었다. 페가수스자리HORSE라 불리는 천마의 별자리는 하늘을 엄청난 기세로 빠르게 질주하는 모습을 취하고 있다.[11] 그의 바로 옆, 주둥이를 돌리면 닿을 정도로 가깝게 달리고 있는 망아지는 켈레리스라는 말인데 페가수스가 아끼는 말이다.

지상에서 사는 동안 이 날렵한 수망아지 켈레리스는 화려함과 속도에서 페가수스에 버금가는 말이었다. 켈레리스는 명성이 자자했던 외할아버지 켄타우로스 키론이 지녔던 훌륭한 자질을 그대로 물려받았다.[12] 하늘에서 열리는 경주에 페가수스와 함께 참여한 켈레리스는 별들 사이에서 머리만 보인다. 이런 이유로 그의 별자리는 조랑말자리 HORSE HEAD(말의 머리)라고 한다.

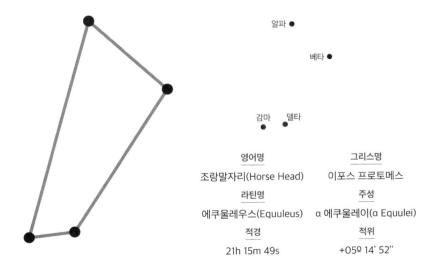

영어명	그리스명
조랑말자리(Horse Head)	이포스 프로토메스
라틴명	주성
에쿠울레우스(Equuleus)	α 에쿠울레이(α Equulei)
적경	적위
21h 15m 49s	+05º 14' 52"

‖ 헤라클레스의 열두 가지 과업 ‖

아르고스에서 페르세우스와 안드로메다 부부는 세월이 흐를수록 서로를 더욱 사랑하게 되었고, 많은 자식을 낳았다. 그들의 장남인 페르세스는 자신의 이름을 종족 명칭으로 삼은 페르시아인들의 선조가 되었다. 다른 아들들은 미케네 왕들의 선조로서 명성을 얻었다. 이들 중 한 사람인 엘렉트리온은 아르고스의 통치자로 공정하게 나라를 다스렸다. 엘렉트리온의 딸 알크메네 공주는 제우스의 연인이 되어 그의 아들을 낳았다.

아기를 낳은 뒤 알크메네는 곧 아들인 꼬마 헤라클레스가 보통 아이가 아님을 알아챘다.[13] 아이는 빠르게 성인 남자의 힘을 발휘했고, 독사를 목 졸라 죽이는 등 경이로운 일들을 해 보임으로써 자신이 최고신의 혈통이라는 걸 멋지게 증명했다. 나이가 들어 성장하면서 헤라클레스는 증조부와 증조모인 페르세우스와 안드로메다의 영웅적 발자취를 따라 많은 업적을 달성했다.

헤라클레스는 그가 이룬 모든 놀라운 위업 중에서도 '열두 가지 과업'이라는, 겉보기에 불가능한 일들을 해냄으로써 어마어마한 명성을 얻게 되었다.

첫 번째 과업은 네메아의 사자를 죽이는 것이었다. 어떤 무기도 뚫을 수 없는 단단한 가죽을 지닌 이 사자는 사람을 무시로 사냥했다. 피에 굶주린 짐승이 무수히 많은 사람을 죽이자 잔뜩 겁에 질린 네메아 주민들은 언제 죽을지 모르는 끔찍한 고통에 시달리게 되었다. 잔혹한 사자는 인육을 먹는 것도 좋아했지만, 사람을 쫓고 죽이는 일에 더 큰 즐거움을 느꼈다.

많은 용맹한 전사들이 사자를 쫓다가 맹수의 우악스러운 발톱과 이빨에 온몸을 찢기며 희생당했다. 그러나 헤라클레스는 전혀 겁먹지 않고 의연하게 사자 사냥에 나섰다. 그는 일찍이 묵직한 곤봉과 청동 화살로 많은 사자를 죽인 적이 있었다. 겁도 없이 또 두려움도 없이 앞에 나선 그는 사자가 머무르는 소굴을 발견했다. 이 소굴엔 사람의 뼈들이 이리저리 흩어져 있었고, 숨 막히는 끔찍한 악취가 주위에서 진동했다. 사자는 자신의 존재를 숨길 이유가 없었다. 맹수는 또 다른 비참한 희생 제물이 찾아오는 걸 언제든 환영했다.

헤라클레스는 음울한 소굴에 들어서자마자 어둠 속에 털이 부스스한 거대한 짐승이 도사리고 있다는 걸 알아차리고 재빠르게 연달아 화살을 날렸다. 그는 화살이 가죽을 뚫지 못하고 튕겨 나와 차가운 동굴 바닥에 땡그랑 소리를 내며 떨어지는 걸 보고 당황했다. 청동 화살 공격에 분노한 사자는 발톱을 세우고 송곳니를 드러낸 채, 헤라클레스에게 달려들었다. 맹수와 영웅은 치열한 접전을 벌였다. 사자는 몇 번이고 자신을 공격한 자를 어금니로 베고 물었다. 하지만 강력한 헤라클레스는 사자 대가리의 갈기를 꽉 붙잡고 맹수의 거대한 목에 근육질의 팔뚝을 밧줄처럼 단단하게 감아 천천히 계속 목 졸라서 마침내 사자를 죽였다.

맹수에게 승리를 거둔 헤라클레스는 털썩 땅바닥에 주저앉아 사자 아가리에 찢긴 상처를 치료했다. 한숨을 돌린 그는 사자의 발톱으로 맹수의 가죽을 먼저 벗겨 냈다. 그 튼튼한 가죽을 벗길 수 있는 도구는 그 것 외엔 없었다. 그날부터 사자 가죽 망토는 영웅이 가장 아끼는 물건 이 되었을 뿐만 아니라 그의 상징으로 자리 잡았다.

네메아 주민들이 이 즐거운 소식을 듣자마자 헤라클레스는 또 다른 어려운 과업을 맡게 되었다.

아르고스 근처의 어두침침한 습지 레르나엔 오래전부터 머리가 아 홉 개 달린 지독하게 무시무시하고 잔인한 뱀이 살았다. 이 괴물은 한 때 여러 신들을 집어삼키려고 했던 "끔찍하고, 포학하고, 무지막지한" 티폰의 흉포한 후손 중 하나였다. 이 레르나의 히드라는 혐오스러운 굴 깊은 곳에 웅크리고 있다가 부주의한 방랑자들을 찾으러 쉴 새 없이 바 깥나들이를 했다.

헤라클레스는 온종일 내내 이 히드라를 찾기 위해 목까지 차오르는 늪지의 고인 물을 헤치고 앞으로 나아갔다. 그는 소나무 횃불을 머리 위로 높이 쳐들고 으스스하게 안개가 낀 어둠 속에서 간신히 길을 찾았 다. 그런데 영웅은 갑자기 고인 물에 잔물결이 이는 걸 발견했다. 그에 반응하여 헤라클레스가 사주경계를 하면서 서서히 앞으로 이동하는데 히드라가 갑자기 그의 뒤에서 늪의 수면 밖으로 튀어나왔다. 헤라클레 스는 즉시 몸을 돌려 칼을 휘둘러 자신을 물려고 달려드는 히드라의 머 리 중 하나를 베었다.

그는 베어 낸 자리에서 머리가 둘이 자라는 것을 보고서 경악했다. 그는 빠르게 다른 머리를 베었지만, 똑같이 두 개의 머리가 자라났다. 다급해진 그는 세 번째 머리를 베어 내고 피가 흐르는 상처를 횃불로

히드라와 싸우는 헤라클레스. 기원전 525년경 도자기에 그려진 그림. 캘리포니아주 말리부 게티 빌라에 있는 존 폴 게티 박물관의 사용 허가를 받음. 저자가 직접 촬영한 사진.

지졌다. 히드라의 타오르는 목은 지글거리면서 끔찍한 악취를 풍겼고, 잘려 나간 괴물의 머리는 그렇게 불에 지져진 채 힘없이 물속으로 가라앉았다. 그러는 사이에 히드라는 아직도 남아 있는 대가리를 흔들어 대면서 사방에서 독니로 헤라클레스를 공격했다. 하지만 그는 어떻게든 한 번에 하나씩 뱀의 머리를 자르고 그 목을 불로 지졌다.

　히드라의 머리가 세 개만 남게 되자 괴물의 동료인 게가 보이지 않는 진창을 따라 옆걸음 치며 다가왔고, 그 날카로운 집게발로 영웅의 발에 깊고 끔찍한 상처를 냈다. 헤라클레스는 고통스러워 소리치면서도 그 다친 발을 높이 들어 게의 껍질을 박살 내어 죽였다. 영웅은 이어 맹렬한 분노를 히드라에게 쏟았다. 곧 히드라의 아홉 머리는 이제 하나만 남았는데, 그 머리는 불멸이라 죽일 수 없었다. 이에 영웅은 어마어마하게 큰 바위를 가져와 그 머리를 강하게 눌러서 땅속에다 처박았다. 이 바위는 오늘날까지도 영웅이 놓았던 그 자리에 남아 있다.[14]

헤라클레스의 용맹한 기상이 널리 알려지게 되자, 그는 더욱 위험한 일을 해결해 달라는 간곡한 요청을 받게 되었다. 이런 일 중 하나로 인육을 먹는 사악한 스팀팔로스의 새들과 싸운 일이 있다. 이 위협적이고 인육을 먹는 새 떼는 마치 불길한 먹구름처럼 펠로폰네소스 반도 사람들에게 내려왔다.

날마다 이 무시무시하고 게걸스러운 새들은 남녀노소를 가리지 않고 사람을 먹어 치웠고, 결국 그 누구도 집 밖으로 나갈 생각을 하지 못했다. 온 가족이 공포에 질려 침대나 이불 밑에 숨었고, 아무것도 먹지 못해 점점 굶어 죽기 시작했다. 이에 헤라클레스는 사람들의 목숨을 살리기 위해 서둘러 구원에 나섰다. 그는 이번 일에 가장 튼튼하고 곧은 화살을 쓰기로 마음먹고서 맹독인 히드라의 피를 화살촉에 묻혀 사용하기로 했다.

사자 가죽을 어깨에 방패처럼 걸친 영웅은 활을 당겨 첫 번째 새를 죽였다. 이어 화살을 장전할 때마다 하나씩 새를 죽였다. 해가 질 무렵 그는 이 끔찍한 새들을 대부분 죽였고, 나머지는 아주 멀리 쫓아 버렸다. 이제 스팀팔로스의 굶주린 주민들은 너무 굶어 수척한 모습이었지만 기뻐하며 은신처에서 밖으로 나왔다. 그들은 쉬어 버린 허약한 목소리로 구원자를 환영했다.

헤라클레스는 지체하지 않고 마지막 과업을 해치우러 나섰다. 헤스페리데스의 땅엔 드라코라는 헤라 여신을 섬기는 거대한 용이 살았다. 제우스의 아내 헤라는 헤라클레스를 무척 미워했는데, 그 이유는 영웅이 제우스의 외도로 생긴 아들이었기 때문이다. 따라서 헤라는 끊임없이 그를 괴롭히려 했고 헤라클레스도 조금도 겁먹지 않고 같은 방식으로 대응했다.

헤라클레스가 헤라의 뱀인 드라코를 제압한다면 영웅은 그녀가 아끼는 소유물인 헤스페리데스의 황금 사과를 마음껏 따먹을 수 있었다. 헤라는 제우스와 결혼할 때 선물로 사과나무를 받았는데, 아프리카 해변에 있는 자신의 정원에 그 나무를 자랑스럽게 심어 두었다. 사과나무는 아틀라스의 매력적인 딸들인 헤스페리데스의 지속적인 보살핌으로

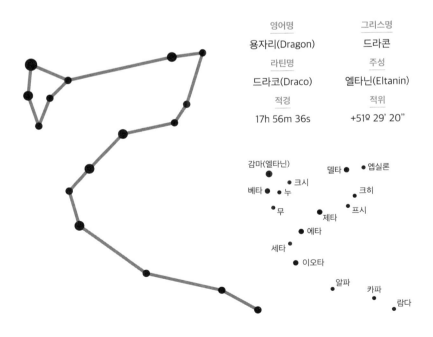

영어명	그리스명
용자리(Dragon)	드라콘
라틴명	주성
드라코(Draco)	엘타닌(Eltanin)
적경	적위
17h 56m 36s	+51º 29' 20"

감마(엘타닌)
델타 · 엡실론
베타 · 크시
크히
누 · 프시
무 · 제타
에타
세타
이오타
알파
카파
람다

무럭무럭 자랐다.[15] 하지만 젊은 처녀들은 유혹을 이기지 못하고 금단의 열매를 조금씩 훔쳐 먹었다. 그리하여 헤라는 더욱 믿을 만한 파수꾼인 용 드라코를 보초로 세워 나무를 확실히 지키게 했다.

압도적인 덩치와 타오르는 것 같은 눈을 가진 괴물 드라코는 헤라클레스가 만난 가장 힘든 상대 중 하나였다. 늘 경계하면서 단 한 순간도 잠들지 않았기 때문이다.[16] 그래도 두려움을 모르는 영웅은 주저하지 않고 괴룡과의 싸움에 뛰어들었고, 온몸이 비늘로 뒤덮인 뱀과 격투를

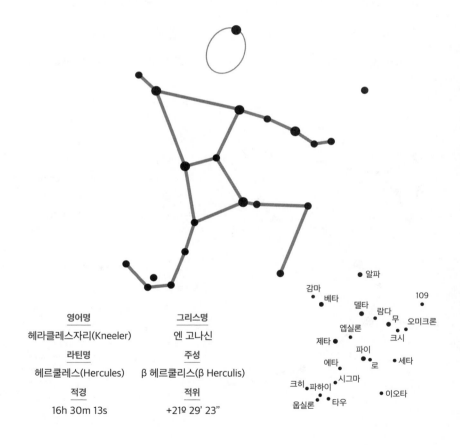

영어명	**그리스명**
헤라클레스자리(Kneeler)	엔 고나신
라틴명	**주성**
헤르쿨레스(Hercules)	β 헤르쿨리스(β Herculis)
적경	**적위**
16h 30m 13s	+21º 29' 23"

벌였다. 드라코는 몸을 칭칭 감으며 상대방을 감싸 안으려 했다. 그 어마어마한 똬리로 헤라클레스를 압살하기 위해서였다.

그날 내내 영웅과 괴물은 우위를 차지하려고 격렬하게 싸웠고, 마침내 헤라클레스가 괴룡의 미끈거리는 머리를 땅에 눌러 고정시키는 데 성공했다. 즉시 그는 묵직한 곤봉을 들어 괴룡의 척추를 박살 냈다. 생기 없는 괴룡이 꿈틀거리고 몸부림을 치며 죽어 갈 때, 헤라클레스는 사과나무에서 황금 열매가 가득한 가지 하나를 챙겨서 떠났다.

제우스는 모험을 좋아하는 아들의 놀라운 업적에 갈채를 보냈다. 헤라클레스가 숨을 거두는 날 최고신은 이 영웅을 자신의 다른 아들인 페르세우스와 함께 밤하늘의 별자리로 만들었다. 사자 가죽 망토를 입은 영웅은 필사적인 싸움을 펼친 끝에 드라코를 제압한 모습이다. 이는 영웅의 열두 가지 과업 중 하나를 기념하기 위한 것이다. 그의 왼발은 뱀(서양에서는 용을 뱀의 일종으로 봄_옮긴이)의 머리를, 그의 오른 무릎은 비늘이 덮인 괴룡의 등을 누르고 있다. 영웅은 오른손에 든 곤봉을 높이 치켜들고서 괴룡에게 치명타를 가하기 직전이다.

그가 취하고 있는 자세 때문에 헤라클레스자리는 무릎을 꿇은 자Kneeler라고 불린다. 바다뱀자리HYDRA, 즉 히드라는 그보다 훨씬 아래에 숨어 있는데, 불멸의 머리 하나는 여전히 잘리지 않은 채 별들 사이를 스르르 기어가고 있다. 헤라클레스의 다른 적들, 즉 웅크린 사자LION(사자자리)와 은밀한 게CRAB(게자리) 역시 그의 인근 밤하늘에 올랐으며, 스팀팔로스의 새들을 죽인 영웅의 믿음직한 화살ARROW(화살자리)도 마찬가지로 밤하늘에서 빛나고 있다.

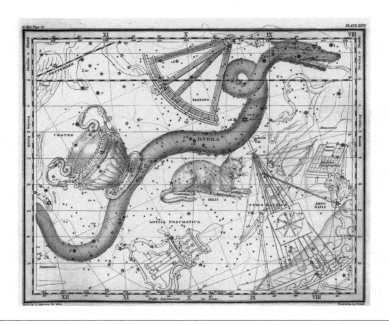

제이미슨 삽화 26: 바다뱀자리, 컵자리

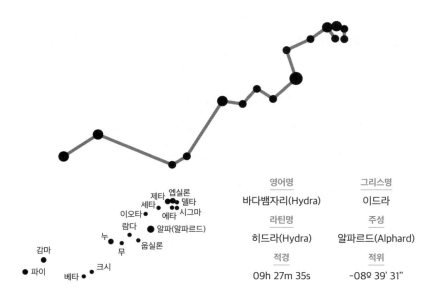

영어명	그리스명
바다뱀자리(Hydra)	이드라
라틴명	주성
히드라(Hydra)	알파르드(Alphard)
적경	적위
09h 27m 35s	-08º 39' 31"

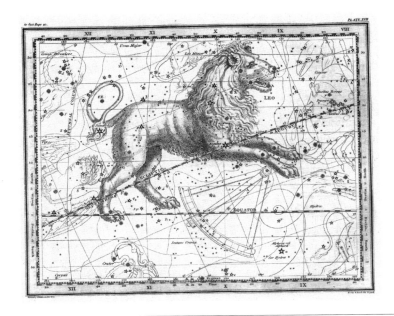

제이미슨 삽화 17: 사자자리

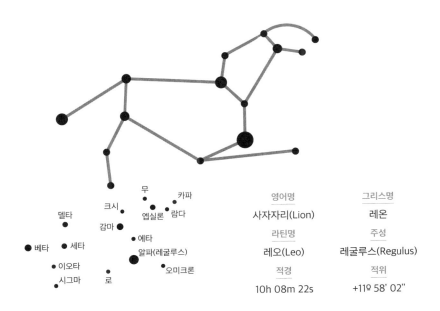

무
카파
크시
엡실론 람다
델타
감마
에타
베타 세타
알파(레굴루스)
이오타
오미크론
시그마 로

영어명	그리스명
사자자리(Lion)	레온
라틴명	주성
레오(Leo)	레굴루스(Regulus)
적경	적위
10h 08m 22s	+11º 58' 02"

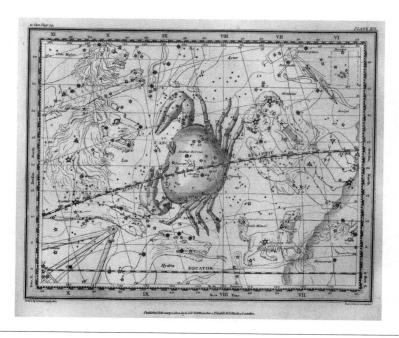

제이미슨 삽화 16: 게자리

제우스가 헤라클레스, 페르세우스, 안드로메다에게 명예를 부여한 사실은, 신들이 오만한 자를 처벌한 것만큼이나 신과 인간을 위해 봉사한 자에게는 신속하게 포상을 내린다는 것을 보여 준다. 이런 영웅들은 자만하지 않고 용기를 발휘하며 남들에게 봉사하는 삶을 살았다. 이런 이유로 그들은 가장 유명한 사람이 되었다.

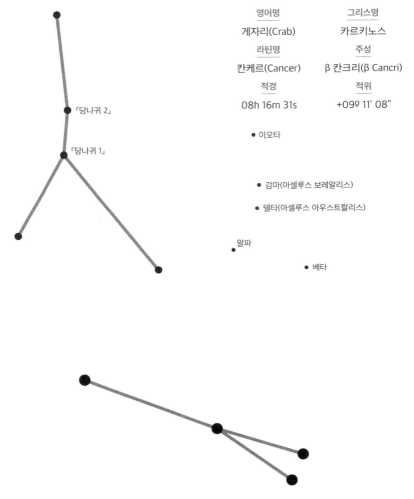

영어명
게자리(Crab)

그리스명
카르키노스

라틴명
칸케르(Cancer)

주성
β 칸크리(β Cancri)

적경
08h 16m 31s

적위
+09º 11' 08"

● 이오타

● 감마(아셀루스 보레알리스)

● 델타(아셀루스 아우스트랄리스)

● 알파

● 베타

「당나귀 2」

「당나귀 1」

감마

델타

알파

베타

영어명
화살자리(Arrow)

그리스명
오이스토스

라틴명
사기타(Sagitta)

주성
γ 사기타이(γ Sagittae)

적경
19h 58m 45s

적위
+19º 29' 32"

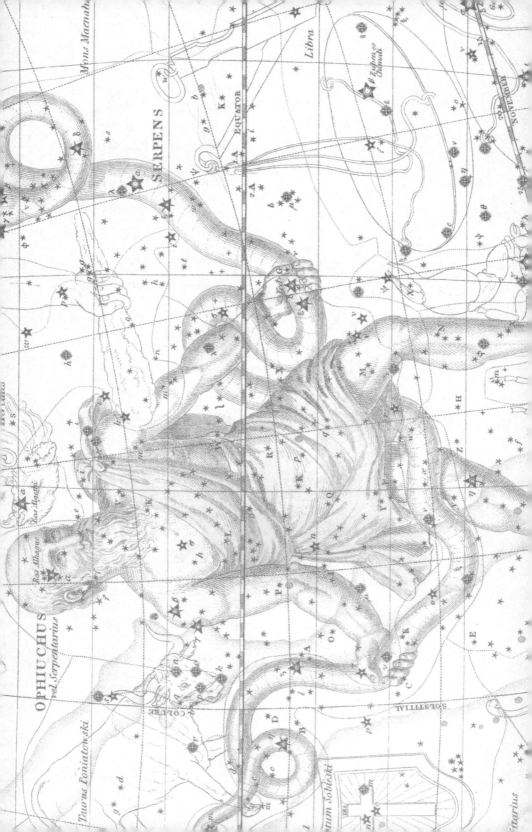

06

고귀한
아르고호 선원들

별자리

양자리(Aries)
아르고자리(Argo Navis)
거문고자리(Lyra)
뱀주인자리(Ophiuchus)
뱀자리(Serpens)
쌍둥이자리(Gemini)

좌측: 제이미슨 삽화 9: 뱀주인자리, 뱀자리

‖ 아르고호 선원들과 황금 양털을 얻기 위한 원정 ‖

헤라클레스는 열두 가지 과업으로 유명한데, 멀리 떨어진 곳으로 여러 가지 모험을 하러 나서기도 했다. 그런 모험 중에는 이아손의 아르고호 선원이 되어 황금 양털을 손에 넣기 위해 에게해와 흑해를 여행한 것도 있다.[1]

다른 영웅들도 헤라클레스처럼 양털 원정에 참가했다. 선원 중엔 선상 의사인 아스클레피오스, 유명한 음악가인 오르페우스, 아킬레우스의 아버지 펠레우스, 오디세우스의 아버지 라에르테스, 쌍둥이 형제 카스토르와 폴리데우케스, 아르고호를 건조한 아르고스, 유능한 키잡이 티피스 등이 있었다.

티피스는 드넓은 바다에서 파도가 솟구치는 것과 폭풍이 불어오는 걸 예측하는 데 능숙했고, 태양과 별을 바라보며 진로를 결정하는 데도 뛰어났으므로 배를 운항하는 중대한 임무를 맡게 되었다. 망꾼을 맡은 린케우스('스라소니 같은'이라는 뜻의 이름)는 항해를 도왔다. 린케우스는 스라소니 같은 눈을 지녔는데, 선원 중 가장 시력이 뛰어났다.[2] 그는 배에 돌풍이 불어오면 두 눈을 가늘게 뜨고 바다를 바라봤고 바다와 하늘에서 나타나는, 날씨를 미리 알려 주는 징조를 찾았다.

선원들은 그야말로 아레테를 함양한 뛰어난 인재들의 집단이었다. 그들이 어느 곳을 가든 인파가 몰렸고, 사람들은 "걸출한 영웅들의 아름다움과 재능을 보고 놀라워하며 찬탄을 금치 못했다."[3] 그들은 단련된 신체와 고귀한 태도 이상으로 뛰어난 지식인이었다. 몇몇은 현명한 켄타우로스인 키론에게서 배우면서 많은 지식을 얻었다.

대부분의 깨우친 인간들처럼 그들은 음악에도 뛰어난 재능을 보였다. 그들은 여러 차례 오르페우스의 리라 반주에 맞춰 찬가를 불렀는데 무척 화음이 훌륭한 노래였다. 그들의 노래가 "울려 퍼지면서 그들 부근에 있던 바람 없는 잔잔한 해변은 그 노래에 매혹되었다."[4] 무엇보다도 그들은 신들에게 경의를 표시하고 또 헌신하는 신앙심 깊은 사람으로 남들보다 뛰어났다.

아르고호 선원들의 여정은 테베 왕국에서 오래전에 벌어진 사건 때문에 시작되었다. 테베 왕비는 남녀 쌍둥이를 낳았는데, 이름은 프릭소스와 헬레였다. 하지만 왕은 갑자기 아내를 쫓아 버렸는데 왕비 자리를 탐낸 그의 정부가 고집을 부렸기 때문이었다.

새로 왕비가 된 정부는 의붓자식들을 미워했는데, 그 이유는 자기 아들이 훗날 왕위를 물려받는 데 방해가 되기 때문이었다. 새 왕비는 의붓자식들을 죽이고자 했고, 그 목적을 달성하기 위해 남편에게 의붓자식들을 제물로 바쳐야 한다고 강력히 주장했다. 그래야 왕국을 괴롭히는 기근을 내려 보낸 신들의 분노를 달랠 수 있다는 것이었다. 이 사악한 새 왕비는 밤낮을 가리지 않고 왕에게 프릭소스와 헬레를 죽여 왕국의 굶주리는 신민들을 구하라고, 때로는 사근사근 회유하고 때로는 고래고래 소리쳤다.[5]

마침내 왕은 아내의 끊임없는 잔소리에 굴복하여 신하들에게 공포로 떠는 자신의 아이들을 장작더미 위로 올려놓고 불태워 죽이라고 명령했다. 한편 사악한 왕비는 어둠침침한 그늘 속에서 모습을 드러내지 않은 채 그 광경을 지켜보며 고소하다는 듯이 조롱의 미소를 보냈다. 신하들이 끔찍한 불을 피우던 그 순간에, 황금색 털을 가진 화려한 양한 마리가 갑자기 처형장 문 사이로 돌진해 왔다. 그것은 헤르메스가 보낸 양이었다.

머리를 낮춘 황금 양은 두 아이 프릭소스와 헬레를 등에 태우고 동쪽의 안전한 피난처로 달아났다. 그들은 빠르게 멀리 도망쳤다. 하지만 유럽과 아시아를 구분하는 소용돌이치는 해역을 황금 양이 헤엄칠 때 불쌍한 어린 헬레는 힘이 빠져 기절했고 그만 어둑어둑한 깊은 바다에 빠져 익사했다. 해안 근처에 사는 사람들은 훗날 그 해협을 헬레스폰트(헬레의 해협)라고 불렀다.

프릭소스는 쌍둥이 동생이 목숨을 잃자 슬픔으로 가슴이 찢어졌다. 그는 양의 북슬북슬한 황금 털을 꽉 붙잡고 매달리면서도 끊임없이 눈물을 쏟았다. 피곤하고 슬픈 여정이 끝나자 황금 양과 소년은 흑해 동쪽 해안에 있는 콜키스 왕국의 아이아 항구에 도착했다. 황금 양은 임무를 마쳐 아주 피곤한 몸이었으나, 프릭소스에게 자신을 신들의 희생제물로 바치라면서 지상에서 마지막으로 이타적인 행동을 제안했다.[6]

슬픔에 슬픔이 쌓인 소년은 결국 황금 양의 뜻에 따라 황금 양을 봉헌 제물을 신들에게 바쳤다. 이어 그는 양의 황금 양털을 신전 역할을 하던 신성한 숲속의 나무에 걸어 두었다. 이 황금 양털은 숲속의 거대한 오크나무에 구름처럼 걸려 있었는데, 떠오르는 태양이 비추는 강렬한 햇볕을 받으면 붉은 색깔로 빛났다.

프릭소스는 여생을 고향에서 멀리 떨어진 콜키스에서 살았는데, 그

무렵 테베와 모든 그리스 왕국은 가뭄으로 시들시들 말라 갔다. 이런 자연재해는 신들이 명령한 것으로, 테베 사람들이 저지른 끔찍한 만행과 헬레의 죽음에 대한 처벌이었다. 그러는 동안 프릭소스의 어린 친척 이아손이 테살리의 왕과 왕비 사이에서 태어났다. 이아손은 프릭소스의 자식들이 당했던 것과 비슷하게 펠리아스 왕으로부터 학대를 당했다. 이아손이 어린 아이였을 때 그의 삼촌 펠리아스는 형의 왕좌를 찬탈했고, 비논리적인 주장을 내세우며 이아손을 죽이려고 했다. 그리하여 이아손은 서둘러 온화한 켄타우로스 키론의 손에 맡겨졌으며, 그의 동굴에서 자라나게 되었다.

성인이 되자 이아손은 왕위에 오른 그의 삼촌에게 맞서고자 고국으로 돌아갔다. 하지만 교활한 펠리아스는 젊은 이아손의 분노를 다른 곳으로 돌려놓으면서 그 과정에서 이아손이 죽을 게 확실한, 위험한 모험을 받아들이도록 유도했다. 이아손은 젊은 데다 힘이 세고 워낙 대담하여 왕의 속셈을 다 알면서도 그 모험을 거부하지 않았다.

왕과 그의 신하 대다수는 이아손이 콜키스에서 황금 양털을 가져오면 치명적인 가뭄이 끝나고 왕국이 다시 번영할 거라 믿었다. 이에 잔인하고 교활한 펠리아스는 조용히 계략을 꾸몄는데 그건 밑져야 본전이었다. 이아손이 어떻게든 양털을 가지고 돌아오면 왕국은 번영할 것이다. 하지만 양털을 손에 넣으려다 이아손이 죽는다면 왕은 자신의 왕좌를 위협하는 조카를 제거할 수 있는 것이었다.

이아손은 왕의 진의를 파악했지만, 영웅답게 조금도 당황하지 않고 의연한 태도를 보였다. 그는 모험의 기회가 생긴 것을 오히려 기뻐했

고대 지중해의 전형적인 선박 건조 도구들. 양날도끼, 자귀, 리넨 분필선, 분필, 나사송곳, 두 종류의 나무망치. 미국 텍사스주 로마 팔로마 마설 컬렉션. 저자가 직접 찍은 사진.

고, 즐겁게 그 까다로운 임무를 맡았다. 그와 마찬가지로 당대의 영웅이었던 그의 친구들도 위험 같은 것은 따지지 않고 모험에 적극 합류했다.

곧 아르고스는 먼 여행을 떠나기에 적합한 배를 건조하기 시작했다. 우선 그는 묵직한 오크나무로 용골을 공들여 만들고 자갈 해안에 놓아두었다. 이어 그는 견목으로 들보와 버팀대를 고정하고, 험악한 파도가 몰아치더라도 버틸 수 있는 묵직한 선체 외판을 장착했다.

그는 배 뒤에서 아치형으로 올라온 선미와, 앞쪽 갑판에서 앞으로 튀어나온 뱃머리를 만들었다. 그는 견고하고, 곧바르고, 정확한 돛대를 선택하여 완벽하게 설계했다. 그는 돛대를 선체에 올려서 묵직한 망치로 그것을 박아 고정시켰으며, 버팀줄을 사용하여 곧게 세웠다. 그는 버팀줄을 좌우로 움직이며 선체에 평행하게 돛대를 세웠다.

이제 그는 돛가름대 양쪽 끝을 돛대에 끼우고 도르래와 마룻줄도 장착했다. 그는 돛의 형태를 갖추고 삼중으로 촘촘하게 바느질하여 엄청난 돌풍에도 돛이 잘 부풀어 오르고 또 버틸 수 있게 했다. 그는 돛을 접어 배를 띄울 때까지 돛가름대 끝에다 놔두고, 견고한 키잡이 노 한 쌍과 배를 저을 때 쓸 50개의 노를 만들었다. 그는 닻으로 쓸 두 개의 커다란 돌을 선택했고, 가닥을 단단히 짜서 만든 밧줄 두 개를 붙여 선미에 놔두었다. 이런 장치로 아르고호는 해변에 견고하게 정박할 수 있었고, 밀려왔다 빠지는 조수의 물결에 떠내려가지 않을 수 있었다.[8]

아르고스가 배를 완벽하게 조립하자 이아손은 선원들을 훈련하고 구체적인 일을 맡겼다. 바다에서 티피스는 선미에서 배를 이끌고, 린케우스는 뱃머리에서 배의 진행과 바다 상황을 살펴보는 임무를 맡았다. 날이 좋고 바람이 뒤에서 불어오면 다른 선원들에게는 돛을 펼치는 업무가 주어졌다. 그렇지 않은 때엔 모두가 노를 저어 먼 해안을 향해 배를 몰고 가기로 되어 있었다.

또한 외지의 해안에 때늦게 상륙할 때에 선원들은 배를 고정하고 정찰하여 위험 요소가 있는지 살필 것이었다. 안전이 확보되면 몇몇 선원은 나뭇잎을 모아 잠자리를 만들고, 다른 몇몇은 장작을 모으고, 다른 두 사람은 손바닥 사이에 "나뭇가지를 끼우고 비벼" 나뭇가지 불을 피우는 일을 맡기로 되었다.[9] 불 피우는 두 사람이 가장 중요한 자리인 요리사 역할을 맡기로 되었다. 선원들이 각자 성공적으로 역할을 수행하면 그들은 건강하고 행복하게 항해할 것이지만, 실패하면 다들 주린 배를 부여잡고 불평을 쏟아 낼 수도 있으니 단단히 대비를 해야 했다.

배가 완벽히 설비를 갖추고 마음 설레는 선원들이 항해 준비를 다 마치자 바다는 만조가 되었다. 이제 아르고호가 바다로 나아갈 때가 된 것이었다. 하늘은 푸르고 순풍이 불어오는 가운데 선원들은 자갈 해변에 있는 무거운 나무 선체를 몰려오는 파도 쪽으로 내밀었다. 이어 그들은 "배의 균형을 잡고 돛대 꼭대기에서 돛을 펼쳐서 아래로 내렸다. 휘파람 소리를 내는 미풍이 돛을 뒤에서 밀어 주었고, 갑판에서 선원들은 반짝거리는 밧줄걸이 주위로 각각 밧줄을 감았다. 배는 차분히 속도를 내어 기다란 티사이아의 곶을 지나갔다. 꾸준히 부는 바람 덕분에 배는 계속 앞으로 원활하게 나아갔다."[10]

오후가 되어 바람이 줄어들자 선원들은 노를 저었다. 거품이 부글부글 끓어오르는 에게해를 배가 지나는 동안 노를 젓는 일은 끊임없이 계속되었다. 그들이 신속하게 그리스의 바다를 빠져나가는 동안에, 서쪽 수평선은 흐릿한 은색으로 보였다.[11]

여행은 멋지게 시작되었지만 중간에 문제가 생겼다. 어느 날 렘노스섬에서 보급 물자를 찾는 동안 헤라클레스의 충실한 종이 야영지로 돌아오지 못하는 일이 벌어졌다. 헤라클레스는 극도로 흥분하여 해안을 따라 숲으로 깊숙이 들어가며 실종된 종을 찾았다. 그는 밤을 훌쩍 넘겨 동이 틀 때까지 그 종을 찾았지만 아무런 성과를 거두지 못했다.

곧 샛별이 가장 높은 봉우리 위로 솟았고, 미풍이 불어왔다. 티피

스는 즉시 선원들에게 바람을 받아서 나아가야 하니 배에 타라고 재촉했다. 이 말에 그들은 열의를 불태우며 바로 승선했고, 닻을 갑판에 올리고 마룻줄을 당겼다. 돛은 가운데가 불룩 튀어나오도록 바람을 받았고, 배는 해안에서 아주 멀리 나아갔다. 선원들은 순풍의 축복을 받은 것을 기뻐했다. [12]

섬에서 한참 멀어진 다음에야 그들은 헤라클레스가 배에 없다는 걸 알아차렸다. 갑판 위와 아래를 다 찾았지만, 그의 흔적은 전혀 보이지 않았다. 선원들은 영웅이 사라진 상황에 심한 압박을 받았지만, 헤라클레스 없이 순풍을 받으며 항로를 계속 나아가는 것 외에 다른 방법이 없었다.

외국의 해역을 조사하고 기이한 섬들에 발을 들이는 동안 선원들은 예상치 못한 위험에 처하게 되었다. 종종 선원들은 그들의 대담한 침입에 분개하는 적대적인 무리와 싸워야 했다. 아르고호가 사나운 헬레스폰트 해협과 수시로 변하는 마르마라해에 들어섰을 때 날씨는 아주 험악하게 변했다. 세차게 부딪히는 육중한 파도를 뚫고 나아가는 동안 노를 젓던 선원들은 점점 힘을 잃고 지쳐 갔다.

마침내 그들은 배를 해안에 두고 휘청거리는 걸음으로 해변으로 올라가 모래 위에 쓰러졌다. 그들은 폭풍이 가라앉기를 기다리며 12일 동안 쉬었고, 그사이에 원기를 회복했다. 열 하루째 되는 날 저녁, 선원들이 물에 흠뻑 젖고 낙담한 채로 아르고 근처의 젖은 모래에 앉아 있는데 해안가에 사는 새인 할키온이 그들의 머리 위에서 맴돌았다. 할키온은 항해하기 좋은 날씨가 앞으로 펼쳐지리라는 것을 예고하기 위해, 레아가 보낸 호의적인 신호였다. 이에 선원들은 깊이 감사하며 그녀를 찬양했다.[13]

타이탄 레아는 대지모인 가이아의 딸이었고, 그래서 땅, 바람, 바다를 어느 정도 통제할 수 있었다. 또한 그녀는 제우스, 포세이돈, 그리고 다른 강력한 신들의 어머니이기도 했다. 레아의 호감을 사는 건 절대로 사소한 일이 아니었고, 따라서 그녀가 흡족하게 여길 일을 할 필요가 있었다. 대다수 사람들은 그녀가 지상에서 돌아다닐 때 프리기아인들 사이에서 산다고 생각했다. 운명의 손길이라고나 할까, 아르고호 선원들은 딘디뭄산의 그늘이 드리운 프리기아 해변에서 폭풍을 피할 안식처를 찾게 되었다.

여행을 다시 시작하기 전에, 선원들은 나무를 깎아 만든 레아의 조각상을 어깨에 지고 산비탈을 올랐다. 그들은 매우 오래된 오크나무들이 우거진 신성한 숲속에 조각상을 내려놓았고, 제단용으로 평평한 돌을 쌓아 올렸다. 선원들은 오크나무 잎으로 만든 화관을 의례용으로 머리에 쓰고서 맛좋은 희생 제물을 바쳤다.

이아손이 계속 기도를 올리고 신주를 붓는 동안 오르페우스는 선원들에게 갑옷을 입고 펄쩍 뛰는 검무를 추는 방법을 가르쳤다. 이 춤은 칼을 들고 방패를 두들기는 동작이었는데, 그것은 프리기아인들이 레아 여신을 숭배하는 방식을 흉내 낸 것이었다. 레아와 가장 가까운 친구인 코리반트족도 비슷한 방식으로 그녀를 찬양하는데, 이들은 의식용 악기를 손안에서 빙빙 돌리고 널리 울려 퍼지는 북을 두들기면서 소리를 지른다.

아르고호 선원들은 레아가 자신들의 항해를 축복해 주는 추가 신호를 받자, 더욱 사기가 높아졌다. 이제 그들은 기쁜 마음으로 노를 저으러 배로 돌아갔고, 마르마라해를 따라 보스포루스 해협의 비좁은 해로를 서서히 지나갔다.[15] 많은 날을 항해한 끝에, 마침내 흑해의 가장 먼 곳에 있는 콜키스의 아이아 항구에 도착했다.

하지만 그들은 그곳에서 엄청난 반대에 직면했다. 콜키스의 왕 아이에테스는 그리스로 황금 양털을 가져가겠다는 이아손의 이야기를 듣고 격분했다. 양털은 왕국의 영광과 자긍심을 대변하는 전형적인 상징인데, 그걸 가져가겠다니 왕국을 모독하는 짓이었다. 그것은 가장 신성한 곳에 높게 걸려 있었고, 그 가치는 왕가의 금고에 있는 보물을 모두 합친 것보다 더 큰 것이었으므로 결코 남한테 내줄 수 있는 것이 아니었다.

하지만 아이에테스는 자신의 왕국까지 찾아온 강인하고 결연한 그리스 선원들이 자신보다 더 뛰어난 인재라는 걸 재빨리 파악했다. 그는 노골적으로 거절하면 그 뒤에 벌어질 사태가 일어날지 몰라 두려워했다. 따라서 그는 일종의 회유책으로 이아손에게 힘과 능력을 입증할 간단한 시험에 통과한다면 양털을 넘겨주겠다고 제안했다. 그 시험은 불의 숨결을 뿜어내는 거대한 황소 두 마리의 불거져 나온 목에 오크나무로 만든 육중한 멍에를 씌우고, 그다음에 그 소를 몰아서 밭에다 고랑을 내는 것이었다. 이어서 이아손은 용의 이빨을 땅에 심어 그 끔찍한 씨앗에서 자라나는 분노한 병사들을 죽여야 했다.

이런 주문에 대다수 사람은 고개를 절레절레 흔들고 슬그머니 도망치겠지만, 이아손은 영웅답게 어깨를 한 번 으쓱하고는 그 도전을 받아들였다. 그는 곧바로 문제를 해결할 수 있는 최선의 방법을 깊이 궁리했다. 한편 왕의 마법사 딸인 메데아는 위에 있는 발코니에서 이런 대화가 오가는 상황을 전부 지켜봤고, 갈망하는 눈빛으로 이아손의 모든 움직임을 찬찬히 살폈다. 그녀의 눈에는, 이아손이 별들 중에서도 가장 밝게 빛나는 시리우스, 즉 "보는 사람이 저절로 아름답고 밝다고 생각하게 하는 별이었다."[16] 역설적이게도 남에게 마법을 거는 사람(메데아) 자신이 이아손의 마법에 걸려든 것이었다.

그날 밤 내내 그리스 선원들은 걱정이 되어 잠을 이루지 못하고 큰 곰자리와 용맹한 오리온자리를 쳐다보기만 했다. 두 별자리가 하늘을 가로지르며 동이 트면, 다음 날 아침에는 황소와 용의 전사들을 상대로 두려운 싸움을 벌여야 하는 것이었다. 이제 그 시간이 점점 가까워지고 있었다. 그러는 사이 메데아가 깊은 밤을 틈타서 이아손을 찾아왔다. 그녀는 자신이 이아손을 사랑한다고 고백하고서 내일의 치명적인 테스트를 통과할 수 있는 요령을 알려 주었다.[17] 우선 그녀는 황소들이 뿜어내는 불의 숨결을 막아 내는 연고를 이아손에게 건네주었다. 이어 그녀는 용의 이빨에서 자라난 전사들 사이에 커다란 돌을 내던지면 그들이 자기들끼리 싸우게 된다는 사실도 알려 줬다.

이아손은 인정 많은 여자 마법사의 사랑에 매혹되었다. 또 문제를 해결하는 요령을 알게 되어 한껏 고무되었고 더욱 자신감을 가지고 싸움에 임할 수 있게 되었다. 동이 트자 왕은 미소를 지으며 황소들을 풀었다. 하지만 이아손은 씩씩하게 앞으로 나섰고, 황소들이 내뿜는 불길에 전혀 피해를 입지 않았다. 그는 두 마리 황소의 목에 멍에를 씌우고 고랑을 갈면서 용의 이빨을 땅에다 뿌렸다. 이어 잠시 기다리면서 밭고랑에서 곡물 줄기처럼 솟아오르는 두려운 전사들의 무리를 지켜봤다. 그리고 씩씩한 전사답게 용기를 내며 그들과 대결하러 나섰다. "그는 무릎을 몇 번 굽혔다가 펴면서 날렵하게 뛰어오를 자세를 만들었고, 위대한 심장을 용기로 가득 채웠으며, 멧돼지처럼 맹렬한 모습을 보였다."[18]

"땅에서 솟은 전사들"이 그와 싸우려고 앞으로 나서자 그는 발을 굳게 딛고 그들과 대적했다. 곧 이아손은 메데아가 알려 준 대로 무거운 돌을 들어 용 이빨 전사들 사이로 던졌다. 즉시 그들은 혼란에 빠졌고, 고개를 돌려 서로를 맹렬하게 학살하기 시작했다. 그러자 이아손은 "빛의 흔적을 남기며 하늘에서 떨어지는 혜성처럼 앞으로 쇄도했다." 그는 순식간에 남은 적들을 격파했다.[19]

아이에테스는 부들부들 떨면서 이아손의 불가사의한 성공에 기겁했다. 하지만 그는 패배를 인정할 준비가 전혀 되어 있지 않았다. 대신 이기만적인 왕은 일정을 미뤄 다음 날에 황금 양털을 건네주겠다고 말했다. 이어 그는 은밀하게 병사들을 동원하여 그리스인 무리를 제압할 계획을 세웠다.

이에 다시 메데아가 개입했다. 그날 밤 그녀는 주문을 외웠고, 여러 가지 약초를 혼합하여 만든 물약을 성스러운 숲을 지키는 거대한 뱀에게 먹였다.[20] 뱀이 얌전히 잠들자 그녀는 위기에 처한 아르고호 선원들에게 황금 양털을 챙겨서 들키지 않게 탈출하는 방법을 알려 줬다.

바짝 쫓는 아이에테스 군대를 뒤로 한 채 아르고호 선원들은 배에 올라 육지에서 멀리 떨어진 바다로 도망쳤다. 그들은 메데아도 함께 배에 태웠는데, 분노한 아버지에게서 그녀를 보호하기 위해서였다. 빠르게 서쪽으로 운항한 그들은 폭풍우가 몰아치는 바다와 해협을 무수히 많은 날을 거쳐 통과한 끝에 힘겹게 얻은 전리품과 함께 그리스에 도착했다. 곧 이아손은 메데아의 도움을 받아 삼촌 펠리아스를 폐위하고 테살리의 군주가 되어 나라를 공정하게 통치했다. 이후 아르고호의 영웅들과 그들의 친구들은 각자 헤어져 고향으로 돌아가 더 많은 용맹한 모험에 뛰어들었다.

1603년 요한 바이어의 《우라노메트리아》에 묘사된 양자리. 잉글랜드 옥스퍼드의 역사박물관과 과학도서관에서 사용 허가를 받음. 저자가 직접 찍은 사진.

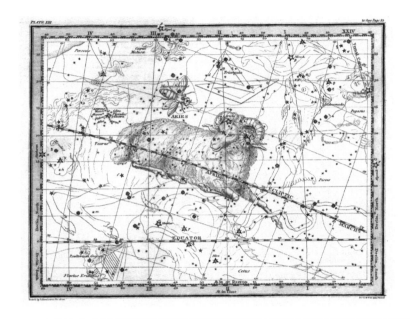

제이미슨 삽화 13: 양자리

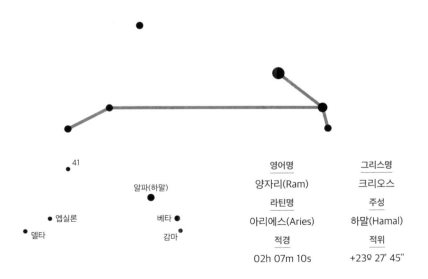

41

알파(하말)

엡실론   베타
델타   감마

영어명	그리스명
양자리(Ram)	크리오스
라틴명	주성
아리에스(Aries)	하말(Hamal)
적경	적위
02h 07m 10s	+23º 27' 45"

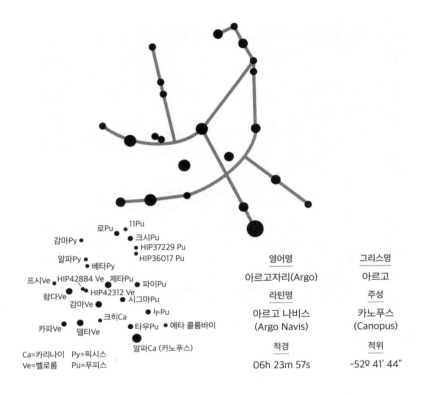

	로Pu	11Pu		영어명	그리스명
감마Py ●		● 크시Pu		아르고자리(Argo)	아르고
알파Py ●		● HIP37229 Pu			
●베타Py		● HIP36017 Pu		라틴명	주성
프시Ve ● HIP42884 Ve	제타Pu			아르고 나비스	카노푸스
람다Ve ●	HIP42312 Ve	●파이Pu		(Argo Navis)	(Canopus)
감마Ve ●	● 시그마Pu				
	크히Ca	● 누Pu		적경	적위
카파Ve ● 델타Ve	● 타우Pu ● 에타 콜룸바이			06h 23m 57s	-52º 41' 44"
	● 알파Ca (카노푸스)				

Ca=카리나이 Py=픽시스
Ve=벨로룸   Pu=푸피스

이타적으로 봉사하고 자신을 희생한 양RAM은 밤하늘에 자신의 별자리를 얻게 되었다. 그는 바다 표면 위에 황금색 털을 겨우 드러낸 채 헬레스폰트 해협을 수영하던 그 모습 그대로 별들 사이에서 헤엄치고 있다. 양은 길을 안내하는 별빛을 보고자 주둥이를 뒤로 돌린 채 위를 보고 있고, 뿔은 아래로 내려가 있다.[21] 이제 그 빛나는 황금 양털은 탐욕스러운 왕이 저 혼자서만 보는 게 아니라, 지상의 모든 존재가 바라보며 즐기고 있다.

아르고호ARGO 역시 은하수의 안개 속을 항해하며 별들 사이로 영원

기독교 예술 선한 목자 상에서 나타난 양자리 모티프. 서기 250년에 제작된 조각상. 바티칸의 바티칸 박물관에서 사용 허가를 받음. 저자가 직접 찍은 사진.

히 나아가고 있다. 배는 노를 저으며 앞으로 운항하고, 아치형 선미는 위풍당당하게 하늘 높이 들려 있다. 아르고호의 뱃머리는 안개 속에 감춰진 채 미지의 남쪽 하늘로 대담하게 나아가고 있다.[22]

‖ 위대한 음악가 오르페우스 ‖

아르고호 선원 중 일부는 항해 중에 신들과 동료 선원들에게 도움을 주어 찬사를 받았다. "노래의 아버지이자 널리 칭송받는 음유시인"인 오르페우스는 7현 리라를 들고 다니며 오랜 항해를 하는 동안 선원들에게 영감과 여흥을 제공했다.[23] 불멸의 신들은 오르페우스의 재능을 알아보고 이 탁월한 악기를 그에게 맡겼다.

전령의 신 헤르메스가 아이였을 때, 이 조숙한 신은 장난감을 구하는 과정에서 좋은 생각이 떠올라 거북의 등딱지와 성스러운 소의 뿔들로 리라를 만들었다. 아폴론은 자신이 아끼는 황소의 뿔로 악기를 만들었다는 소식이 그리 유쾌하지는 않았다. 그러자 헤르메스는 재빨리 최초의 현악기이자 아름다운 소리를 내는 리라를 그에게 넘겨줌으로써 아폴론의 분노를 잠재웠다.

태양과 예술의 신인 아폴론은 리라를 받아 들고 기뻐서 환하게 미소를 지었다. 그는 리라를 소중히 여겨 늘 가지고 다녔다. 그러던 어느 날 그는 이 악기를 애정의 표시로 진정한 연인인 칼리오페에게 넘겨주었다.

서사시의 뮤즈인 칼리오페는 곧 리라가 오래된 이야기의 낭송에 리듬을 곁들여 주는 완벽한 짝이라는 걸 알게 되었다. 리라가 노래의 반주를 맡으면 즐거운 조화를 이뤄 더욱 그 가치를 빛내 주는 것이었다. 그런데 그녀의 아들 오르페우스가 놀라운 음악적 소질을 보이자 그녀는 리라를 아들에게 넘겨주었다. 재능이 넘치는 그의 손에서 리라는 성스러운 노래와 서사시에 기분 좋은 반주를 제공하는 필수적인 동반자가 되었다. 그리하여 이후 이어지는 모든 시대에서 재능 있는 음유시인들은 호메로스의 서사시와 다른 중요한 시들을 낭송할 때 생기 넘치는 리라의 현을 타게 되었다.

신성한 악기를 조심스럽게 양손으로 안은 오르페우스는 시와 노래를 동시에 공연했는데, 그 소리가 너무나 매혹적이라 숲을 돌아다니는 짐승들도 홀릴 수밖에 없었다. 심지어 "산에 있는 단단한 바위와 강의 물결마저도 오르페우스의 노래에 매혹되었다. 오늘날까지도 그의 노래를 듣고 기뻐 춤추듯 몸을 흔들었다는 오크나무들은 트라키아의 해변에서 번성하고 있다. 그들은 빽빽하고 정연하게 줄을 맞춘 채 여전히 오르페우스의 리라에 매혹당한 모습으로 서 있다."[24]

키론의 요청으로 이아손은 오르페우스를 아르고호에 초청하여 합류시켰다. 이 음악가는 즉시 자신의 존재 가치를 증명했다. 항해 첫날 그는 리라의 가락이 노를 젓는 선원들에게 어떻게 꾸준한 리듬을 제공할 수 있는지를 보여 주었다. 이 악기는 고된 항해로 곤두선 선원들의 신경을 가라앉혀 주었다.

한번은 선원 두 사람 간에 싸움이 벌어지자 오르페우스가 그 재주 많은 두 손으로 리라를 타며 노래를 불렀고 곧 두 사람은 그 음악에 매료되었다. 그는 땅, 하늘, 바다가 어떻게 한 번에 단 하나의 형태로 결합하는지, 별과 달, 그리고 태양의 진로가 어떻게 늘 하늘에서 고정적으로 유지되는지, 산이 어떻게 솟는지, 강과 강의 요정, 그리고 모든 육지 동물이 어떻게 생겨나는지를 노래했다.

싸우던 선원들은 경외감으로 입을 떡 벌린 채로 갑작스러운 황홀경에 빠져, 오르페우스의 모습을 조용히 바라보면서 그의 아름다운 목소리에 귀를 기울였다. 이제 두 사람에게는 싸우려는 생각이 간곳없이 사라져 버렸다. 이내 그들은 즐거운 마음으로 항해를 계속했다.

돌아오는 여정에서 선원들은 아름다운 목소리를 지닌 사이렌의 요사스러운 유혹의 노랫가락에 홀리고 말았다. 그 매혹적이고 치명적인 바다 요정들은 바위섬에 살면서 지나가는 배의 선원들을 꾀어냈다. 그들이 부르는 저항할 수 없는 노래는 많은 선원을 위험한 여울로 끌어들여 그들과 그의 배를 수중 무덤으로 보냈다. 설사 상륙하여 이 팜므 파탈들(남자를 잡아먹는 여자들) 사이에 살게 된다 하더라도 그들의 운명은 그다지 좋지 못했다. 사이렌의 파괴적이고 치명적인 사련邪戀(죽음으로 이끄는 나쁜 사랑)의 품 안에서 선원들은 힘을 잃고 천천히 죽어 갔다.

고상한 영웅으로 명성이 높던 아르고호 선원들조차 그 바다 요정들의 마력에 저항하지 못했다. 이미 그들은 배에서 밧줄을 꺼내 해변에 던지려 하고 있었다. 하지만 "오르페우스는 양손으로 리라를 타며 빠른 박자의 활기찬 노래를 불렀다. 그러자 선원들의 귀엔 선량한 리라의 소리가 울려 퍼지게 되었다." 리라는 즉시 사이렌의 사악한 노래를 압도했다. 그리하여 배는 "서쪽에 불어오는 바람과 선미에 치솟은 어마어마한 파도로 계속 앞으로 나아갔고," 안전하게 먼 곳까지 이동하게 되었다.[26]

귀국의 여정이 끝나자 오르페우스는 고향으로 돌아갔다. 음악가나 시인이 종종 겪는 것처럼 그곳에서 이 유명한 음유시인의 주위엔 열광적 사랑에 빠진 여자들이 떼로 몰려들었다. 그가 신고 있던 빛나는 샌들로 땅을 빠르게 차면서, 리라를 퉁겨 아름다운 반주와 함께 노래를 부르자 그들은 황홀하여, 혹은 상기하여 광분 상태에 빠져들었다.[27] 마

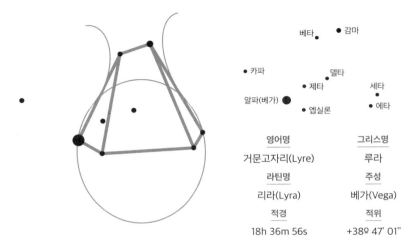

베타	감마
카파	델타
	제타
	세타
알파(베가)	에타
	엡실론

영어명	그리스명
거문고자리(Lyre)	루라
라틴명	주성
리라(Lyra)	베가(Vega)
적경	적위
18h 36m 56s	+38º 47' 01"

침내 온 마음을 빼앗겨 버린 여자들은 그의 애정을 갈구하다, 질투심에 화를 참지 못하고 그를 갈기갈기 찢어서 죽였다.

오르페우스는 첫 인간 음악가이자 시인, 예언자로서 사람들 사이에서 으뜸으로 꼽히던 사람이었다. 뮤즈들에게서 직접 영감을 받고, 신들에게서 선물 받은 악기를 연주하는 그의 음악적 재능에 비견될 수 있는 자는 그 이후에 아무도 없었다. 제우스는 리라LYRE를 하늘 주된 곳에 올려 손자 오르페우스를 기렸다. 리라, 즉 거문고(리라)자리는 가장 빛나는 별들 중 하나이다. 이를 보면 호메로스가 오래전에 한 말이 진정으로 맞는 셈이다. "지상의 모든 인간 중에서도 음유시인들이 명예와 존경을 얻는다."[28]

‖ 저명한 의사 아스클레피오스 ‖

오르페우스의 동료 선원 중엔 아르고호의 선상 의사를 맡은 아스클레피오스가 있었다. 장기간에 걸친 위험한 항해 중에 그는 동료들의 건강과 안녕을 지켜 주었다. 아스클레피오스는 키론에게서 식물의 치료 효과를 배웠고, 손 닿는 곳에 약초 표본집을 가지고 다녔다.[29] 그는 여행하면서 외국에서 발견한 식물이 치료 효과가 있다고 판단하면 표본집에 그 식물을 추가했다.

그는 그리스에서 배운 치료법도 적용했다. 젊었을 때 그는 땅을 스르르 기어가는 뱀의 신비로운 방식을 관찰했고, 뱀들이 내보이는 놀라운 회복 기술을 연구했다. 오랫동안, 이 현명하고 꾀가 많은 뱀들은 그 나름대로 굉장한 치유법을 만들어 냈다. 예를 들면 매년 허물을 벗고 원기를 회복하는 방법이 그것이다. 하지만 뱀은 그 회춘 지식을 남들에게 철저히 숨겼다.

아스클레피오스는 뱀을 존중하며 친구로 여겼고 그들의 방식을 따르기도 했다. 그는 심지어 의술의 상징(뱀 한 마리가 막대기를 휘감은 모습)으로서 뱀을 받아들이기도 했다.[30] 다른 인간들 역시 뱀의 지혜를 존중하여 뱀에게 신성한 신전, 성소, 샘을 지키는 임무를 맡겼다. 아테네인들은 커다란 뱀을 신전 수호의 목적으로 아크로폴리스의 정상에 배치했고 매달 벌꿀 케이크를 먹여 길렀다.[31]

아스클레피오스는 치료술의 연구에 깊이 몰두하여 신비한 기술을 터득한 끝에 인간의 영역을 넘어서는 놀라운 치료술을 보이기도 했다.

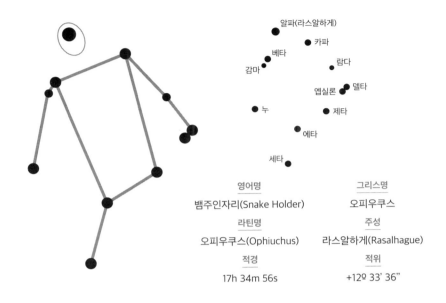

알파(라스알하게)

카파

베타

감마

람다

엡실론 델타

누

제타

에타

세타

영어명	그리스명
뱀주인자리(Snake Holder)	오피우쿠스
라틴명	주성
오피우쿠스(Ophiuchus)	라스알하게(Rasalhague)
적경	적위
17h 34m 56s	+12º 33' 36"

의학의 상징 오피우쿠스의 뱀. © Fotosearch.com

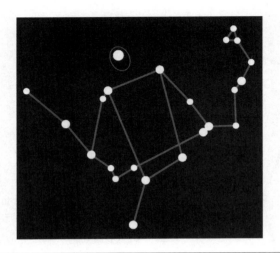

하늘에 함께 나타난 뱀주인자리와 뱀자리

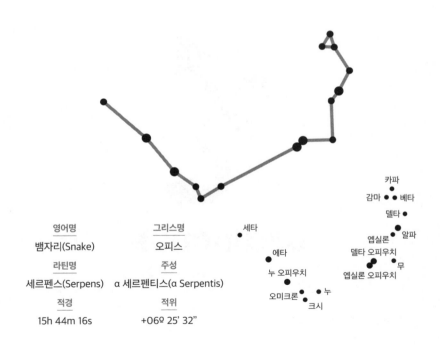

영어명	그리스명
뱀자리(Snake)	오피스
라틴명	주성
세르펜스(Serpens)	α 세르펜티스(α Serpentis)
적경	적위
15h 44m 16s	+06º 25' 32"

카파
감마 ● ● 베타
델타 ●
세타
엡실론 ● 알파
에타
델타 오피우치
누 오피우치
엡실론 오피우치 ● 무
오미크론 ● ● 누
크시

아스클레피오스와 그의 뱀. 기원전 4세기에 제작된 대리석 원형을 복제한 석고 모형. 그리스 에피다우로스의 에피다우로스 극장 박물관의 사용 허가를 받음. 서기 160년경 제작된 파괴된 로마 복제품은 그리스 아테네의 국립 고고학박물관에 보존되어 있다.

콜키스에서 돌아온 뒤 그는, 테세우스의 아들 히폴리토스가 돌연 사망했다는 소식을 듣게 되었다. 비극적인 일을 당한 아버지를 위로하고자, 아스클레피오스는 히폴리토스의 생기 없는 몸에다 모든 놀라운 힘과 치료술을 적용했다. 그는 침착하고 냉정하게 치료를 계속하여 마침내 죽은 청년을 산 자의 땅으로 다시 데려왔다.

하지만 제우스는 그런 처사에 분노했다. 어찌 감히 아스클레피오스가 신들의 영역을 넘본단 말인가! 제우스는 충동적으로 벼락을 땅에 내리쳤고, 저명한 의사는 순식간에 목숨을 잃었다.

그러나 홧김에 저지른 일을 후회한 변덕스러운 최고신은 아스클레피오스가 여태까지 인류에게 봉사해 온 노고를 기리고자 아스클레피오스와 그가 아끼는 뱀을 밤하늘에 올려 별자리로 만들어 주었다. 밤하늘에서 아스클레피오스는 화려하게 뱀을 잡고 있는 사람SNAKE HOLDER(뱀주인자리)으로 등장하며, 배려하려는 듯이 두 손으로 부드럽게 뱀SNAKE(뱀자리)을 잡고 있다. 이런 식으로 의학의 상징은 영원히 밤하늘에 머무르게 되었다. 오늘날까지도 의료 분야에 종사하는 의사들은 아스클레피오스의 이름으로 히포크라테스 선서를 한다.

‖ 신앙심 깊은 쌍둥이 ‖

아르고호 선원이었던 쌍둥이TWINS 카스토르와 폴리데우케스도 하늘에 자리를 얻었는데, 그들은 끊임없이 서로를 사랑하고, 그런 사랑을 다른 인간과 신에게도 보여 준 공로로 인해 밤하늘의 별자리가 되었다. 넓고 큰 바다로 나섰을 때 쌍둥이는 신비한 항해 기술로 선원들을 놀라게 했다. 그들은 종종 티피스와 린케우스를 도와 순조로운 항로를 찾아냈다.

아르고호 선원들은 쌍둥이가 신들을 착실하게 섬기는 그 경건한 태도에 감탄하여 그들에게 바다에서 안전을 호소하는 중재자 역할을 맡아 달라고 요청했다. 어느 날엔가 맹렬하고 두려운 폭풍이 몰아치자, 낙담한 선원들이 절망에 휩싸인 채 갑판에 쓰러져 있었다. 이때 쌍둥이가 일어서서 양손을 들고 신들에게 기원했다. 그러자 폭풍은 천천히 가라앉았고, 선원들은 안심하여 다시 일어설 수 있었다.[32]

카스토르와 폴리데우케스는 그러한 신앙심으로 아르고호 선원들을 도왔고, 제우스는 이들의 독실하고 경건한 태도에 감탄하여 훗날 바다를 항해하는 선박들의 일도 그들에게 맡겼다. 그날 이후 대대로 선원들은 마음에 위로를 얻고 싶으면 카스토르와 폴리데우케스의 머리를 나타내는 두 개의 밝은 별, 쌍둥이자리를 쳐다봤다.[34] 선원들은 넓은 바다에서 보호를 받기 위해, 뱃머리에 쌍둥이의 모습을 그리거나 새겼다. 바다에서 폭풍이 끝나 갈 때 돛대 꼭대기에 불타는 것처럼 밝은 빛의 공 두 개가 나타나면, 쌍둥이를 숭배하는 선원들은 모든 게 다 괜찮을 거라는 안심의 신호를 보내 주는 쌍둥이에게 감사했다.[35]

아르고호 선원들이 안전하게 그리스로 돌아오는 데 도움을 주었던 쌍둥이의 신비한 재주는 어렸을 때 그들이 서로를 찾는 데도 큰 역할을 했다. 아장아장 걷던 쌍둥이는 돌아다니다 서로 떨어지면 눈물이 가득 고인 눈으로 상대를 찾았다. 멀리서 하나가 다른 하나를 발견하면 바로 서둘러 움직여 행복한 마음으로 재회했다. 하지만 콜키스에서 돌아오고 나서 많은 세월이 흘러간 어느 날 아침, 카스토르는 자리에서 일어나지 못했다. 그의 영혼이 밤새 늙은 몸을 떠난 것이었다.

폴리데우케스는 외로움과 슬픔에 빠져 어찌할 줄 몰랐다. 그의 눈은 흐려졌고, 귀는 잘 들리지 않았다. 그의 정신은 마치 해도海圖 없는 바다

영어명	그리스명
쌍둥이자리(Twins)	디두모이
라틴명	주성
게미니(Gemini)	폴룩스(Pollux)
적경	적위
07h 45m 19s	+28º 01' 34"

(별자리 그림 안의 별 이름)
알파(카스토르)　세타　로　타우　베타(폴룩스)　이오타　웁실론　엡실론　카파　델타　무　에타　제타　누　감마　감마　크시

에서 안개를 만난 것처럼 방향을 잃고 혼란에 빠졌다. 몇 년을 쉬지 않
고 슬퍼하던 그는 형제를 돌려주거나 자신의 목숨을 가져가 달라고 신
들에게 기원했다.

　　마침내 폴리데우케스의 영혼은 하늘로 올라가 카스토르와 행복한
재회를 하게 되었다. 별들 사이에서 쌍둥이는 서로의 어깨를 감싼 채로
나란히 서서 영원히 변함없는 형제로 어깨동무하고 있다. 폴리데우케
스는 카스토르의 오른쪽에 약간 뒤에 서 있고, 카스토르는 마치 바다의

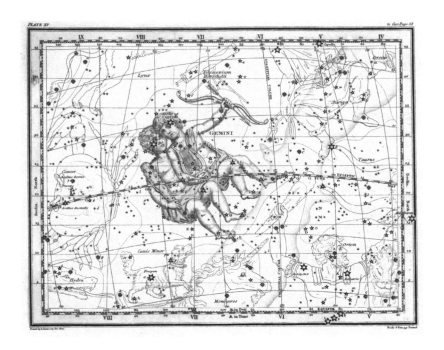

제이미슨 삽화 15: 쌍둥이자리

비좁은 항로를 가리키는 것처럼 왼팔을 뻗고 있다.

쌍둥이자리는 카스토르와 폴리데우케스가 서로에게 보낸 사랑과 헌신을 나타내는 별이다. 생전에 그들은 신을 공경하고 동포를 도왔으며 오만스럽지도, 탐욕스럽지도 않았다. 그들은 그리스인들이 소중하게 여긴 모든 선량한 자질을 대표한다. 이제 쌍둥이는 별들 사이에 서서, 고대의 하늘 신화에 나오는 이상을 몸소 보여 주고 있다.

ANCIENT SKIES

현대의 별자리

The Modern Constellations

조랑말자리(Equuleus)
돌고래자리(Delphinus)
물고기자리
(Pisces)
페가수스자리
(Pegasus)
양자리(Aries)
안드로메다자리
(Andromeda)
삼각형자리(Triangulum)
황소자리(Taurus)
방패자리
(Scutum)
독수리자리
(Aquila)
화살자리(Sagitta)
도마뱀자리
(Lacerta)
페르세우스자리
(Perseus)
오리온자리(Orion)
작은여우자리
(Vulpecula)
백조자리(Bird)
카시오페이아자리
(Cassiopeia)
거문고자리
(Lyra)
케페우스자리
(Cepheus)
기린자리
(Camelopardalis)
마차부자리(Auriga)
헤라클레스자리
(Hercules)
용자리(Draco)
작은곰자리
(Ursa Minor)
살쾡이자리
(Lynx)
쌍둥이자리(Gemini)
뱀주인자리
(Ophiuchus)
북쪽왕관자리
(Corona Borealis)
큰곰자리
(Ursa Major)
작은개자리(Canis Minor)
작은사자자리
(Leo Minor)
게자리(Cancer)
뱀자리(Serpens)
사냥개자리
(Canes Venatici)
외뿔소자리(Monoceros)
목동자리(Bootes)
머리털자리
(Coma Berenices)
사자자리(Lion)
처녀자리(Virgo)

광도: -1~1 2 3 4

현대의 북반구

고래자리(Cetus)

물병자리(Aquarius)

남쪽물고기자리
(Piscis Austrinus)

조각실자리(Sculptor)

불사조자리
(Phoenix)

화학로자리
(Fornax)

두루미자리
(Grus)

염소자리(Capricornus)

에리다노스자리
(Eridanus)

큰부리새자리(Tucana)

현미경자리
(Microscopium)

인디언자리(Indus)

조각칼자리 시계자리(Horologium)
(Caelum)   그물자리(Reticulum)

토끼자리(Lepus)

물뱀자리
(Hydrus)

공작자리(Pavo)
팔분의자리(Octans)

남쪽왕관자리
Corona Australis

궁수자리(Sagittarius)

비둘기자리(Columba) 황새치자리(Dorado)
이젤자리(Pictor)

망원경자리(Telescopium)

테이블산자리
극락조자리(Apus)
날치자리
(Mensa)
(Volans) 카멜레온자리
(Chamaeleon)

제단자리(Ara)

남쪽삼각형자리(Triangulum Australe)

용골자리(Carina)

파리자리(Musca)

컴퍼스자리(Circinus)

준기자리(Norma)

전갈자리(Scorpius)

큰개자리(Canis Major)

남십자자리(Crux)

고물자리(Puppis)

돛자리(Vela)

이리자리
(Lupus)

천칭자리(Libra)

나침반자리(Pyxis)

공기펌프자리(Antlia)

켄타우로스자리(Centaurus)

바다뱀자리(Hydra)

컵자리(Crater)

까마귀자리(Corvus)

육분의자리(Sextans)

광도: -1~1 2 3 4

현대의 남반구

고대 후기, 중세, 르네상스 시대까지 48개의 고전 별자리는 계속 하늘을 장식했다. 그러다 서기 1600년경이 되자 인간이 우주를 보는 시야는 놀라울 정도로 확장되기 시작했다. 과학자들과 철학자들의 우주의 특성에 관한 합리적인 의문이 더욱 커졌다.

세계로 나아가는 탐험 덕분에 지리적 지식은 더욱 풍부하게 쌓였다. 기술이 발전됨에 따라 조사를 도울 망원경과 다른 과학적 도구들이 등장했다. 활력을 되찾은 탐구 정신은 천구에 관한 관심을 더욱 새롭게 가다듬었고, 그 결과 기존의 48개에 더하여 41개의 별자리가 추가되었다.

네덜란드 탐험가 피터르 케이세르Pieter Keyser는 남쪽 바다, 그러니까 남쪽 하늘의 해도海圖 없는 지역으로 항해했고, 여기서 고대 그리스 천문학자 중 누구도 본 적이 없는 별들을 보게 되었다. 그리하여 케이세르는 12개의 새로운 별자리를 추가하여 하늘 지도의 빈 공간을 채웠다.

그의 동포 페트루스 플란시우스Petrus Plancius는 이런 별의 분류를 대중화했고, 요한 바이어Johann Bayer는 1603년 자신의 훌륭한 천체 지도《우라노메트리아Uranometria》에 그 별들을 그려 냈다.[1] 이 새로운 별자리들엔 불사조자리, 두루미자리, 인디언자리, 공작자리, 남쪽삼각형자리, 극락조자리, 파리자리, 카멜레온자리, 날치자리, 황새치자리, 물뱀자리, 큰부리새자리 등이 포함되었다. 이런 새로운 별자리는 대부분 남위의 이국적이고 신비로운 동물 이름에서 따왔다.

플란시우스는 훗날 별자리의 대열에 포함되는 네 개의 별자리를 제안하기도 했다. 이 별자리는 남십자자리, 비둘기자리, 기린자리, 외뿔소자리였다. 그와 같은 시대를 산 천문학자 티코 브라헤Tyco Brahe는 고대

성단이었던 머리털자리를 별자리로 승격시켰다.

이런 별자리들이 추가되고 몇 년 뒤 갈릴레오 갈릴레이Galileo Galilei는 네덜란드에서 놀라운 광학적 특징을 지닌 도구인 망원경이 발명되었다는 소식을 들었다. 그는 곧 망원경의 개념을 기본 바탕으로 하여 20배 더 강력한 망원경을 개발했다. 1609년 11월, 그는 성능이 강화된 망원경으로 하늘을 관찰하면서 태곳적부터 어떤 인간도 보지 못했던 하늘의 세부적인 모습을 볼 수 있었다.

그는 같은 해 12월에 달의 표면을 스케치하고 구체球體로 생긴 행성들의 모습을 확인했다. 다음 달에 그는 목성 주위를 천천히 도는 4개의 갈릴레이 위성을 발견했다. 그러는 한편 그는 망원경의 렌즈를 개선하고 망원경 설계도 전체적으로 개량했다.

이후 새로운 지식이 폭발적으로 증가하자 천문학을 향한 대중적인 애호가 생겨났고, 이러한 관심은 오늘날까지 유지되고 있다. 이런 환경에서 과학자들은 계속 불완전하게 규정된 하늘 지역을 분류했다. 요하네스 헤벨리우스Johannes Hevelius는 1687년 7개의 새로운 별자리를 추가했는데, 이들은 사냥개자리, 작은사자자리, 살쾡이자리, 도마뱀자리, 작은여우자리, 방패자리, 육분의자리이다.

1756년엔 루이 드 라카이유Nicolas Louis de Lacaillé가 14개의 별자리를 남쪽 하늘에 추가했다. 이 별자리들은 망원경자리, 수준기자리, 공기펌프자리, 나침반자리(이전엔 아르고자리의 돛대였다), 조각칼자리, 화학로자리, 조각실자리, 현미경자리, 팔분의자리, 컴퍼스자리, 이젤자리, 테이블산자리, 그물자리, 시계자리이다. 마침내 7년 뒤에 라카이유는 지나치게 큰 고전 별자리 아르고자리를 돛자리(이전엔 아르고호의 갑판과 선체였다), 용골자리(이전엔 배의 용골과 현창 노였다), 고물자리(이전엔 배의 선미와 상부 노였다)로 나누었다.

케이세르, 플란시우스, 헤벨리우스는 계속하여 대다수 별자리 이름을 동물 이름을 따서 짓는 고대 관습을 이어 나갔다. 하지만 라카이유는 그런 관습에서 벗어났다. 대신 그는 별 무리를 과학적, 산업적 혁명으로 생겨난 일상적인 발명품의 이름을 붙임으로써 당시의 분위기를 반영했다.

이들은 총 88개의 영구적인 별자리들 중 마지막에 해당되는 것들이었다. 그러나 48개의 고전 별자리는 그 우아한 아름다움과 고대의 이야기를 여전히 밤하늘에서 들려주고 있다.

제7장은 41개의 현대 별자리를 보여 준다. 각 차트는 라틴어로 된 이름과 발음, 영어 번역, 주성, 적경과 적위가 적혀 있다. 제8장은 고대 별자리의 사실적인 형태가 어떻게 현대의 추상적인 별자리 형태로 바뀌었는지 보여 준다.

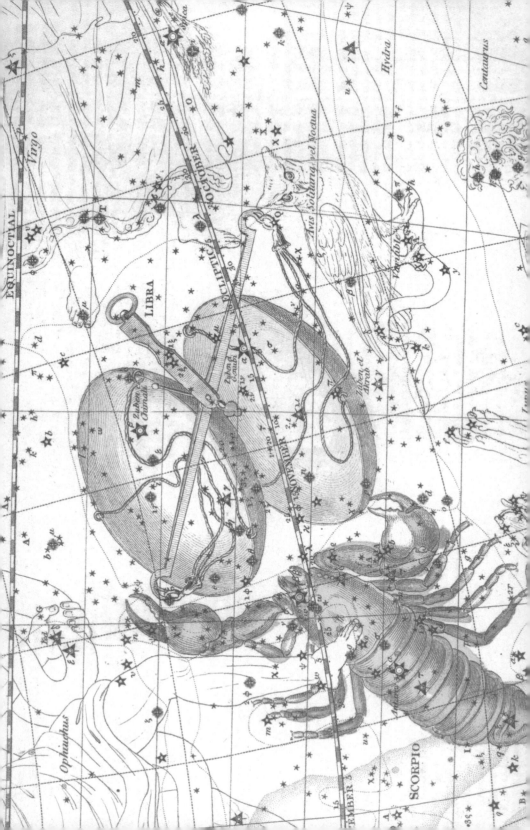

07

천구의
빈 공간 채우기

피터르 케이세르

불사조자리, 공작자리, 두루미자리, 인디언자리, 남쪽삼각형자리, 파리자리,
극락조자리, 카멜레온자리, 날치자리, 물뱀자리, 황새치자리, 큰부리새자리

페트루스 플란시우스와 티코 브라헤

외뿔소자리, 비둘기자리, 기린자리, 남십자자리, 머리털자리

요하네스 헤벨리우스

사냥개자리, 작은사자자리, 살쾡이자리, 도마뱀자리,
작은여우자리, 방패자리, 육분의자리

루이 드 라카이유

망원경자리, 수준기자리, 조각실자리, 나침반자리, 화학로자리, 공기펌프자리,
조각칼자리, 현미경자리, 팔분의자리, 컴퍼스자리, 시계자리, 테이블산자리,
그물자리, 이젤자리, 돛자리, 용골자리, 고물자리

좌측: 제이미슨 삽화 19: 전갈자리, 천칭자리

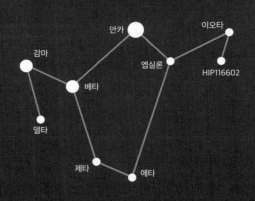

영어명

불사조자리(Phoenix)

라틴명	주성
포이닉스(Phoenix)	안카(Ankaa)
적경	**적위**
00h 26m 17s	-42º 18' 22"

영어명

공작자리(Peacock)

라틴명	주성
파보(Pavo)	피코크(peacock)
적경	**적위**
20h 25m 39s	-56º 44' 06"

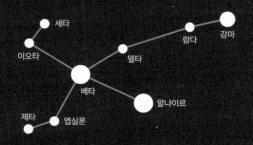

영어명

두루미자리(Crane)

라틴명	주성
그루스(Grus)	알나이르(Alnair)
적경	**적위**
22h 08m 14s	-46º 57' 40"

영어명

인디언자리(Indian)

라틴명	주성
인두스(Indus)	α 인디(α Indi)
적경	**적위**
20h 37m 34s	-47º 17' 29"

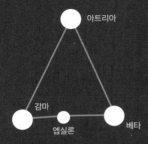

영어명

남쪽삼각형자리(Southern Triangle)

라틴명	**주성**
트리앙굴룸 아우스트랄레 (Triangulum Australe)	아트리아 (Atria)
적경	**적위**
16h 48m 40s	-69º 01' 40"

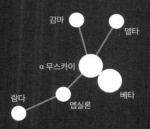

영어명

파리자리(Fly)

라틴명	**주성**
무스카(Musca)	α 무스카이(α Muscae)
적경	**적위**
12h 37m 11s	-69º 08' 08"

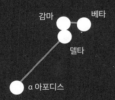

영어명

극락조자리(Bird of Paradise)

라틴명	**주성**
아푸스(Apus)	α 아포디스(α Apodis)
적경	**적위**
14h 47m 52s	-79º 02' 41"

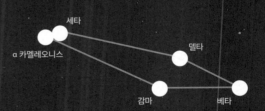

영어명

카멜레온자리(Chameleon)

라틴명	**주성**
카멜레온 (Chamaeleon)	α 카멜레오니스 (α Chamaeleonis)
적경	**적위**
08h 18m 32s	-76º 55' 11"

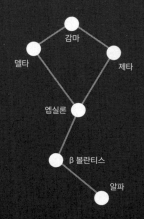

영어명

날치자리(Flying Fish)

라틴명	**주성**
볼란스(Volans)	β 볼란티스(β Volantis)
적경	**적위**
08h 25m 44s	-66º 08' 13"

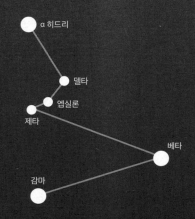

영어명

물뱀자리(Water Snake)

라틴명	**주성**
히드루스(Hydrus)	α 히드리(α Hydri)
적경	**적위**
01h 58m 46s	-61º 34' 11"

영어명

황새치자리(Swordfish)

라틴명	**주성**
도라도(Dorado)	α 도라두스(α Doradus)
적경	**적위**
04h 33m 60s	-55º 02' 42"

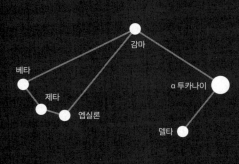

영어명

큰부리새자리(Toucan)

라틴명	**주성**
투카나(Tucana)	α 투카나이(α Tucanae)
적경	**적위**
22h 18m 30s	-60º 15' 35"

영어명
외뿔소자리(Unicorn)

라틴명	주성
모노케로스 (Monoceros)	β 모노케로티스 (β Monocerotis)

적경	적위
06h 28m 49s	-07º 01' 59"

영어명
비둘기자리(Dove)

라틴명	주성
콜룸바(Columba)	α 콜룸바이 (α Columbae)

적경	적위
05h 39m 39s	-34º 04' 27"

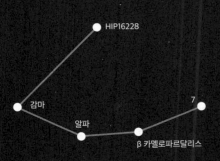

영어명
기린자리(Giraffe)

라틴명	주성
카멜로파르달리스 (Camelopardalis)	β 카멜로파르달리스 (β Camelopardalis)

적경	적위
05h 03m 25s	+60º 26' 32"

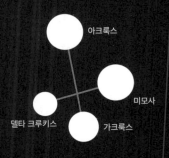

영어명
남십자자리(Southern Cross)

라틴명	주성
크룩스(Crux)	아크룩스(Acrux)

적경	적위
12h 26m 36s	-63º 05' 57"

영어명
머리털자리(Berenice's Hair)

라틴명	주성
코마 베레니케스 (Coma Berenices)	β 코마이 베레니케스 (β Comae Berenices)

적경	적위
13h 11m 52s	+27º 52' 41"

영어명
사냥개자리(Hunting Dogs)

라틴명	주성
카네스 베나티키 (Canes Venatici)	α 카눔 베나티코룸 (α Canum Venaticorum)

적경	적위
12h 56m 02s	+38º 19' 06"

영어명
작은사자자리(Little Lion)

라틴명	주성
레오 미노르 (Leo Minor)	레오니스 미노리스 (Leonis Minoris)

적경	적위
10h 53m 19s	+34º 12' 54"

영어명
살쾡이자리(Lynx)

라틴명	주성
링크스(Lynx)	α 링키스(α Lyncis)

적경	적위
09h 21m 03s	+34º 23' 33"

영어명
도마뱀자리(Lizard)

라틴명	주성
라케르타	α 라케르타이
(Lacerta)	(α Lacertae)

적경	적위
22h 31m 18s	+50º 16' 57"

영어명
작은여우자리(Little Fox)

라틴명	주성
불페쿨라	α 불페쿨라이
(Vulpecula)	(α Vulpeculae)

적경	적위
19h 28m 42s	+24º 39' 54"

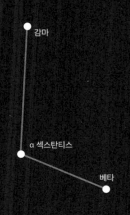

영어명
방패자리(Shield)

라틴명	주성
스쿠툼(Scutum)	α 스쿠티(α Scuti)

적경	적위
18h 35m 12s	-08º 14' 39"

영어명
육분의자리(Sextant)

라틴명	주성
섹스탄스	α 섹스탄티스
(Sextans)	(α Sextantis)

적경	적위
10h 07m 56s	-00º 22' 18"

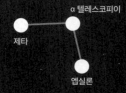

α 텔레스코피이

제타

엡실론

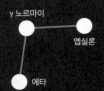

γ 노르마이

엡실론

에타

영어명

망원경자리(Telescope)

라틴명

텔레스코피움
(Telescopium)

주성

α 텔레스코피이
(α Telescopii)

적경

18h 26m 58s

적위

-45º 58' 06"

영어명

수준기자리(Level)

라틴명

노르마(Norma)

주성

γ 노르마이(γ Normae)

적경

16h 19m 50s

적위

-50º 09' 20"

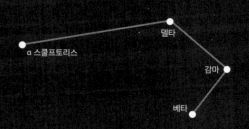

델타

α 스쿨프토리스

감마

베타

영어명

조각실자리(Sculptor)

라틴명

스쿨프토르(Sculptor)

주성

α 스쿨프토리스(α Sculptoris)

적경

00h 58m 36s

적위

-29º 21' 27"

베타
α 픽시디스
감마

영어명
나침반자리(Compass of ship)

라틴명
픽시스(Pyxis)

주성
α 픽시디스(α Pyxidis)

적경
08h 43m 36s

적위
-33º 11' 11"

누
α 포르나키스
베타

영어명
화학로자리(Furnace)

라틴명
포르낙스
(Fornax)

주성
α 포르나키스
(α Fornacis)

적경
03h 12m 05s

적위
-28º 59' 15"

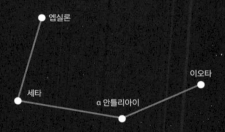

엡실론
세타
α 안틀리아이
이오타

영어명
공기펌프자리(Pump)

라틴명
안틀리아(Antlia)

주성
α 안틀리아이(α Antliae)

적경
10h 27m 09s

적위
-31º 04' 04"

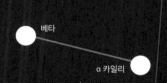

베타
α 카일리

영어명
조각칼자리(Chisel)

라틴명
카일룸(Caelum)

주성
α 카일리(α Caeli)

적경
04h 40m 34s

적위
-41º 51' 50"

영어명
현미경자리(Microscope)

라틴명
마이크로스코피움
(Microscopium)

주성
γ 마이크로스코피이
(γ Microscopii)

적경
21h 01m 17s

적위
-32º 15' 28"

영어명
팔분의자리(Octant)

라틴명
옥탄스(Octans)

주성
ν 옥탄티스(ν Octantis)

적경
21h 41m 29s

적위
-77º 23' 24"

영어명
컴퍼스자리(Compass for drawing)

라틴명
키르키누스(Circinus)

주성
α 키르키니(α Circini)

적경
04h 42m 30s

적위
-64º 58' 30"

영어명
시계자리(Clock)

라틴명
호롤로기움
(Horologium)

주성
α 호롤로기이
(α Horologii)

적경
04h 14m 00s

적위
-42º 17' 40"

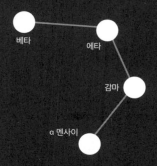

영어명
테이블산자리(Table)

라틴명	주성
멘사(Mensa)	α 멘사이(α Mensae)
적경	**적위**
06h 10m 14s	-74º 45' 11"

영어명
그물자리(Net)

라틴명	주성
레티쿨룸(Reticulum)	α 레티쿨리(α Reticuli)
적경	**적위**
04h 14m 25s	-62º 28' 26"

영어명
이젤자리(Painter's Easel)

라틴명	주성
픽토르(Pictor)	α 픽토리스(α Pictoris)
적경	**적위**
06h 48m 11s	-61º 56' 29"

영어명
돛자리(Sail of ship)

라틴명	주성
벨라(Vela)	수하일(Suhail)
적경	**적위**
08h 09m 32s	-47º 20' 12"

영어명
용골자리(Keel of ship)

라틴명
카리나(Carina)

주성
카노푸스(Canopus)

적경
06h 23m 57s

적위
-52º 41' 44"

고물자리(Stern of ship)

라틴명
푸피스(Puppis)

주성
ζ 푸피스(ζ Puppis)

적경
08h 03m 35s

적위
-40º 00' 12"

08

현대의 무미건조한
고대 별자리 도형화

18세기에 천문학자 루이 드 라카이유는 남쪽 하늘에서 새로운 별자리들을 발견하고 일상적인 물체를 따서 이름을 지었다. 그의 시대에 천문학은 더욱 과학적이고 냉철한 학문으로 발전했다. 그리하여 천문학은 초창기 천체 관측의 특징이었던 인간적 면모를 대부분 잃게 되었다.

  그리스 신화는 개성과 의미를 하늘에 담아 생명을 불어넣음으로써 별자리들에게 활기와 이채를 부여했다. 고대 천문학자들은 주의 깊게 과학적인 조사를 수행하면서도 이런 옛 이미지에 애정을 느껴서 그것을 그대로 보존했다. 하지만 현대에 들어와서 이런 이미지들은 자주 무미건조한 추상적 도형으로 대체되었다. 다음에 제시하는 도해는 똑같은 별 무리가 현대에 들어와서 그런 추상으로 변화된 모습을 보여 준다. 차트 중 위의 것은 전형적인 현대의 형태이고 아래의 것은 고대의 형태이다.

  문제를 더 심각하게 하는 건, 최근에 들어와 더 이상 고대 사람들처럼 별자리를 묘사하지 않는다는 것이다. 이 때문에 고대 별자리가 갖고 있던 기존의 이미지를 파악할 수 없게 되었다. 여기서 이런 이미지의 차이를 보여 주는 것은, 천문학의 과학적 연구와 함께 고대의 별 이야기가 다시 살아나기를 바라는 희망 때문이다. 그렇게 하면, 48개의 고전 별자리들이 들려주는 무한한 아름다움과 영원한 이야기가 그대로 우리들뿐만 아니라 후대에도 전해서, 과거 3천 년과 마찬가지로 앞으로도 오래오래 인류의 귀감이 될 것이다.

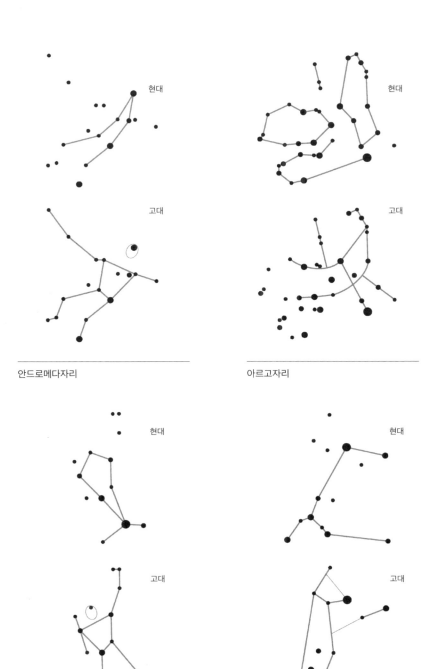

현대

고대

안드로메다자리

현대

고대

아르고자리

현대

고대

목동자리

현대

고대

큰개자리

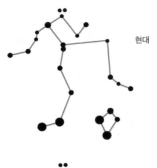

현대

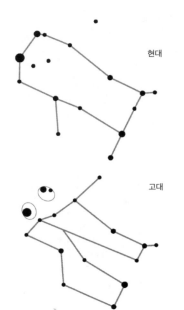

현대

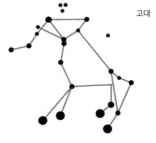

고대

고대

켄타우로스자리

쌍둥이자리

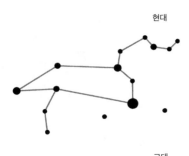

현대

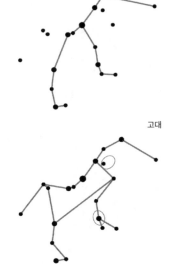

현대

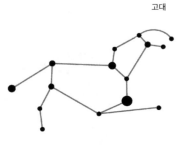

고대

고대

사자자리

페르세우스자리

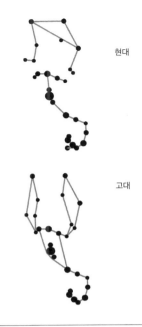

현대

고대

─────────────────

전갈자리-천칭자리

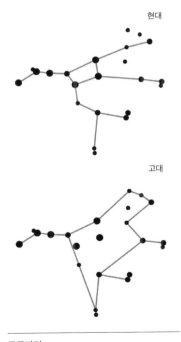

현대

고대

─────────────────

큰곰자리

ANCIENT SKIES

농사, 목축, 항해의 길잡이가 되어 준 밤하늘의 별들

Farming, Shepherding, and Sailing by the Stars

09

고대의
천체 달력

"계절이 순환하고 여러 절기가 어김없이 찾아드는" 한 해 동안에, 그리스인들은 시간의 흐름을 충실히 판단하고자 별들을 바라봤다.[1] 기원전 8세기에 호메로스는 한 해의 주요 부분으로 4계절과 열두 달을 언급했다. 훗날 천문학자들은 한 해를 나타내는 "황도 12궁"을 정의했고, 이에 따라 "휴한지를 갈고 씨를 뿌리는 계절과 나무 심을 계절을 파악했다."[2]

고대의 농부들은 가족을 부양하려고 열심히 일하는 동안에 황도 12궁을 포함한 여러 다른 하늘의 이정표에 의존했다. 별과 별자리가 뜨고 지는 모습으로 밭을 갈고 씨를 뿌릴 때, 그리고 포도나무의 가지를 쳐낼 때를 알았다. 별과 별자리는 곡식을 수확하고 키질할 때와 포도를 수확할 때도 알려 줬다.

농부들의 불안한 눈빛은 늘 하늘로 향해 있었고, 그들은 아침 햇빛이 나타나기 전에 동쪽 지평선을 꼼꼼히 살폈다. 흐릿한 별들이 동틀 때가 되어 사라지면 관찰자들은 더욱 주의를 기울여 하늘을 살펴봤다. 그들은 특정 밝은 별들이 신출晨出(새벽에 해뜨기 전에 잠깐 보이다가 사라지는 것)하는 모습, 즉 그런 별들이 태양에 앞서 동쪽에서 매년 처음으로 나타나는 모습을 기다리고 관찰했다.[3]

농부들은 별과 별자리의 패턴을 잘 익히게 되자, 그 별들이 떠오르는 때를 구체적으로 예측하는 방법도 알게 되었다. 예를 들면 그들은 개의 별의 전령(프로키온)이라는 별이 개의 별(시리우스)보다 8일 먼저 뜬다는 걸 알았다. 그들은 별자리에 있는 어떤 별의 위치를 파악함으로써, 새벽 동쪽 하늘에서 조금씩 더 높게 움직이는 별자리를 보았고 그 별의 접근을 예측할 수 있다는 것도 알았다. 이와 마찬가지로, 별이 "구름으로 가려졌거나 산 뒤에 숨어 보이지 않을 때" 그들은 주변에 있는 별을 활용하여 그 별의 위치를 추측했다.[4]

농부들은 곧 주성들과 별자리들을 특정 계절에 연결시킬 수 있게 되었다. 고대 겨울은 현대 달력으로 보면 12월 27일부터 3월 28일까지이다.[5] 이 석 달 동안에 그리스인들은 태양이 물과 관련된 세 개의 황도대 별자리(염소자리, 물병자리, 물고기자리)를 지나간다는 걸 알아냈다. 이 석 달은 춥고 비가 내리는 계절이었고, 밭은 대부분 방치되었다. 이 기간

고대 지중해 지역에서 사용된 전형적인 오크 쟁기와 멍에. 미국 텍사스주 로마 팔로마 마셜 컬렉션. 저자가 직접 찍은 사진.

동안 농부 가족들은 실내의 화롯불 옆에 앉아 도구와 가구를 수리하고 보충하는 등 주로 집안일을 했다.

화로에 들어갈 장작은 포도와 올리브를 수확하는 가을이 끝나 갈 때 마련했다. 이때 나무들은 휴면 상태에 들어가 나뭇잎을 떨어뜨린다. 가을은 또한 필요한 새 쟁기를 만들 때였다. 이런 쟁기는 머지않아 해야 할 가을 밭갈이에 쓰였다. 또한 쟁기가 부러지는 일을 대비하여 예비 쟁기도 만들어 두었다. 털가시나무의 튼튼한 목재는 최고의 쟁기 재료였다. 손바닥 크기의 나무 몸통은 발판이 되었고, 모난 나뭇가지는 손잡이가 되었다.[6]

다른 도구 제작은 겨울까지 기다려야 했다. 겨울이 되어야 비로소 농부들은 실내에서 손잡이를 만들고, 철을 날카롭게 깎고, 둘을 함께 붙여 도구를 만들 수 있었다. 이런 도구로는 땅을 파고 고랑을 낼 곡괭이, 잡초를 뽑고 땅을 갈 괭이, 수확할 때 곡물의 줄기를 자를 낫, 포도나무와 새로 나온 가지를 칠 칼 등이 있었다. 몇몇 농부들은 도구, 사료, 비료를 운송하는 이륜 수레도 만들었다. 수확 시기에 수레는 곡물, 포도, 올리브 등을 가득 담아 실어 나르는 운송용 도구로 사용되었다. 숫돌이 없는 농부들은 나무로 절구와 절굿공이도 만들었다. 이런 도구들로 바싹 말린 곡물을 찧어 식재료로 삼았다.[7] 농부 가족들은 도구와 가구를 깎고, 모양을 내고, 다듬는 일을 하느라 긴 겨울 내내 바쁘게 지낸다.

마침내 동지 이후 60일이 지나 2월 25일이 되면 가장 추웠던 몇 달은 지나간 셈이다. 이제 해가 지면 농부들은 동쪽 하늘을 응시하고 곰

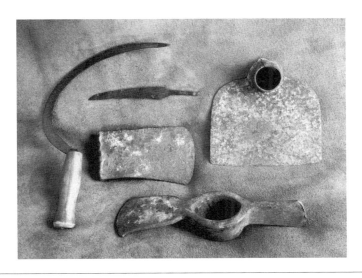

고대 지중해 지역에서 사용된 전형적인 고대 그리스-스키타이 칼과 농기구. 낫, 도끼, 괭이, 곡괭이. 미국 텍사스주 로마 팔로마 마셜 컬렉션. 저자가 직접 찍은 사진.

의 보호자(아르크투로스)라는 별이 나타나기를 고대했다. 그들은 그 별이 곧 반짝이는 바다 위로 솟아오를 것이며, 막 해가 질 때 "오케아노스의 신성한 물결을 뒤로 남긴 채 환하게 빛난다는" 것을 알았다.[8] 별이 처음으로 모습을 드러낸 그다음 날, 농부들은 아늑한 난로가 있는 집을 나와서 새로 날카롭게 벼린 칼과 곡괭이를 들고 밭으로 갔다.[9]

이제 포도밭에서 가지를 치고 과일나무(무화과, 사과, 배, 올리브)를 심을 때가 되었다.[10] 나무를 심으려면 농부는 먼저 물이 흐리거나 탁하지 않은 곳을 찾아야 했다. 물이 지나치게 많으면 뿌리가 썩을 것이었다. 농부는 너비는 2피트가 넘지 않게, 깊이는 2.5피트가 넘지 않게 나무를 심을 구멍을 팠다.

농부는 바닥의 양질 토층을 성글게 덮어 뿌리가 자라고 뻗을 충분한 공간을 남겼다. 나무를 심고 구멍을 메울 때 농부는 묘목 주변 땅을 굳게 다졌다. 이렇게 하면 태양이 땅을 뜨겁게 달궈서 뿌리를 시들게 하는 것을 막을 수 있었고, 비가 내려 물웅덩이가 생기는 것도 막을 수 있었다.[11]

비록 〈곰의 보호자〉 별이 봄을 약속하긴 했지만, 하늘은 여전히 변덕스럽게 습기가 많거나 겨울 같은 날씨를 불쑥불쑥 드러냈다. 농부들에게 날씨는 살아남느냐 굶어 죽느냐를 결정하는 중대한 요소였다. 따라서 그들은 비나 가뭄, 맹렬한 더위, 한파, 강풍과 폭풍을 알리는 신호를 미리 읽을 수 있어야 했다. 그들은 세대를 거쳐 축적된 날씨에 관한 풍부한 구전 지식을 바탕으로 그런 날씨 예측을 했다.

그들은 은은한 장밋빛의 새벽이 오면 그날은 평온한 날이 되리라는 걸 알았다. 하지만 아침 하늘이 불타는 것처럼 붉게 빛나거나 물새가 머리 위를 빙빙 돌다가 바다로 도망치면 현명한 농부는 곧 폭풍이 닥치리라는 것도 알았다. 이른 아침에 참새들이 안절부절못하며 짹짹거리거나, 벌이나 말벌 무리가 낮에 내내 모습을 드러내면 농부는 이것을 신호로 비가 올 것을 짐작했다. 두꺼비와 도롱뇽이 돌아다니거나 개구리가 날카롭게 울어 대고, 기름 램프가 탁탁 소리를 내며 불을 붙이기 어려울 때면, 농부는 비가 내릴 것을 미리 알았다.[12]

〈곰의 보호자〉가 보이고 한 달이 지난 3월 28일, 태양은 양자리로 들어서며 봄의 시작을 알렸다. 이때는 춘분인데, 낮과 밤의 길이가 같다. 농부들은 이제 밭으로 나아가 잡초를 베고 파냈으며, 과도하게 밀

집된 곡물 줄기를 솎아 내고, 바람과 비에 노출된 뿌리를 덮었다.[13]

고대 그리스 전설에 의하면, 이때는 불쌍한 페르세포네가 망자들 사이, 즉 어둡고 끔찍한 하데스의 거처에서 음울한 여섯 달을 보내고 돌아오는 때이다. 이어지는 여섯 달 동안 그녀는 어머니인 농경과 수확의 여신 데메테르와 재회하여 행복하게 지낸다. 데메테르의 슬픔은 사라졌고, 겨울은 봄으로 바뀌었다. 음침한 땅은 푸르게 변했고, 제비들은 즐겁고 쾌활하게 지저귀며 우아하게 곡예비행을 한다.

그리스인들의 마음에서 제비는 봄을 대표했고, 깃털을 단 친구들 중에서도 가장 눈에 띄는 존재였다. 아일리아노스는 이런 말을 남겼다. "제비는 한 해 중 가장 좋은 계절이 가까워졌다는 신호이다. 제비는 인간에게 우호적이고, 같은 지붕을 기꺼이 공유한다. 사람은 호메로스가 정해 놓은 환대의 법칙에 따라 제비를 환영한다. 호메로스는 손님이 우리와 함께할 때 그를 소중히 여기라 했고, 떠나고자 할 때엔 손님이 서둘러 떠날 수 있도록 배려하라고 조언했다." 솔개와 다른 철새들도 봄의 전령 대접을 받았고, 나중에 가을이 깊어져 그들이 떠나가면 곧 겨울이 다가온다고 생각했다.[16]

며칠 더 봄으로 들어가 4월 5일이 되면 농부들은 플레이아데스성단이 태양을 따라 지는 것을 보게 된다. 농부들은 밭에 우뚝 선 채 깊어가는 황혼 속에서 빛나는 성단의 마지막 모습을 지켜보았다. 플레이아데스성단은 지는 태양을 따라 그렇게 서쪽 지평선 너머로 사라졌다. 이러한 하늘의 사건이 벌어진 후에, 그들은 40일을 세며 플레이아데스성단이 돌아오길 기다렸다. 시간을 보내며 그들은 앞으로 닥칠 고된 일,

즉 보리와 밀을 베고, 타작하고, 키질할 일 등을 대비하여 도구를 날카롭게 갈아 두고 기다렸다.

마침내 5월 16일이 되어 플레이아데스성단이 새벽에 희미한 빛을 밝히며 나타난다. 아침 해보다 약간 앞서서 새롭게 나온 것이었다. 이제 손에 낫을 들 수 있는 사람은 전부 수확을 하려고 밭으로 갔다.[17] 그들은 흙과 부스러기가 눈에 날아드는 것을 막기 위해 바람을 등지고, 곡물 줄기를 자르는 몹시 힘든 일을 시작했다. 줄기가 높게 자라 있으면 농부는 높은 위치에서 그것을 잘랐다. 이렇게 하면 사료용 줄기들이 동일한 길이를 유지하여, 타작하고 키질할 때도 도움이 되었다.

밭에 남은 그루터기는 나중에 태워 땅을 비옥하게 하거나 아니면 퇴비로 쓸 목적으로 쌓아 두었다. 그도 아니면 농부는 이동용 울타리를

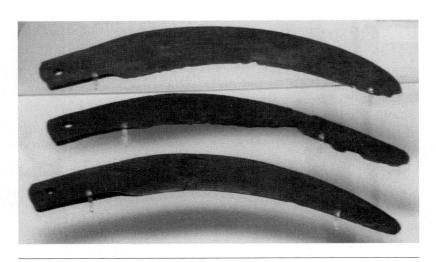

기원전 1250~1180년경에 곡물 수확에 사용된 낫. 그리스 미케네 고고학박물관의 사용 허가를 받음. 저자가 직접 촬영한 사진.

친 다음에 가축들이 그루터기를 뜯어 먹도록 했다. 동물들은 그 보답으로 밭에다 배설함으로써 풍성한 거름을 땅에 주어 밭을 비옥하게 했다.

곡물 줄기를 잘라 낸 뒤 농부들은 줄기를 다발로 만들어 타작마당으로 가져왔다. 밭에서 작물이 많이 자라면 수확은 한 달 이상 계속되었다. 농부들은 오리온자리의 베텔게우스라는 별이 신출하는 6월 29일까지는 모든 곡물을 거두어들이기를 바랐다. 이때는 게자리가 태양과 나란히 있게 되는 하지이기도 했다.

오리온자리의 도착은 타작과 키질의 계절이 왔다는 걸 알린다. 이제 일꾼들은 단단하게 다진 땅 한 부분에 곡물 줄기를 내려놓았다. 이곳

기원전 1250~1180년경에 프레스코화로 그려진 미케네의 곡물 수확 장면. 그리스 미케네 고고학박물관의 사용 허가를 받음. 저자가 직접 촬영한 사진.

은 "공기가 잘 통하고, 제대로 밀어서 반듯하게 펴 놓은 타작마당이었다."[18] 마당 가운데엔 수직으로 세운 튼튼한 기둥이 있었다. 그들은 소, 말, 노새, 혹은 당나귀 한 쌍에 멍에를 씌워 이 기둥에 매었다. 그러면 동물들은 기둥 주위로 천천히 원을 그리며 걸었고, 단단한 발굽으로 줄기를 밟아 겉껍질과 씨앗을 분리했다. 동물들이 느릿느릿 움직일 때 타작꾼들은 밟히지 않은 줄기를 보고 있다가 동물들의 발 아래로 재빨리 던져 넣었다.[19]

타작은 미풍에 노출된 곳에서 했는데, 그렇게 해야 같은 장소에서 키질도 연이어서 할 수 있었기 때문이다.[20] 지친 가축들을 내보낸 뒤 일꾼들은 땅에서 커다란 줄기 찌꺼기를 제거했다. 이어 그들은 바람이 불어오는 쪽에 있는 타작마당에 서서 바람을 등지고 짓밟힌 곡물을 공중으로 던지기 시작했다.[21]

바람이 겉껍질을 날리면 무거운 씨앗은 바닥에 떨어졌다. 키질하는 사람들은 재빨리 귀중한 곡물을 쓸어 항아리나 바구니에 담았다. 이어 그들은 바람이 불어오는 쪽에 있는 타작마당에서 작업을 반복했다. 마침내 안전하게 씨앗을 보관한 그들은 사료로 쓰고자 줄기를 다발로 모았다.

매일 아침 태양보다 먼저 하늘 높이 솟아오르는 오리온자리를 보며 일꾼들은 제때 일을 마치고자 서둘러 움직였다. 종종 타작과 키질은 동틀 녘부터 황혼까지 계속되었다. 그들은 작업이 지연되면 무더위가 기승을 부리는 여름까지 일을 해야 한다는 걸 잘 알았으므로 그것을 피하려고 하는 것이다. 여름은 땀이 흐른 피부에 곡물 겉껍질이 달라붙어 몸을 가렵게 하고, 피로가 극심해지기 시작하는 때라 작업 지연은 정말 곤란한 것이었다.

개의 별의 전령(프로키온)이라는 별이 7월 20일 아침에 나타나면 농부들은 개의 별(시리우스)이 머지않아 떠오르리라는 걸 알았다. 여드레만 기다리면 이 가장 빛나는 별은 동이 틀 때 확실하게 하늘로 솟아오르며 여름의 삼복더위를 알렸다. 바로 뒤를 따르는 태양은 사자자리로 들어간다.

개의 별은 무척 밝게 빛났다. 고대 그리스 사람들은 이 강렬한 빛이 이후 50일 동안 세상을 무덥게 만들 것임을 알고 있었다. 그들은 선조들이 무더위를 덜고자 제우스에게 간절히 기도했다는 것을 떠올리고 신에게 기도를 올렸다. 제우스는 그 대가로 북풍(에테시안)에게 명하여 매년 40일 동안 바람을 불게 하여 무더운 여름을 그나마 견딜 수 있게 해 주었다.[22]

삼복더위는 여전히 너무 뜨거워 중노동을 할 수가 없었다. 고대 그리스 시인이자 부지런한 농부인 헤시오도스조차도 이런 때에는 쉬어야 한다고 권했다. 그는 "끔찍한 더위 속에서 매미가 울음소리를 내면" 그때가 바로 그늘에 앉아 차가운 샘물을 섞은 와인을 마시며 빵, 치즈, 고기를 조금씩 먹을 때라고 노래했다.[23]

마침내 찌는 듯한 삼복더위가 끝나면 한 해의 가장 중요한 일인 포도 수확이 앞으로 다가온다. 지난 몇 달 동안 농부들은 늦겨울에 가지를 치는 것부터 지금에 이르기까지 틈틈이 시간이 날 때마다 포도밭을 돌봤다. 크세노폰은 자연이 어떻게 인간들에게 한 해 내내 포도나무에 도움을 주는 방법을 가르쳤는지 설명했다.

예를 들어 자연은 인간에게 포도나무가 뭔가 타고 기어오르는 걸 좋아한다는 사실을 보여 줬고, 이에 정원사들은 격자 울타리를 세워 나무가 마음껏 기어오르게 했다. 나중에 어리고 약한 포도송이가 생기면 나무는 즉시 넓게 퍼지는 잎으로 송이를 보살피며 맹렬한 태양으로부터 구해 냈다. 같은 방식으로 노동자들은 인위적인 그늘을 만들어 포도송이를 안전하게 지켰다. 마침내 포도가 크게 자라고 햇볕을 받아 익어야 하는 때가 오면 나무는 잎을 떨어뜨리기 시작했다. 이에 농부들도 남은 잎을 제거하며 나무를 도왔다.[24]

9월 13일, 포도 수확기의 전령(빈데미아트릭스)이라는 별이 새벽에 하늘에 떠오르면서 오래 기다린 포도 수확기가 되었음을 알렸다. 곰의 보호자(아르크투로스)는 그로부터 8일 뒤에 나타나 수확하는 농부들의 손길을 바쁘게 했다. 가을에 들어선 이런 기쁜 나날 동안에, 사람들의 사랑을 받는 과일은 활기 넘치는 피리의 선율에 따라 정성스럽게 수확되었다.

최고의 포도밭은 "각각 다른 때에 익는 온갖 종류의 포도송이를 자라게 했다." 이런 밭이 바로 비옥한 이타카섬에 있는 오디세우스의 아버지 라에르테스가 소유한 아름다운 농장에 있었다.[25] 이런 밭에서 포도를 수확하는 사람들은 포도가 익자마자 수확하기 위해 여러 번 밭을 오가야 했다.[26]

이제 헤시오도스의 와인 양조 방법을 따라 와인을 만들 때가 되었다. 그는 이렇게 말했다. "포도를 전부 따서 집으로 가져가라. 열흘 밤

낮 동안 볕이 드는 곳에 놔두고, 이후 포도를 덮어 닷새 동안 그늘에 두고, 엿새가 되는 날 와인과 환락의 신인 디오니소스가 내려 준 선물을 꺼내 저장 용기에 담아 두라."[27]

큰 포도밭을 가진 사람은 수확하는 사람들에게 임금을 주어 통에 있는 포도를 밟게 했는데, 이때에도 역시 피리의 선율에 맞춰 일했다. 적게 수확하는 가족은 종종 손으로 포도를 눌렀다. 마침내 일이 끝나 와인을 안전하게 도자기나 가죽 용기에 보관하면 농부들은 평소의 절차에 따라 그해 만든 와인을 시음했다. 그러는 사이 태양이 추분인 9월 30일에 천칭자리에 들어서면서 가을이 도착한다.

이제 올리브를 수확할 때가 되었다. 일부 장소에선 기후, 올리브의 숙성 정도, 그 외의 다른 고려 사항들에 따라 이보다 더 일찍, 혹은 더 늦게 수확이 시작된다. 수확하는 일꾼들은 낮은 가지에 달린 올리브는 손으로 땄고, 위에 달린 것은 갈대로 가볍게 두드려 떨어뜨렸다. 일부는 올리브를 집에서 먹으려고 보관했다. 다른 농부들은 요리할 때와 등불을 켤 때 쓰려고 올리브를 압착하여 기름을 만들었다.

올리브 수확이 진행되는 동안 플레이아데스성단은 매일 밤 서쪽을 향해 가며 조금씩 위치가 낮아졌다. 마침내 희미하게 빛나는 성단이 밤하늘에서 완전하게 사라졌다. 성단은 태양이 동쪽에서 떠오르기 직전에, 마지막으로 서쪽 지평선에 나타나는 것이었다. 11월 3일에 하늘에서 일어나는 이러한 별들의 움직임은 겨울이 시작되기 전에 밭을 갈고 씨를 뿌릴 시간이 되었음을 알려 주었다.

플레이아데스성단 이후로 히아데스성단과 오리온자리도 서쪽에서 각각 11월 11일, 11월 25일에 사라졌다. 하늘에서 벌어지는 이런 세 가지 움직임은 농부들에게 추운 날씨가 찾아오기 전에 서둘러 갈아야 한다는 경고였다.[28] 지나치게 오래 기다리면 헤시오도스가 경고한 다음과 같은 사태가 벌어질 것이었다. "동지에 처음 신성한 땅을 갈면, 수확할 때 앉아서 손에 쥐는 건 거의 없게 될 것이다."[29]

자연의 또 다른 신호 역시 농부들에게 서두르라고 재촉했다. 그들은 유향나무가 열매를 맺을 때 밭에 쟁기질을 해야 한다는 걸 알았고, 말벌들이 뭉쳐 사방에 나타날 때 겨울 추위가 닥쳐온다는 걸 알았다.[30]

하지만 철새들의 이동이야말로 최고의 지표였다. 메추라기 같은 짧은 거리를 나는 새들은 남쪽으로 떠나는 여행을 가을 초에 시작했다. 두루미처럼 더 멀리 날 수 있는 힘찬 새들은 그보다 나중에 떠났다. 이처럼 농부들은 새들이 떠나는 모습을 지켜보면서 겨울이 다가오는 걸 예측할 수 있었다.[31]

어느 해 새들의 이동 시기가 짧고 빠르게 진행되어 두루미 무리가 일찍 하늘을 가득 메우면서 떠나면, 겨울철이 빠르게 다가온다는 신호였다. 하지만 동시에 두루미들이 미적거리고, 소규모로 흩어진 채로 떠나면 추운 날씨가 천천히 다가온다는 신호였다. 일반적으로 두루미가 무리를 이뤄 우는 소리가 들려오면 그것은 밭을 갈고 씨를 뿌릴 때라는 뜻이었다.[32]

농부들은 이런 연간 농업 주기의 주요 사건에 대비하며 쟁기, 도구를 나르고 소나 말을 준비했다. 그들은 짐을 나르는 동물들의 가슴에 멍에를 씌우고 그다음에 그것을 다시 동물의 목이나 뿔에 연결했다.

이어 농부들은 나무 막대기를 써서 멍에를 가죽 끈으로 쟁기에다 부착했다.[33]

농부들은 무엇보다 밭일에 적임인 소들을 귀하게 여겼는데, 쟁기질과 타작을 할 때 효율적일 뿐만 아니라 배설물로 밭을 비옥하게 했기 때문이다.[34] 헤시오도스는 아홉 살짜리 황소 한 쌍과 마흔 살 먹은 남자가 최고의 쟁기질 팀이라고 말했다. 이런 주장은 설득력이 높은데, 그 원숙한 조합은 밭갈이 작업에 충분히 주의를 기울일 수 있을 뿐만 아니라 고된 일을 버텨 낼 정도로 힘이 좋기 때문이다.[35]

밭갈이 작업은 씨를 뿌릴 정도로 토양이 충분히 촉촉해졌을 때 시작되었다.[36] 이상적으로는 플레이아데스성단이 서쪽에 질 때 땅은 씨앗을 심기에 좋은 촉촉한 상태가 된다. 그런 상태가 아니면 농부는 히아데스성단과 오리온자리가 천천히 서쪽 지평선을 향해 내려가는 걸 보면서도 최대한 인내하며 비가 오기를 기다려야 한다.[37] 비가 늦게 내리면 그는 겨울 날씨도 그에 따라 함께 늦춰지기를 바라는 수밖에 없었다.

마침내 쟁기질의 적기가 되었을 때 쟁기질하는 농부는 자기 팀을 재촉하여 첫 고랑을 낸다. 그는 한 손으로는 쟁기의 손잡이를 잡고, 다른 손으로는 막대기를 휘두르며 앞에 있는 동물들이 쟁기 날로 촉촉한 땅을 갈도록 한다. 쟁기질하는 농부의 뒤에서는, 곡괭이나 괭이를 쓰는 일꾼 한 사람이 따라오면서 고랑의 모양을 잡으면서 큰 흙덩어리를 부쉈다.

씨를 뿌리는 일꾼은 마지막으로 따라오며 고랑에 알맞게 씨앗을 뿌렸다. 그는 얕거나 빈약한 토양에는 씨앗을 얕게 뿌렸고, 두껍거나 풍성한 토양엔 빽빽하게 씨앗을 뿌렸다. 이 일꾼은 토양이 어느 정도 씨앗을 품을 수 있는지 알았고, 그에 맞추어 일정하게 씨앗을 뿌리는 재주도 갖추었다. 크세노폰이 말한 것처럼, "씨를 뿌리는 일꾼은 리라 연주자만큼이나 연습이 필요했다."[38]

씨 뿌리는 일꾼은 리드미컬하게 땅을 차면서 동시에 씨앗을 덮었다. 이것은 새들이 씨앗을 몰래 먹어서 수확량을 줄어드는 것을 미연에 방지하려는 것이었다. 씨앗을 더 확실히 보호하고자 농부들은 개를 데려와 굶주린 새 떼를 쫓았다. 이후 몇 달 동안 개는 연약한 보리와 밀의 싹을 토끼나 다른 방목 동물들이 먹어 치우지 못하게 감시했다.[39]

이렇게 겨울 곡물이 땅에 심어지면 씨앗의 발아와 완만한 성장이 시작되었다. 온화한 겨울이 오면 식물들은 토양 밑에서 계속 자랐다. 하지만 지독한 추위가 들이닥치면 농부의 생활 주기는 따뜻한 날이 다가올 때까지 보류되었다. 그러는 사이 겨울 날씨는 곡물을 튼튼하게 자라게 하고 많은 수확을 가능하게 하는 습기를 가져다주었다.

이렇게 11월에 밭을 갈고 씨를 뿌려 다음 해 5월부터 11월까지 곡물, 포도, 올리브를 수확하는 연간 농업 패턴이 진행되었다. 지중해 분지에 있는 대다수 농부가 이와 같은 농사 주기를 따라서 농사를 지었다.[40]

농부가 어떤 밭에서 밭갈이, 씨앗 심기, 괭이질, 수확을 실시하면 지난해에 이런 일을 이미 겪은 다른 밭은 휴한지가 되었다. 이렇게 하면 밭의 상태를 지속적으로 비옥하게 유지할 수 있었다. 휴한지를 두지 않으면 토양은 영양분을 잃고 피로 상태에 빠지며, 결과적으로 흉작으로 이어진다. 헤시오도스는 이렇게 말한 바 있다. "휴한지는 죽음을 방지

하며, 아이들을 양육한다." 휴한지 덕분에 장래에도 계속하여 식탁에 음식이 올라올 수 있는 것이다.[41]

봄에 시간이 될 때마다 농부는 휴한지를 밭갈이하거나 곡괭이로 파서 땅을 고르게 폈다. 이렇게 하면 싹을 틔우기 전에 잡초를 죽일 수 있고, 그 잡초 뿌리를 휴한지 덮개로 쓸 수 있었다. 여름이 되면 농부는 다시 휴한지에 고랑을 냈고, 이렇게 하여 잡초를 뿌리째 뽑아 햇볕에 시들게 했다.[42] 가을이 되면 농부는 휴한지를 갈아 씨앗을 심었는데, 그러는 사이 다음 해를 위해 갓 수확한 밭은 한 해 쉬게 내버려 두었다.

헤시오도스는 가을 밭갈이와 씨앗 뿌리기가 최대한 빨리 끝나야 한다고 강조했다. 이는 겨울이 도착하기 한참 전에 끝나야 한다는 뜻이었다. 똑같은 방식으로 그는 매일 빠르게 일을 시작해야 함을 강조하며 이렇게 말했다. "사람은 해가 뜰 때 함께 일어나는 것이 좋다. 그래야 생활에 필요한 수입을 충분하게 벌 수 있다. 새벽에 이동하면 남들보다 한 걸음 앞서 나갈 수 있으며, 일을 할 때도 새벽이 유리하다." 이렇게 하면 성실한 농부는 여름 오후의 더위를 피할 수 있고, 습한 겨울철이라면 저녁 바람과 비도 피할 수 있다.[43]

독수리(알타이르), 혹은 폭풍새라고 하는 별이 12월 13일에 나타나면 겨울이 맹위를 떨치며 진행되고 있다는 뜻이었다. 2주 뒤인 12월 27일에 태양은 염소자리(카프리코르누스)에 들어섰고, 이는 동지를 나타냈다. 동지는 한 해 중 가장 낮이 짧은 날이었고, 앞으로 추운 몇 달이 기다리고 있다는 걸 예고했다. 동지 이후 60일의 겨울날이 지나면 다시 곰의 보호자(아르크투로스)가 하늘에 떠올랐다. 이 별은 포도나무의 가지를 치고, 나무를 심을 때가 되었으며, 봄이 다가올 것임을 알리는 별이다.

농장 가족들은 별들이 뜨고 지는 현상에 크게 의존했는데 그래야 성공적으로 곡물을 키워 농부의 생활을 계속 유지할 수 있기 때문이다. 그들의 생활 주기는 별자리들이 전하는 계절의 주기를 그대로 따라갔다. 이런 하늘의 빛과 선물로 받은 곡물, 포도, 올리브 때문에 그리스인들은 신들에게 감사하는 마음을 표시했다.[44]

양치기들도 농부와 같은 정서를 공유했고, 똑같은 하늘의 달력을 따라 움직였다. 그들 역시 철새의 움직임을 계절이 변화하는 신호로 받아들였다. 제비와 솔개가 도착하면, 양치기들은 양의 봄 털을 깎을 때가 되었다는 걸 알았다. 그때부터 플레이아데스성단이 아침 하늘에 나타날 때까지 주위를 자주 돌아다니는 목동들은 얼마 안 되는 소지품을 챙겨 동물 무리를 몰고 멀리 있는 초원으로 나아갔다.

그곳에서 그들은 대략 봄부터 아르크투로스가 떠오르는 9월 21일까지 여러 달을 보냈다. 이후에 그들은 가을과 겨울을 나고자 양 떼를 집으로 데려왔다. 눈보라가 잦아들면 양치기들은 다시 양과 염소를 동굴이나 안락한 대피처로 데려갔다.

농부들처럼 양치기들도 야외에서 시간을 보내며 실용적으로 날씨를 예측하는 법을 배웠다. 그들은 양, 염소와 함께 오랜 시간을 보냈다. 그리하여 양과 염소 한 마리 한 마리, 그들의 생김새나 개성을 보고 잘 알게 되었고, 동물들의 행동을 토대로 날씨를 판단하는 법도 배웠다.

양치기들은 어린 양과 염소가 기운차게 뛰놀고 싶어 하면 날씨가 좋을 거라고 추측했다. 그들은 염소들이 대피처에서 제멋대로 굴고, 황급하게 사료를 먹으려 하고, 서둘러 우리로 다시 돌아가려고 하면 비를 예상하고 대기했다. 그들은 양이 발굽으로 땅을 파거나, 염소가 옹기종기 모이면 태풍이 올 것으로 짐작했다.

양치기들은 별과 별자리의 움직임에 익숙해져서 그것으로 신호를 얻어 내는 걸 즐겼다. 그들은 하늘 아래에서 무수하게 많은 외로운 밤을 보냈고, 그래서 별들이 내려 주는 위안의 신호를 소중하게 여겼다. 무엇보다 그들은 저녁샛별인 헤스페로스를 양치기의 별이라 부르며 숭배했다. 그 별은 밤이 다가올 때 서쪽 하늘에서 나타나 양치기들을 안전한 대피처로 이끌었기 때문이다.[49] 레스보스섬의 유명 여류 시인 사포는 헤스페로스를 "모든 별 중 가장 아름답다"고 칭송했으며, 헤스페로스가 "빛나는 새벽이 흩어 놓은 모든 것들을 재결합시킨다"라고 노래했다. 그녀는 이 별에 관해 이렇게 말하기도 했다. "그대는 양과 염소를 데려오고, 아이를 어머니에게로 데려오는구나."[50]

외롭고 사색적인 양치기는 신들에게 철저히 복종하며 헌신한다는 명성을 종종 얻었다. 많은 그리스인은 양치기가 주변 자연 환경에서 신, 정령, 요정과 밀접하게 소통하며, 때로는 신성한 영감을 선물 받는다고 생각했다. 그런 대표적 사례가 바로 헤시오도스였다. 소박한 양치기이자 농부인 그는 시인이자 철학자로서 대단한 명성을 얻었다.

헤시오도스가 영감을 얻은 장소, 즉 헬리콘산의 쓸쓸한 산비탈도 이 시인 덕분에 영구적인 명성을 얻었다. 세월이 흐르면서 이 장소는 뮤즈들의 거처로 알려졌다. 이윽고 뮤즈들의 산은 세계 최초의 박물관인 무세이온이 세워지게 되었다. 무수히 많은 경건한 순례자들이 이곳을 찾았고, 그들은 제우스의 아홉 딸을 기리고자 제단, 조각상, 포르티코, 극장 등을 세웠다.[51]

헤시오도스와 동료 양치기들은 하늘과 밀접한 관계를 유지하는 것을 즐겼다. 많은 그리스인 동포가 느낀 이런 정서를 호메로스는 《일리아스》의 목가적인 장면에 이렇게 표현했다. "하늘에선 환히 빛나는 달 주위로 별이 밝게 빛났다. 바람은 불지 않았고, 모든 산봉우리와 높은 곳, 그리고 숲속 빈터가 시야에 들어왔다. 하늘은 공중에 무한히 펼쳐져 있었고, 모든 별이 보였다. 양치기는 마음속으로 크게 기뻐했다."[52]

선원들 역시 별, 그리고 별자리를 상대로 농부나 양치기처럼 밀접한 관계를 맺었다. 그들은 항해하기에 안전한 계절을 찾아낼 실용적인 목적으로 하늘을 면밀히 관찰했다. 몇몇 선원들은 플레이아데스성단이 떠오르는 봄에 항해했다. 테오크리토스는 아르고호 선원들이 바로 그런 경우라고 했다. 그들은 남쪽에서 불어오는 바람—통상적으로 겨울이 끝나 갈 무렵에 찾아오는 바람—을 이용하여 헬레스폰트를 향해 북동으로 항해했다.[53] 하지만 대다수 뱃사람은 안전한 항해철인 하지가 될 때까지 기다렸다.

헤시오도스는 이렇게 말했다. "선원들이 항해하기 좋은 때는 하지 이후 50일(6월 30일부터 8월 19일)이다. 이때는 무더운 날씨가 펼쳐지던 여름이 끝나 가는 때이다. 이때엔 배가 난파하지 않으며, 선원도 익사하지 않는다."[54] 이 시기에 바람은 잔잔하면서도 꾸준히 불어왔다. 그래도 에우독소스는 7월 30일에 부는 활발한 북풍은 항해를 다소 까다롭게 만들므로 조심하라고 경고했다.

항해 조건은 가을바람이 불어오면 어려워졌다. 플레이아데스성단이 11월 3일에 서쪽에서 지면 항해 철은 끝난다. 헤시오도스는 다음처럼 경고했다. "플레이아데스가 오리온이 발휘하는 강력한 힘으로부터 도망쳐 어두운 바다로 떨어질 때엔 온갖 바람이 사납게 분다. 더는 와인처럼 어두운 바다에 배를 띄우지 말라."[55]

그로부터 22일 뒤 플레이아데스를 쫓는 오리온이 서쪽 지평선 밑으로 떨어지는데, 이는 가을 폭풍이 다가오기 전에 항구를 찾으라는 두 번째 신호였다. 이날 이후에도 항해를 계속하는 선원은 지극히 주의해야 한다. 가을과 겨울에 부는 무서운 바람은 때로는 돛을 찢어 버리거나 돛대를 망가뜨렸고, 돛대를 받치는 밧줄을 풀어 버렸다. 그렇게 되면 배는 무시무시한 바다에서 표류할 수밖에 없었다.[56]

폭풍새라는 별이 12월 13일 아침에 떠오를 때가 되면 맹렬한 겨울 날씨가 흰 물결이 이는 바다에서 위력을 떨쳤다. 2주일 뒤 다가오는 동지는 배를 빨리 해안에 대라는 마지막 경고였다. 아라토스는 험악했던 겨울 폭풍을 떠올리며 다음과 같은 말을 남겼다. "서리 내리는 추위는 감각을 잃은 선원들에게 아주 가혹했다. 용골 밑 바다는 계속 어둡게 변했다. 우리는 뛰어드는 갈매기를 마주 보며 갑판에 앉아 배 밑의 깊은 바다를 살피면서도 연신 해안 쪽을 바라보고 있었다. 안전한 항구로 가길 간절히 소망했던 것이다."[57]

대다수 선원은 이미 동지가 오기 한참 전에 다음 항해 철을 기다리

며 배를 부두에 계류했다. 이렇게 하며 그들은 헤시오도스의 말에 주의
를 기울였다.

배를 땅으로 끌어 올리고 돌로 받치는 동시에 사방으로 배를 둘러
싸라. 그래야 습기 찬 바람의 힘을 버텨 낼 수 있다. 빌지(배 밑바닥
의 만곡부) 마개는 꺼내 뒤야 제우스가 지상에 뿌리는 비에 썩지 않
는다. 정연하게 배의 돛을 접은 뒤엔 모든 장비를 집으로 가져가
잘 정리하여 모아 두어라. 잘 작동하는 키(조타)는 연기를 내는 모
닥불 위에 매달아 두어라.[58]

농부와 양치기처럼 선원도 이젠 집에 앉아 난로에 손을 데우며 격렬
한 겨울 폭풍이 끝나기를 기다렸다. 그는 실내에서 집안일을 하며 시간
을 보내면서 다가올 봄을 꿈꿨다.

10

고대의
항해

지중해의 선원들은 세상에서 가장 온화한 기후 환경에서 항해했다. 일반적인 항해 철 동안에 날씨 패턴은 무척 안정적이었고, 파도는 약하거나 중간 정도로 밀려왔다. 이러한 바다 환경은 특히 에게해에 해당되는 말인데, 그 바다에는 섬과 곶이 많아 커다란 물결이 치는 걸 막아 주었기 때문이다. 에게해의 조수와 해류는 익숙한 패턴을 따라 충분히 감당할 수 있는 수준으로 흘렀다.[1]

그렇지만 고대의 항해가 위험한 일이었다는 것은 뿔뿔이 흩어진 난파선과 관련 기록이 증명한다. 많은 선원은 오랜 관습에 의해 안전하다고 인정된 항해 철에만 항해를 했다. 이런 항해 철은 하지 이후 50일로, 대략 6월 30일부터 8월 19일까지였다. 하늘에서 보내 주는 여러 신호는 한 해의 특정 시기에 항해하거나, 혹은 출항하지 말고 해안에 머무를 것을 지시했다. 하지만 고대의 선원들은 지속적으로 변하는 기후 환경에 예민한 주의를 기울였다.

자연이 보내는 신호가 며칠 동안 안전하게 항해할 수 있음을 알리면 노련한 선원들은 때로 그때가 한 해의 어떤 시기인지를 따지지 않고 즉시 배를 띄웠다. 봄은 종종 항해하기 좋은 시기였다. 육지 사람이라 바다에 거의 애정이 없던 헤시오도스조차 이렇게 말한 바 있다. "인간이 항해할 수 있는 또 다른 시기는 봄이다. 이때는 무화과나무 꼭대기에 달린 잎사귀들이 까마귀가 지나가면서 남긴 발자국만큼 크게 느껴지는 때이다. 그러면 처음으로 안전하게 배를 바다로 끌고 나갈 수 있다."[2]

안전하게 항해하기 위해 항해사들은 기후의 계절적 변화를 잘 알아

그리스 안티키테라섬에서 떨어진 곳에서 발견된 난파선에서 나온 수심 측량용 추. 그리스 아테네 국립 고고학박물관의 사용 허가를 받음. 저자가 직접 촬영한 사진.

보아야 했다. 이 때문에 그들은 농부와 양치기가 들려주는 잘 알려진 이야기에 귀를 기울였다. 그들과 마찬가지로 선원은 제비를 가리켜 봄을 알려 주는 좋은 신호라며 칭송했다.

이제 항해할 계절이 되었다. 이미 제비들이 나타나 재잘거렸고, 기분 좋은 서풍이 불었으며, 초원엔 꽃이 피어났다. 거친 바람의 채찍질로 인해 끓는 듯 사납던 파도도 가라앉아 잠잠해졌다. 선원들이여, 닻을 올리고 굵은 밧줄을 풀라. 캔버스 천으로 된 돛을 달고 출항하라.[3]

제비와 마찬가지로, 서풍의 도착도 거칠고 비가 많이 내리는 날씨가 끝났다는 신호였다. 서풍은 봄에 평화로운 미풍으로 불어오면서 항해하기에 좋은 날씨임을 알려 주었다. "폭풍은 달아났고, 온화하게 웃는 서풍은 이제 푸른 파도를 소녀처럼 얌전하게 만들었다."[4]

선원들은 봄철의 서풍 같은 바람의 풍향과 날씨의 패턴을 가지고 땅에서 멀리 떨어져 있을 때에도 계절의 변화를 인식했다. 봄이 끝나면 서풍은 물러나고, 따뜻한 날씨와 북쪽에서 불어오는 꾸준하고 안정적인 바람은 여름철이 다가왔음을 알렸다. 남쪽에서 구름과 비 많은 날씨가 몰려오는 겨울과는 지극히 대조적으로, 여름은 푸른 하늘과 건조한 낮과 밤을 가져왔다.

북쪽에서 불어오는 강한 여름 미풍은 크레타섬에서 이집트까지 나흘, 혹은 닷새가 걸리는 빠른 항해를 밀어 주는 좋은 환경을 제공했다. 이 항로는 호메로스의 시기 혹은 그 이전부터도 있었고 그 후 여러 세기에 걸쳐서 활용되어 온 바닷길이었다.[5] 호메로스의 《오디세이》는 이 항해에 관하여 다음과 같이 서술했다.

우리는 넓은 크레타섬에서 승선하고 출항했다. 북풍은 신선하고 멋지게 불었고, 배는 하류로 흘러가는 것처럼 쉽게 나아갔다. 내 배들 중에 피해를 입은 것은 없었고, 선원들도 다치거나 병에 걸리지 않았다. 바람과 키잡이는 배를 계속 앞으로 이끌고 갔다. 닷새째가 되자 우리는 아름답게 흐르는 아이깁투스강에 도착했고, 나의 곡선형 배들은 정박했다.[6]

선원들이 이 항로를 좋아하는 건 다 북풍 때문이었다. 하지만 돌아가는 항로는 사정이 달라져서 선박은 불어오는 바람을 피하기 위해 아시아 해안에 바짝 붙어 가야 했다. 로데스섬에 도착한 뒤 배는 에게해를 가로질러 고향으로 가는 길에 이 섬에서 저 섬으로 건너뛰는 것처럼 항해해야 했다.

지중해 동부 어느 곳에서든 북쪽에서 불어오는 여름 바람이 종종 지나치게 강할 때가 있었는데, 선원들은 그런 강한 바람을 피하고자 남쪽 해안으로 항해했다. 아티카와 에우보이아섬 사이에 있는 에우리포스 해협은 북풍으로부터 보호받을 수 있는 최적 항로였다.[7] 하지만 강한 바람이 불어오는 단점에도 불구하고 여름은 항해의 최적 시기였다.

이윽고 여름은 가을로 넘어간다. 이때엔 바람의 변화가 심했으며, 저기압이 항해에 영향을 미쳤다. 이런 날씨 변화는 겨울 폭풍이 다가온다는 신호였다. 겨울 폭풍이 부는 때에 항해하는 것은 물론 가장 위험한 일이었다. 두루미 무리가 예의 그 의젓한 모습으로 남쪽으로 날아가는 건 겨울을 알리는 두 번째 경고였다.

아리스토텔레스는 다음과 같이 말한 바 있다. "두루미들은 스키타이 평원에서 이집트 위의 습지로 움직인다. 물고기도 역시 같은 방식으로 이동한다. 겨울이 되면 온기를 찾아 깊은 바다에서 땅을 향해 움직이고, 여름이 되면 해안에서 깊은 바다를 향해 이동한다."[8] 아리스토파네스는 이렇게 덧붙였다. "두루미가 울음소리를 내며 아프리카로 떠나면 배를 가진 사람들은 키를 매달아 둬야 한다는 뜻이다."[9] 두루미와 물고기는 모두 해안에서 멀리 떨어진 선원들에게 겨울 날씨가 가까웠다는 것을 알려 주었다.

테오크리토스는 다가오는 겨울 항해의 위험을 지적하는 말을 한 바 있다. "인간이여, 당신의 목숨을 소중히 여기고 엉뚱한 때에 바다로 나가지 말게. 인생은 그야말로 짧으니 말이네. 딱한 클레오니코스, 상인인 자네는 서둘러 아름다운 타소스섬에 가려고 했지. 플레이아데스가 지기 직전에[11월에] 항해를 떠난 자네는 플레이아데스와 함께 자네의 별을 떨어지게 했구먼."[10]

많은 노련한 선원, 특히 클레오니코스 같은 상인은 위험을 감수해 볼 만하다고 생각되면 조심 같은 건 다 잊어버리고 과감히 항해에 나섰다.[11] 실제로 겨울은 용감한 선원들에게 기회를 주는 계절이었다. 그들은 남풍을 타고 헬레스폰트 해협에서 보스포루스 해협으로, 혹은 이집트에서 크레타섬으로 순항했다. 몇몇 뱃사람도 "할키온의 때", 즉 동지 전후에 평온하다고 알려진 보름의 기간 동안을 이용하여 배를 타고 바다로 나갔다.[12]

계절과 상관없이 폭풍과 스콜은 어느 때든 예기치 못한 상태로 불어올 수 있어서 해상 여행을 위태롭게 했다. 심지어 노련한 선원들은 여름에도 날씨의 신호에 면밀한 주의를 기울였다. 자신의 생명은 물론 동료들의 생명까지도 날씨에 달렸기 때문이다.

아라토스는 현명하고 신중한 항해사는 경계를 풀지 않고 기후를 살핀다고 말했다. 밤에 잠들기 전에도 그는 "아침 바다를 두려워하여" 돛을 말아서 돛대에 붙들어 맸다.[13] 밤에 어떤 날씨 변화가 발생하여 아침에 파멸을 불러올지 아무도 몰랐기 때문이다.

호메로스는 오디세우스가 고향으로부터 멀리 떨어져 있던 어느 무서운 밤에 당했던 일을 기록했다. "밤이 3경일 때 별들은 진로를 따라 나아갔다. 구름을 몰고 다니는 제우스는 놀라운 태풍을 일으켜 맹렬한 바람으로 우리를 깨웠고, 구름으로 땅과 바다를 구별 없이 뒤덮어 하늘로부터 밤이 급히 내려오게 했다."[14]

방심하지 않는 선원들은 태양과 달을 면밀히 지켜보면서 날씨의 변화를 미리 예측함으로써 이런 위험을 피하고자 했다. 그들은 햇무리나 달무리가 생기거나, 아니면 태양과 달이 점점 어두워지면 바람, 비, 폭풍이 닥칠 것으로 예상했다. 또 오래된 격언—"아침에 붉은 하늘이 보이면 선원들은 경계한다."—은 땅과 바다를 오래 관찰해 온 지혜에서 나온 것이다. 이것 이외에도 테오프라스토스는 태양이 서쪽에서 질 때 구름에 가리면 확실히 폭풍이 닥쳐온다고 말했다.[15]

또한 항해사들은 특정한 별과 별자리에서 눈을 떼지 않았다. 당나귀들(아셀리)로 불리는 쌍둥이별이 어두워지거나 구름 뒤로 사라지면 비나 폭풍이 임박했다는 뜻이었다. 혹은 구름이 당나귀 중 하나를 가리면 바람이 선명한 별 쪽에서 어두워진 별 쪽으로 불 것이라는 뜻이었다.

이집트 해안 근처 남쪽 해역을 항해할 때 선원들은 남쪽 별자리인 제단자리(아라)를 볼 수 있었다. 이 별자리가 밝게 빛나면서도 구름에 겹겹이 싸여 있다면 선원들은 폭풍우 치는 밤을 예상하고 대비했다. 아라토스는 선원들에게 이 신호에 유의하라고 강조했다. 그는 삭구를 안전하게 챙기고 장비를 집어넣은 채로 엄청난 폭풍우에 대비하라고 충고했다. 아라토스는 그렇게 하지 않으면 폭풍이 "모든 돛을 대혼란에

빠지게 하고" 선원들은 전원 "파도 밑에서 항해해야 할지도 모른"다고 경고했다.[16]

고향에 가까운 에게해에선 구름이 올림포스산, 아토스산, 펠리온산 같은 우뚝 솟은 산봉우리를 두르고 있으면 비가 오고 바람이 부는 날씨가 닥쳐온다는 뜻이었다. 혹은 구름이 산 위에 있거나, 자주 무서운 천둥소리를 내고 벼락을 치면서 배들이 떠 있는 바다로 움직이면 선원들은 배를 항구 쪽으로 몰아가거나 아니면 거센 풍랑에 맞설 대비를 했다. 하지만 벼락이 그리 심하게 치지 않고 다소 여유 있는 간격으로 번쩍이면 폭풍이 조금 온화하게 나타날 것이라는 예고였다.[17]

탁 트인 바다에서 꾸준하게 불던 미풍이 갑자기 멈추고 배가 평온한 바다 위에 흔들리면서 떠 있게 되면 선원들은 파도의 잔물결을 보면서 새로운 방향에서 갑자기 바람이 불어오는 상황을 경계했다. 미풍이 엉겅퀴의 갓털을 먼 해안에서 다량으로 실어 오는 것은 바람이 곧 맹렬한 강풍으로 변할 전조였다. 또 바람이 남쪽이나 남동쪽에서 불어오면 습하고 비가 내리는 날씨를 예고하는 것이었다.[18]

두루미는 계절의 변화뿐만 아니라 날씨의 예측도 도와주는 새였다. 선원들은, 두루미들이 좋은 날씨가 며칠 더 지속되면 바다를 가로질러 날아간다는 것을 알았다. 그래서 두루미들이 제대로 대형을 갖추고 V자 모양으로 나는 게 보이면 선원들은 가까운 미래에 좋은 날씨가 다가온다는 것을 알았다.[19]

하지만 두루미들이 방향을 바꿔 육지로 돌아가거나, 하늘을 날아가는 중에 선회하며 혼란스러운 울음소리를 내면 강한 폭풍이 일어나리라는 뜻이었다. 바닷새들도 그런 날씨가 예상되면 유사한 행동을 보였다. 새들이 총퇴각을 하듯 서둘러 해안으로 도망치면 끔찍한 폭풍이 다가오고 있다는 뜻이었다. 돌고래가 육지 근처에서 자주 뛰어오르고 물속에 다이빙하는 모습이 보이면 비나 폭풍이 가까워진 것이었다.[20]

선원들은 날씨에 대한 민간전승과, 선장에서 선원으로 전해지는 항해 지식에 크게 의존했다. 그들은 지중해 항구에 들를 때마다 각각의 항구에서 더 많은 정보를 수집하고 공유했다. 그들의 머릿속에는 바위투성이 해안선, 우뚝 솟은 산맥, 모래 해변, 위험한 여울에 관한 지도 등이 오롯이 담겨 있었다.

바다에서 선원들은 끊임없이 주변 상황을 관찰했다. 그들은 해류의 변화를 드러내는 신호를 찾았고, 돌풍이나 강풍의 접근을 예고하는 잔물결이 일어나지 않는지 살펴봤다. 그들은 각종 계절풍을 금방 알아봤고, 바람의 방향, 속도, 온도에서 작은 변화가 생겨도 곧 눈치챘다.[21] 선원들은 소금기 있는 미풍과 햇볕을 받아 반짝이는 바다를 가늘게 뜬 눈으로 지켜보았다. 그러면서 파도에 들썩이는 뱃머리에서 익숙한 해안의 특성을 두루 살폈다. 아니면 선원들은 해안선에서 멀어질 때 선미에 서서 육지 물건 두 개를 일렬로 정렬시키며 배의 전진 경로를 알아냈다.

선장은 얕은 해역에 들어서면 선원들에게 종처럼 생긴 수심 측정용 추를 바다에 내리라고 지시했다. 추를 바닥에 내려 보내 수심을 판단하려는 것이었다. 수지(樹脂)를 채워 내린 추를 갑판으로 되감아 올리면, 그지역의 모래와 조가비가 달라붙어 있었다. 이것으로 선장은 해안의 위치를 추측할 수 있었다.

많은 선원들이 최대한 해안에 가까이 붙어서 항해하는 걸 선호했다. 이렇게 하면 익숙한 주요 지형지물을 따라갈 수 있고, 바다가 분노하여 강풍과 파도를 일으킬 때 서둘러 항구로 퇴각할 수 있었다. 지중해엔 모래 해안이 많아 배를 해안에 계류시켜서 태풍으로부터 도망칠 수 있었다. 지중해는 높은 고원과 산봉우리에서 시작하여 쾌적한 섬과 바다로 돌출한 땅덩어리에 이르기까지 다양한 자연적 특징을 보여 주었고 그런 지형지물들은 눈에 잘 띄었다. 그런 것들 중 어떤 풍경은 기이한 형태를 하고 있을 뿐만 아니라 독특하고 다채로운 색깔의 바위와 토양을 자랑했다.

사람이 만들어 놓은 인공 지형지물도 해안선의 매력을 한층 더해 주었다. 많은 곳 위에는 신전, 탑, 무덤 등이 세워졌다. 트로이 전쟁 때, 아킬레우스가 전투에서 쓰러진 후에 아가멤논은 그리스인들이 어떻게 전사자의 시체를 태우고 뼈를 묻었는지 말한다. 이어 "그리스인들은 드넓은 헬레스폰트 해협 옆에 돌출한 곳에다 거대하고 흠 없는 무덤을 쌓아 올렸다. 이 무덤은 바다 멀리에서도 보였고, 현대인은 물론이고 후대에 태어나는 사람도 볼 수 있게 되었다."[22]

해안의 지형지물은 선원들의 항해를 도왔다. 하지만 해안에 가까이 붙어 항해하는 건 무수한 위험을 불러들일 수 있었다. 밤이 되거나 시야를 가리는 안개가 끼면 불안한 선원들은 좌초하는 걸 피하고자 수심 측정용 추를 내려 물이 얼마나 얕은지 살펴보았다.

때로 육지 근처에서 어둠이나 안개로 길을 잃으면 선원들은 파도,

해류, 혹은 해안 미풍 등의 익숙한 패턴을 찾았는데, 그것들이 가장 안전한 항로를 알려 주기 때문이었다. 그들은 또한 얕은 물의 밝은 색깔, 파도에 부딪히는 파도의 소리, 혹은 들판, 숲, 새 떼, 불의 냄새 등으로 육지의 위치를 파악하기도 했다. 그들은 길을 밝히기 위해 뱃머리에 매달아 둔 횃불을 사용하여 어둠을 헤치면서, 두려운 마음을 꾹 누르고 조금씩 앞으로 나아갔다. 이러는 중에도 그들은 어서 날이 새어 햇빛이 비치기를 간절히 바랐다.

어둠과 안개의 위험에 더하여, 선원들은 해안에서는 닥쳐오는 커다란 파도와 변덕스러운 강한 바람과 해류의 분노를 견뎌야 했다. 폭풍 역시 땅과 물이 서로 만나는 곳에서 불어온다. 육지와 바다의 공기가 각각 뜨겁고 차가워서 교류상의 차이가 나기 때문에 그런 바람이 불어오는 것이다. 이런 골칫거리 이외에도 해안 근처의 작은 만과 항구 주위에 출몰하는 해적들도 여간 골칫거리가 아니었다.

이런 모든 이유 때문에 노련한 뱃사람들은 종종 탁 트인 바다에서 항해하는 걸 선호했다. 그런 곳에선 여름에 꾸준히 불어오는 북풍의 혜택을 온전히 누릴 수 있었다. 스트라보는 여름 항해에 관해 이런 말을 남겼다. "항로는 전부 맑은 날씨를 보이는 구역을 통과했는데, 특히 선원이 계속 하늘처럼 끝없는 바다로 나아가면 더욱 날씨가 좋았다. 더욱이 그 바다에 불어오는 바람은 규칙적이었다."[23]

많은 선원들은 폭풍이 다가올 것 같으면 탁 트인 바다로 나아갔다. 해변이나 항구로 도망칠 여유가 없으면 그들은 황급히 배를 파도가 용솟음치는 바다로 내몰았다. 이런 조치는 해변으로 떠밀리거나 바위에 내몰려 난파당하는 일을 피하기 위한 것이었다. 이런 상황에서 대담하게 육지를 뒤로 하고 용맹하게 강한 바람과 파도에 맞서는 선원은 냉철한 머리를 가진 사람이었다!

몇몇 선원은 육지가 전혀 보이지 않는 난바다에서 편안함을 느꼈고, 해안 지형지물에 의존하는 것 이상의 지식을 배웠다. 그들은 지역 해류를 자세히 관찰하거나, 아니면 해양 동물과 바닷새가 먹이를 찾아 모이는 곳을 주목하여 현재 배가 있는 위치를 파악했다.

게다가 바닷새가 이런 곳에 오가는 모습 덕분에 항해사들은 가장 가까운 해안이 어디에 있는지 추측할 수 있었다. 절박한 상황이 되면 배는 때때로 새 떼를 쫓아가거나, 혹은 단 한 마리의 새일지라도 무시하지 않고 그 새를 쫓아서 육지로 가려고 했다. 몇몇 선원은 같은 목적으로 새장에 새를 넣어 둔 채 항해하다가 그 새를 공중에 풀어서 방향을 알아보기도 했다. 새는 먼저 공중 높이 날았다가 어디 앉아서 쉴 곳이라도 발견하면 곧장 그리로 날아갔다.

육지가 얼마 떨어지지 않은 곳에 있다는 또 다른 신호는 여름의 맑고 푸른 하늘에 나타나는 구름이다. 습한 바다 미풍이 해안으로 불어오면 따뜻하고 차가운 공기 덩어리가 뒤섞여 구름이 형성되기 시작한다. 이렇게 뒤섞인 덩어리는 머지않아 땅 위로 부풀어 우뚝 솟는데, 이것이 육지에서 멀리 떨어진 바다에 떠 있는 배에게 하나의 길잡이가 되었다. 여기에 더하여 때로는 연기가 하늘을 가로지르며 흔적을 남기는데, 이것은 근처에 육지가 있다는 더욱 확실한 신호였다.

선원들은 이런 신호들을 주의 깊게 관찰했고, 스스로 항해에 도움을 줄 물건을 고안했다. 주항기周航記. periplus는 항구에서 항구까지 걸리는 거리와 방향, 혹은 난바다에 있는 어떤 지형지물에서 다른 지형지물까지 걸리는 거리와 방향 등을 적은 기록이었다. 이런 주항기는 항해한 날짜나 스타디온으로 거리를 기록했다. 스타디온은 거리의 측정 단위로 대략 183미터였다.[24]

주항기로 판단한 여행 거리와 방향은 불확실하고 정밀하지 않은 근사치에 불과했다. 이런 불확실성은 바람과 해류의 속도와 방향, 화물 무게, 배의 설계, 당시 알려지거나 혹은 알려지지 않은 다른 많은 요소들에 의해 지속적인 변화가 있었기 때문이다. 이것뿐만 아니라 대다수 치수가 단순한 추측에 불과했다. 그런 치수를 정확히 보여 주는 도구는 그 당시에는 아직 발명되지 않았다.

거리를 가장 잘 추측할 수 있는 방법은 몇몇 부유하는 물체를 지나쳐 항해하면서 배의 속도를 확인하는 것이다. 그 속도에다 바다에서의 추정 시간을 곱하면 총 거리가 나온다. 하지만 이런 계산으로 확실한 측량값을 얻을 수는 없었다. 지리학자인 스트라보는 당연히 정확도가 떨어진다는 것에 화를 내며 불만을 터뜨렸다. 그는 말했다. "이미 말해 주지 않았나. 모든 작가가 서로 자기만 옳다면서 다른 작가들의 의견에 동의하지 않는다. 특히 거리에 관해서는 말이다."[25] 비록 이런 상황이었지만 주항기는 그 당시에 존재하는 것들 중 가장 훌륭하게 시간을 측정해 주는 기록이었다.

선원들은 항해 중에 발생하는 예기치 못한 변화 때문에 잠도 못 자고 걱정하느니 차라리 바다의 상황을 눈으로 살펴 가면서 항해하기도

했다. 육지에서 멀리 떨어진 먼 바다에서 항해하기로 한 용감한 선원들은 야간 항해를 감행했다. 이런 대담한 선원들도 상륙을 하기도 했는데 그건 어둠을 두려워해서가 아니었다. 선원들의 지친 몸을 쉬고 뭔가 먹으려는 것이었다. 더러는 배의 보급품을 재충전하려는 목적도 있었다. 그들은 A 지점에서 B 지점으로 가는 최고의 방법은 밤낮없이 먼 바다를 부지런히 항해하는 것임을 잘 알고 있었다.

대담하게 야간 항해를 결정한 배는 해안 주변의 여러 위험한 사항들을 피하여 평온하고 맑은 여름 하늘을 바라보며 앞으로 나아갔다. 이런 배들은 대부분 무역선이었다. 일부 전함들도 있었는데 경계를 풀고 있는 적선을 향해 살며시 다가가서 공격을 하기 위한 목적이었다. 야간 항해는 실제로 무척 흔했으며, 멀리 호메로스의 시대에까지 거슬러 올라가는 오래된 항해였다.

항해사들은 밤에 빛나는 별과 별자리들을 쳐다보면서 진로 선택에 도움을 얻었다. 별과 별자리는 하늘에 뜬 최고의 나침반이었다. 큰곰자리와 작은곰자리는 기본 방위 중 북쪽을 나타냈다. 남쪽은 그와 정반대였으므로 간단히 알 수 있었다. 또한 황도 12궁이 뜨고 지는 모습으로 동쪽과 서쪽을 알 수 있었다.

낮에는 태양 또한 방위 파악의 목적으로 활용되었다. 태양은 동쪽에서 뜨고 서쪽으로 졌기 때문에 동서의 방향을 명확하게 보여 주었다. 정오에 하늘 가장 높은 곳에 떠오른 태양은 기본 방위 중 남쪽을 나타냈다. 몇몇 선원은 낮 동안 해변에서 쉬면서 막대기를 모래에 꽂아 그 노몬gnomon(고대인들이 그림자의 길이나 위치를 통해 태양의 높이, 장소의 위치를 재던 수직으로 세워 놓은 기둥 형태의 구조물)처럼 사용했다. 이를 통해 그들은 태양의 그림자 길이가 가장 짧은 것으로 정오가 되었음을 판단했고, 동시에 남쪽도 어느 방향인지 알 수 있었다. [26]

오디세우스가 바다에서 길을 잃고 고향 이타카섬으로 돌아가길 간절히 바랄 때, 그는 여러 별들과 북쪽을 나타내는 큰곰자리에 의지하여 동쪽으로 빠르게 항해했다. 호메로스는 이렇게 말했다. "고귀한 오디세우스는 미풍을 받고자 돛을 펼쳤다. 그는 앉은 채로 능숙하게 키잡이 노를 다루며 뗏목 배를 인도했다. 플레이아데스성단, 최근에 진 목동자리, 큰곰자리를 보고 있는 그의 눈에는 졸음기가 없었다. 아름다운 요정 칼립소는 바다를 항해할 때, 이 별[큰곰자리]을 항상 왼쪽에 두라고 오디세우스에게 명령했던 것이다."[27]

호메로스의 설명은 오디세우스가 안전한 항해철의 시작인 하지에 항해에 나섰다는 것을 보여 준다. 당시 오디세우스는 왼쪽에 큰곰자리를 두고 동쪽으로 나아갔는데, 그는 태양이 떠오르기 몇 시간 전에 동쪽 수평선에 플레이아데스가 떠오르는 걸 봤을 것이다. 목동자리의 가장 밝은 별인 아르크투로스는 한 시간 뒤에 북서쪽에서 졌을 것이다. 호메로스의 서술은 이러한 하늘의 사건들과 정확하게 일치한다.

몇 세기 이후 페니키아 항해사들은 작은곰자리에 의존하여 더욱 정확하게 북쪽 방향을 파악했다. 유명한 천문학자이자 철학자인 탈레스는 그리스 동포들에게 페니키아 선원들이 작은곰자리를 하늘의 더 정확한 안내자로 따르고 있다는 점을 처음으로 알렸다. [28] 에라토스테네스는 이에 동의하며 작은곰자리가 효율적으로 천구의 북극을 나타내기에 온 우주가 그 주위를 돈다고 했다. 아라토스는 다음과 같은 말을 남겼다.

아카이아인(그리스인)들은 바다에서 큰곰자리를 신성하게 여기고 그에 따라 배를 저어 나아갔지만, 페니키아인들은 바다를 건널 때 작은곰자리를 신뢰했다. 큰곰자리는 이른 밤에 밝게 나타나 쉽게 볼 수 있었지만, 작은곰자리는 크기가 작았다. 그러나 선원들에 겐 오히려 작은곰자리가 더 나은 지표였다. 더 작은 궤도에서 그 별자리의 모든 별이 돌았기 때문이다. 작은곰자리의 인도로 시돈 의 페니키아인들은 직선 구간으로 노를 저어 나아갈 수 있었다.[30]

탈레스, 에라토스테네스, 아라토스는 더 북쪽에 있는 작은곰자리의 위치에 관해 정확한 논평을 남겼다. 오늘날 작은곰자리의 꼬리는 북극성인 폴라리스로 나타난다.[31]

몇몇 선원은 별자리를 활용하여 기본 방위를 찾는 것 이상의 일을 해냈다. 그들은 태양이나 별을 보고 배의 현재 위도, 즉 배가 북쪽에 있는지 남쪽에 있는지를 추정하는 방법을 알고 있었다. 현재 위도가 기항지의 위도와 일치한다면 그들은 계속 그 선을 따라 동쪽이나 서쪽으로 나아가 그 항구 도시에 들를 수가 있었다. 선원들은 여러 항구 도시들의 위도를 알고 있었다. 반면에 항도의 주민들은 수직으로 세운 단순한 막대기인 그노몬을 써서 한 해의 특정일에 태양의 각도가 어떤 상태인지를 알아보았다. 예를 들어 태양이 하지 정오에 그림자를 드리우면 그 각도는 위도를 측정하는 기준이 되었다.

비슷한 방식으로 그노몬을 사용한 경우로는 그리스 수학자 에라토스테네스(기원전 276~194)가 있다. 그는 태양의 그림자 각도를 측정하여 그 각도를 지구의 둘레를 계산하는 데 썼다. 몇 세기 뒤 과학자들은 그의 답이 99.2퍼센트 정확하다는 걸 알게 되었으니, 참으로 경이로운 재주였다.

에라토스테네스는 지구가 구형이라는 이론에 토대를 두고 계산 결과를 제시했다. 이런 지구 구형설은 그보다 적어도 3세기 전인 피타고라스까지 거슬러 올라간다. 에라토스테네스는 또한 태양이 실질적으로 지극히 먼 거리에서 지구의 표면에 평행 광선을 보낸다는 타당한 전제를 세웠다. 그는 하지 정오에 시에네(현재의 아스완)의 깊은 우물 바닥에 햇빛이 닿았다는 소식을 듣고 그날 그 위도 바로 위에 태양이 있음을 알았다. 하지만 그가 살던 알렉산드리아는 그보다 북쪽에 있었고, 그곳에서 하지 정오의 태양은 원의 50분의 1도(7.2도)에 해당하는 그림자를 그노몬에 드리웠다. 여기서 그는 알렉산드리아에서 시에네까지, 북쪽에서 남쪽에 이르는 거리가 지구 전체 둘레의 50분의 1과 같다고 판단했고 그것은 올바른 계산이었다.

두 도시 사이를 낙타로 여행한 것을 토대로 에라토스테네스는 두 도시 간 거리가 5,040이집트 스타디아(스타디온의 복수형)일 것으로 추측했는데, 1이집트 스타디아는 157.5미터였다. 5,040스타디아에 50을 곱하면 지구 둘레는 252,000스타디아, 즉 39,690킬로미터가 되었다. 지구의 북-남 둘레는 실제로 40,008킬로미터이다. 그의 계산은 오차가 1퍼센트도 채 되지 않았다![32]

바다에 뜬 배에서 위도를 측정한 선원들은 이보다는 훨씬 약식으로 측정했고, 따라서 오차 범위도 컸다. 팔을 뻗어 손을 내민 그들은 손가락 폭으로 정오에 수평선 위에 뜬 태양의 높이를 표시했다. 밤에 그들은 같은 방식으로 작은곰자리를 표시했다.

위도는 선원들이 배의 위치를 짐작하는 데 도움을 줬다. 하지만 그들은 바다에서의 시간, 그리고 여행 거리도 결정할 필요가 있었다. 그들은 태양이 동쪽에서 뜨고 서쪽으로 지는 걸 관찰하는 것으로 시간의 흐름을 판단했다. 밤이면 별자리와 황도대의 별들이 태양과 같은 진로를 지나갔으므로 시간을 측정하는 기준이 되어 주었다.

다른 별자리들도 같은 방식으로 도움을 줬다. 아라토스는 "선원이 먼 바다에서 밤의 현재 시간이나 항해에 관해 단서를 얻고자 오리온자리를 기다리고 있을 때, 바다에서 떠오르는 에리다노스자리의 첫 번째 굽은 곳을 얼마나 쉽게 볼 수 있는지"를 언급한 바 있다.[33] 거리와 현재 위치를 얻기 위하여 시작 즉, 기준 시간과, 현재 시간을 표시하는 고대의 개념은 2천 년 뒤 천문학자들이 마침내 경도를 계산하는 데 도움을 줬다.

시간을 측정하는 또 다른 수단은 작은곰자리가 북쪽 하늘을 천천히 선회하는 것을 지켜보는 것이다. 이것으로 항해사는 어느 때가 밤의 3경인지, 언제 별들이 천구 북극 주위의 경로를 돌았는지 알아낼 수 있다.[34] 이것으로 그들은 어둠을 흩어지게 할 장밋빛 손가락의 새벽이 얼마나 있으면 다가오는지 알아냈다.

고대 선원들은 자신들이 알고 있는 이런 모든 기술을 적절히 활용하여, 항해하기 적절한 계절과 기상 조건을 판단했다. 그들은 해안 지형 지물을 살피고 해저를 측량하며 해류와 구름을 관찰함으로써 그들의 배가 현재 바다의 어디에 있는지를 알아냈다. 그들은 해당 계절에 부는 바람과 매년 발생하는 철새의 이동을 활용하여 기본 방위를 추정했다. 그들은 방향, 위도, 시간의 흐름을 파악하고자 태양, 달, 별의 움직임을 측정했다. 하늘의 빛은 밤이나 낮이나 선원들에게 공간과 시간의 방향이라는 선물을 주었고, 선원들이 때와 장소라는 필수적 항해 정보를 얻을 수 있게 해 주었다.

감사의 말

나와 나의 아내가 함께 여행과 연구를 하는 동안 도움을 주고 친구가 되어 준 그리스의 상냥하고 관대한 사람들에게 진심으로 감사의 뜻을 전한다. 특히 아테네와 그 인근, 피라이오스, 엘레우시스, 라우리움, 카마리자, 올림피아, 아르카디아, 에피다우로스, 미케네, 델포이, 테베, 헬리콘산, 플라타이아, 레우크트라, 마라톤, 오르포스, 테르모필라이, 올림포스산, 볼로스, 펠리온산, 코레프토, 아름다운 섬인 크레타, 산토리니, 이타카 등에 사는 사람들에게 감사하고 싶다.

텍사스 공대에서 물리학과 천문학을 가르치는 앤서니 B. 케이 교수에겐 특히 감사의 말씀을 전한다. 그는 지점至點, 분점分點, 그리고 별이 뜨고 지는 것에 관련된 고대 날짜를 판단하는 다양한 방법을 상세히 탐구하는 작업에 많은 시간을 내주었다. 그 작업을 통해 그는 연관된 변수를 규정하고, 현대 달력 날짜와 관계된 하늘의 사건을 정확하게 계산하는 수단을 개발하여 내게 큰 도움을 주었다.

무엇보다 나의 아내이자 최고의 친구인 비키가 그동안 보내준 사랑과 지지에 감사를 전한다. 그녀를 추모하며 이 책을 그녀에게 바친다. 그녀는 늘 인내심 강하고 흔들림 없는 모습으로 나의 연구와 모험을 지원해 주었다. 내가 지중해와 온 세상을 돌아다니는 동안에 그녀는 한결같이 내 곁을 지킨 충실한 동반자였다.

ANCIENT SKIES

APPENDIX

◆

부록

그리스 별자리, 성단,
별의 이름

그리스 별/성단 이름 번역	그리스 이름	라틴어/현대 명칭
강	포타모스	에리다노스자리
개의 별의 전령	프로쿠온	작은개자리
개의 별의 전령	프로쿠온	프로키온
개의 별	쿠온	시리우스
개	쿠온	큰개자리
게	카르키노스	게자리
고르곤	고르고	알골
곡물 낟알	스타쿠스	스피카
곰	아르크토스	큰곰자리
곰의 보호자	아르크투로스	아르크투로스
궁수	토조테스	궁수자리
까마귀	코라즈	까마귀자리
남쪽물고기	이크투스 노티오스	남쪽물고기자리
남쪽왕관	스테파노스 노티오스	남쪽왕관자리
당나귀들	오노이	아셀리
독수리	아에토스	독수리자리(아퀼라)
독수리	아에토스	알타이르
돌고래	델핀	돌고래자리

그리스 별/성단 이름 번역	그리스 이름	라틴어/현대 명칭
리라	루라	거문고자리
리라	루라	베가
마차부	엔로코스	마차부자리
말의 머리	이포스 프로토메스	조랑말자리
목동	보우테스	목동자리
무릎을 꿇은 자	엔 고나신	헤라클레스자리
물고기	이크투에스	물고기자리
물병을 든 자	이스로코스	물병자리
바다 괴물	케토스	고래자리
뱀	오피스	뱀자리
뱀을 잡고 있는 사람	오피우쿠스	뱀주인자리
북쪽왕관	오리온	북쪽왕관자리
사자	레온	사자자리
삼각형	트리고논	삼각형자리
새	오르니스	백조자리
쌍둥이	디두모이	쌍둥이자리
아레스의 대적자	안타레스	안타레스
아르고	아르고	아르고자리
아이들	에리포이	하이디
안드로메다	안드로메다	안드로메다자리
안티누스	안티누스	안티누스자리
이리자리	페리온	이리자리
양	크리오스	양자리
여물통	파트네	프레세페성단
염소	아이즈	카펠라
염소의 뿔	아이고케로스	염소자리
오리온	오리온	오리온자리

그리스 별/성단 이름 번역	그리스 이름	라틴어/현대 명칭
왕자	바실리아코스	레굴루스
용	드라콘	용자리
작은 곰	아르크토스 미크라	작은곰자리
전갈	스코르피온	전갈자리
제단	수미아텔리온	제단자리
집게	크세라이	천칭자리
처녀	파르세노스	처녀자리
카노푸스	카노보스	카노푸스
카시오페이아	카시에페이아	카시오페이아자리
케페우스	케페우스	케페우스자리
켄타우로스	켄타우로스	켄타우로스자리
크라테르	크라테르	컵자리
토끼	라이고스	토끼자리
페가수스	이포스	페가수스
페르세우스	페르세우스	페르세우스자리
포도 수확기의 전령	프로트루게투르	빈데미아트릭스
플에이아데스	플레이아데스	플레이아데스성단
화살	오이스토스	화살자리
황소	타우로스	황소자리
히드라	이드라	바다뱀자리
히아덱스	이아데스	히아데스성단

02

현대의
별자리 명칭

라틴어/현대 명칭	라틴어 번역	그리스어 번역
거문고자리	리라	리라
게자리	게	게
고래자리	바다 괴물	바다 괴물
고물자리	배의 선미	
공기펌프자리	펌프	
공작자리	공작	
궁수자리	궁수	궁수
그물자리	그물	
극락조자리	극락조	
기린자리	기린	
까마귀자리	까마귀	까마귀
나침반자리	배의 나침반	
날치자리	날치	
남십자자리	십자가	
남쪽물고기자리	남쪽물고기	남쪽물고기
남쪽삼각형자리	남쪽삼각형	
남쪽왕관자리	남쪽왕관	남쪽왕관
도마뱀자리	도마뱀	

라틴어/현대 명칭	라틴어 번역	그리스어 번역
독수리자리	독수리	독수리
돌고래자리	돌고래	돌고래
돛자리	배의 돛	
두루미자리	두루미	
마차부자리	마차부	마차부
망원경자리	망원경	
머리털자리	베레니케의 머리카락	
목동자리	목동	목동
물고기자리	물고기	물고기
물뱀자리	물뱀	
물병자리	물병자리	물병자리
바다뱀자리	히드라	히드라
방패자리	방패	
백조자리	백조	새
뱀자리	뱀	뱀
뱀주인자리	뱀을 잡고 있는 사람	뱀을 잡고 있는 사람
북쪽왕관자리	북쪽왕관	북쪽왕관
불사조자리	불사조	
비둘기자리	비둘기	
사냥개자리	사냥개	
사자자리	사자	사자
살쾡이자리	스라소니	
삼각형자리	삼각형	삼각형
수준기자리	수준기	
시계자리	시계	
쌍둥이자리	쌍둥이	쌍둥이
아르고자리	아르고호	아르고

라틴어/현대 명칭	라틴어 번역	그리스어 번역
안드로메다자리	안드로메다	안드로메다
양자리	양	양
에리다노스자리	에리다누스	강
염소자리	염소의 뿔	염소의 뿔
오리온자리	오리온	오리온
외뿔소자리	유니콘	
용골자리	배의 용골	
용자리	용	용
육분의자리	육분의	
이리자리	늑대	이리자리
이젤자리	이젤	
인디언자리	인디언	
작은개자리	작은 개	개의 별의 전령
작은곰자리	작은 곰	작은 곰
작은사자자리	작은 사자	
작은여우자리	작은 여우	
전갈자리	전갈	전갈
제단자리	제단	제단
조각가자리	조각가	
조각칼자리	조각칼	
조랑말자리	조랑말	말의 머리
처녀자리	처녀	처녀
천칭자리	천칭	집게
카멜레온자리	카멜레온	
카시오페이아자리	카시오페이아	카시오페이아
컴퍼스자리	컴퍼스	
컵자리	와인을 섞는 그릇	크라테르

라틴어/현대 명칭	라틴어 번역	그리스어 번역
케페우스자리	케페우스	케페우스
켄타우로스자리	켄타우로스	켄타우로스
큰개자리	큰 개	큰 개
큰곰자리	큰 곰	곰
큰부리새자리	큰부리새	
테이블산자리	테이블산	
토끼자리	토끼	토끼
파리자리	파리	
팔분의자리	팔분의	
페가수스자리	페가수스	말
페르세우스자리	페르세우스	페르세우스
헤라클레스자리	헤르쿨레스	무릎을 꿇은 자
현미경자리	현미경	
화살자리	화살	화살
화학로자리	용광로	
황새치자리	황새치	
황소자리	황소	황소

* 아르고자리는 88개의 현대 별자리에 끼지 못했지만, 48개의 고전 그리스 별자리에는 포함된다. 18세기에 들어와 아르고자리는 현대 별자리인 돛자리, 용골자리, 나침반자리, 고물자리, 그리고 에타 콜룸바이라는 별로 세분되었다.

03

연간 천체 현상,
헤시오도스가 기록하고
에우독소스가 추가함[1]

날짜	천체	사건
2월 25일	곰의 보호자 (아르크투로스)	포도나무를 가지치기할 때가 되었음을 알리며 태양과 함께 떠오름, 봄의 접근,[2] 폭풍이 치는 계절[3]
3월 28일	양(양자리)	춘분이 낮과 밤의 길이가 같음을 알림, 태양이 양자리와 나란히 섬[4]
4월 5일	플레이아데스 (플레이아데스성단)	태양과 함께 지며 곡물 수확 철에 떠오를 때까지 40일이 남았음을 알림[5]
5월 16일	플레이아데스 (플레이아데스성단)	태양과 함께 떠오르며 곡물 수확 철임을 알림,[6] 여름이 다가옴[7]
6월 29일	오리온(오리온자리)	태양과 함께 떠오르며 곡물을 키질할 때가 되었음을 알림[8]
6월 30일	게(게자리)	하지가 다가와 향후 50일이 안전한 항해 철임을 알림,[9] 태양이 게자리와 나란히 섬[10]
7월 20일	개의 별의 전령(프로키온)	태양과 함께 뜨며 삼복더위가 다가옴을 알림
7월 28일	개의 별(시리우스)	태양과 함께 뜨며 여름 삼복더위가 왔음을 알림[11]
7월 30일	사자(사자자리)	태양이 사자자리에 들어서며 여름 더위를 알림, 40일 동안 북풍이 붊, 항해하기 까다로움[12]
9월 13일	포도 수확기의 전령 (빈데미아트릭스)	태양과 함께 뜨며 포도 수확기임을 알림[13]
9월 21일	곰의 보호자 (아르크투로스)	신출하며 포도 수확기임을 알림,[14] 폭풍이 치는 계절이 다가옴을 알림[15]

날짜	천체	사건
9월 30일	집게(천칭자리)	추분, 태양이 천칭자리와 나란히 섬[16]
11월 3일	플레이아데스 (플레이아데스성단)	하늘에서 사라지면서 밭갈이 때가 되었음을 알림, 항해 철의 종료,[17] 겨울의 접근[18]
11월 11일	히아데스(히아데스성단)	하늘에서 사라지면서 밭갈이 때가 되었음을 알림[19]
11월 25일	오리온(오리온자리)	하늘에서 사라지면서 밭갈이 때가 되었음을 알림[20]
12월 13일	독수리(독수리자리)	태양과 함께 뜨며 폭풍이 치는 계절이 되었음을 알림[21]
12월 27일	염소의 뿔(염소자리)	동지가 다가와 겨울철 60일이 남았음을 알림,[22] 태양이 염소자리와 나란히 섬, 짧은 낮, 가혹한 추위, 항해하기 위험한 날씨[23]

| 04 |

조화를 이룬
전체

우주에 관한 총체적 이론은 밀레토스의 탈레스(기원전 약 624~546)와 밀레토스의 아낙시메네스(기원전 약 585~528)가 발전시켜 그리스 철학의 기본 원칙이 되었다(서문 참고). 다음 글들은 그런 기본 원칙을 보여 준다.

밀레토스의 아낙시만데르(기원전 약 610~546)

영원무한(아페이론)은… 영원하면서도 무시간적인 것인데… 만물의 원인(아르케)이자 첫 요소(스토이케이온)이다… 이로부터 모든 하늘과 세상이 생겨난다… 만물은 그것이 생겨난 영원무한으로 다시 한 번 되돌아간다.

[아낙시만데르, 《단편》, 《초창기 그리스 철학》에서 발췌, 테오프라스토스와 심플리키오스가 인용, 존 버넷이 번역 (런던: 애덤 앤 찰스 블랙 출판사, 1930), 52페이지]

시로스의 페레키데스(기원전 약 580~520)

신성한 사랑은 우주를 만들었다. 서로 다른 것들을 합쳐 우주를 만든 그는 우주에 조화와 사랑을 가져왔고, 모든 것에 유사성을 심었고, 우주 전체에 일체감이 퍼져 나가도록 했다.

[페레키데스, 《단편》, 《시로스의 페레키데스》에서 발췌, 프로클로스가 인용, 허먼 쉬블리가 번역 (옥스퍼드: 클라렌던 출판사, 1990), 168페이지]

콜로폰의 크세노파네스(기원전 약 570~475)

신들과 위인들 중엔 하나의 신(테오스)이 있는데, 육체와 정신의 측면에서 인간과 전혀 다르다. 그는 전체적으로 보고, 전체적으로 생각하고, 전체적으로 듣는다.

[크세노파네스, 《단편》, 《소크라테스 이전 철학자들에 관한 부속물》에서 발췌, 클레멘트와 섹스투스 엠피리쿠스가 인용, 캐스린 프리먼이 번역 (케임브리지: 하버드 대학 출판사, 1962), 23페이지; 헤르만 디엘스, 《소크라테스 이전 시기의 단편》 (베를린: 바이드만 출판사, 1964), 135페이지]

에페소스의 헤라클리토스(기원전 약 535~475)

내가 아닌 로고스(궁극적 이성)에 귀를 기울이라. 만물이 하나라는 데 동의하는 사람은 현명한 사람이다.

헤라클리토스와 소크라테스 이전 다른 철학자들은 정반대의 것들도 실제로는 하나라고 주장했다. 헤라클리토스의 비유가 그런 점을 잘 보여 준다.

오르는 길과 내리는 길은 하나이고, 같은 것이다.

[헤라클리토스, 《단편》, 《소크라테스 이전 철학자들에 관한 부속물》에서 발췌, 히폴리토스가 인용, 캐스린 프리먼이 번역 (케임브리지: 하버드 대학 출판사, 1962), 28~29페이지; 헤르만 디엘스, 《소크라테스 이전 시기 단편》(베를린: 바이드만 출판사, 1964), 161, 164페이지]

보편적 하나Universal oneness는 소크라테스 이전 철학자들의 공통된 주제였다. 그들은 이것을 표현하기 위하여 〈영원무한〉혹은 〈규정할 수 없는 하나〉 등의 용어를 사용했다. 헤시오도스의 혼돈(규정되지 않고 형태가 없음을 뜻한다), 아낙시만데르의 영원무한(아페이론), 페레키데스의 신성한 사랑(에로스), 크세노파네스의 신(테오스), 헤라클리토스의 궁극적 이성(로고스), 파르메니데스의 존재(에이나이), 아낙사고라스의 정신(노오스) 등의 용어가 모두 이 보편적 하나를 표현하는 것이다. 이런 철학자들은 멜리소스, 엠페도클레스, 필로라오스, 디오게네스 등과 함께 〈하나〉 혹은 〈전체〉에 대하여 자주 말했다.

세 명의 아테네 철학자, 즉 소크라테스(기원전 약 469~399), 플라톤(기원전 약 424~348), 아리스토텔레스(기원전 384~322)는 만질 수 없고 형언할 수 없는 보편적 하나—영원한 최초의 원천—가 존재한다는 선배 철학자들의 말에 동의했다. 플라톤은 이런 영혼을 아가토스, 즉 선(善)이라고 했다. 그는 《동굴의 비유》에서 소크라테스 이전 철학자들의 이런 사상과 소크라테스의 생각에 대하여 훌륭한 사례를 제공했다. [플라톤, 《국가》, 폴 쇼리가 번역 (케임브리지: 하버드 대학 출판사, 1970), 섹션 514~518]

이런 영혼은 인간의 말로는 설명할 수 없지만, 아테네 철학자들은 비범한 통찰력을 지닌 사람이라면 그것을 의식할 수 있다고 주장했다. 그들이 볼 때, 세상의 천박함과 걱정거리를 초월하는 건 생전에 가능한 일이고, 마찬가지로 선을 엿보는 일도 가능한 일이었다. 더 나아가 선이 사후에 다가올 영원한 삶에선 온전히 명백한 것으로 나타난다는 것도 믿었다.

소크라테스는 영혼의 영역에 속하는, 선에 집중하는 이들은 죽음을 두려워할 필요가 없다고 했다. "삶에서나 죽음에서나 지속적인 악은 발생할 수 없기" 때문이다. 그는 세상은 일시적이고 사람의 몸은 썩지만, 영혼은 불멸하여 사후에 더 높은 존재를 향해 나아간다고 생각했다. 그 결과 그는 사형이 선고되었을 때 슬퍼하는 제자들에게 이렇게 말했다.

기운을 내거라. 내 육신을 묻어 주겠다고 말해 주기만 하면 된다.
[플라톤, 《파이돈》, 《플라톤의 대화편》에서 발췌, B. 조윗이 번역 (뉴욕: 랜덤하우스, 1937), 섹션 116. 소크라테스는 글을 남기지 않았지만, 플라톤은 자주 그를 인용했으며, 유명한 스승의 정신을 엿보게 해 주었다.]

소크라테스의 제자 플라톤은 리얼리티의 영혼적인 특성을 강조함으로써 스승의 가르침을 더욱 확대했다. (우리가 주위에서 만나게 되는 객관적 현실을 영어로 '리얼리티reality'라고 한다. 그러나 리얼리티는 세분해 들어가면 객관적 리얼리티objective reality와 상상적 리얼리티imagined reality로 나누어 볼 수 있다. 가령 우리가 극장에 가서 셰익스피어의 연극 〈맥베스〉를 볼 때, 그 극장이 있는 장소는 서울이라도 우리의 정신은 스코틀랜드에 가 있게 된다. 이런 상상적 리얼리티는 때때로 객관적 리얼리티와 명확하게 구분되지 않는데, 특히 형이상학적 문제를 다룰 때가 그러하다. 여기에 궁극적 리얼리티ultimate reality를 추가해 볼 수 있는데, 이 경우는 보통 대문자를 써서 Reality로 표기한다. 이것은 경험적 관찰과 상상적 허구를 초월하는 또 다른 실재를 뜻하는데 플라톤이 말하는 '리얼리티의 영혼적인 특성'은 바로 이것을 가리킨다_옮긴이). 그는 세상은 불완전하고 흐릿한 그림자이므로, 훌륭한 사람은 그 그림자를 떠나서 영혼의 영역을 발견하려고 애쓴다고 말했다. 인간은 원래 이 영혼을 갈망하지만, 그곳에 다다르려면 세속적 집착을 초월해야 했다. 그러려면 권력, 재산, 이기적인 목적의 추구 등은 피해야 하고, 그 대신에 영적인 선을 추구하며 평화롭게 살아야 한다. 플라톤은 다음과 같은 글을 남겼다.

내게 드러난 나의 꿈은 이런 것이다… 선(아가토스)의 이데아는… 실제로 만물의 원인이다. 올바르고 아름다운 모든 것의 원인이기도 하다. 또한 아가토스는 이 가시적可視的 세계에서 빛과 그 빛의 저자[태양]를 탄생시키는 원인이다. 아가토스 자체가 가지적可知的 세상에서 진리와 이성의 진정한 원천이다. 공적으로, 또 사적으로 현명하게 행동하는 사람이라면 이 아가토스를 발견할 수 있다… 이런 경지에 도달한 자들은 인간 세상의 일에 집착하지 않는다. 그들의 영혼은 언제나 위로 향상하려는(이데아에 도달하려는) 욕구를 느끼고, 위에 머무르고자 갈망한다.

[플라톤, 《국가》, 섹션 517.]

사람이 늘 욕망과 야망의 사로잡혀서 어떻게든 그것을 충족시키려고 한다면, 그의 생각들은 죽음을 재촉할 수밖에 없다. 하지만 온전한 지식과 진정한 지혜를 진실로 사랑하는 자들은 신성한 힘을 언제나 소중히 여기므로 내면에 신성이 완벽한 질서로 자리 잡고, 그리하여 영원한 행복을 누린다.

[플라톤, 《티마이오스》, 섹션 90.]

플라톤의 제자 아리스토텔레스는 영혼의 영역을 선호하되 물리적인 세상도 소홀히 하면 안 된다고 가르쳤다. 신성한 영혼은 인간의 정신과 마음으로는 파악할 수 없지만, 자연 세계 속에서는 분명히 감지된다는 것이다. 현상의 세계와 영혼의 세계는 서로 떨어져 있는 것이 아니라, 조화를 이루는 전체라는 것이다. 아리스토텔레스는 다음처럼 말했다.

신(테오스)은 제1원칙이다. 여기에서 감각으로 알 수 있는 우주와 자연의 세상이 흘러나온다… 우리는 신이 살아 있는 존재이며, 영원무궁한 선이라고 생각한다. 그러므로 항구적인 삶과 영속적인 존재는 신의 것으로 돌려야 한다. 그것이 신의 본질이다.

[아리스토텔레스, 《형이상학》, 휴 트레데닉이 번역 (케임브리지: 하버드 대학 출판사, 1947), 섹션 12.7.7~9.]

이 지고의 선은 우주일 뿐만 아니라 그 안에 있는 모든 부분들의 질서정연한 배치다… 그리하여 만물은 하나의 목적을 향하여 정돈되어 있으며, 만물은 보편적 하나의 선(善)에 이바지한다.

[아리스토텔레스, 《형이상학》, 12.10.1~4.]

지도

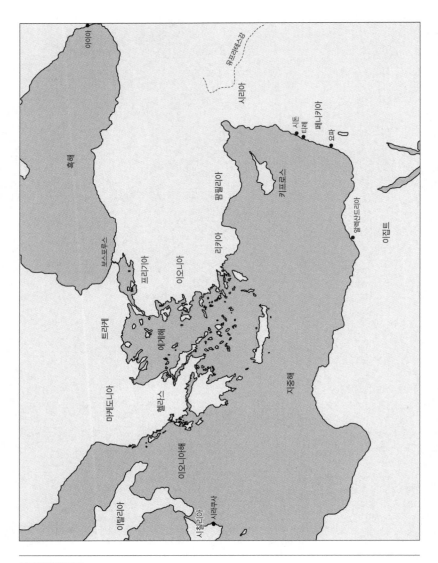

동부 지중해 바다

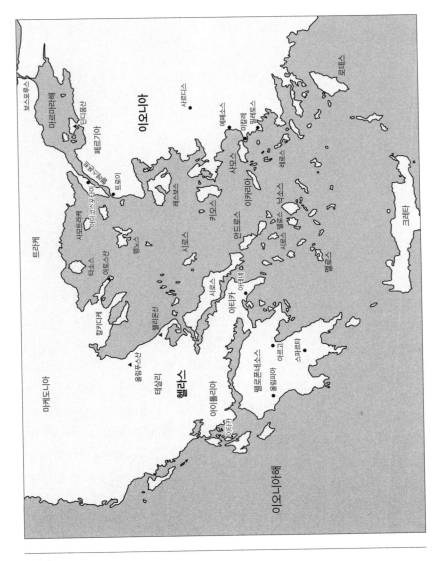

에게해

노트

서문

1   Manilius, Astronomica, translated by G. P. Goold (Cambridge: Harvard University Press, 1977), 1.717.

2   Aratus, Phaenomena, in Callimachus; Lycophron; Aratus, translated by G. R. Mair (Cambridge: Harvard University Press, 1955), 373.

3   [호메로스, 《일리아스》, A. T. 머리, 윌리엄 F. 와이어트 공역(케임브리지: 하버드 대학 출판사, 1999) 18.483]; 몇몇 증거는 구석기인들이 큰곰자리, 오리온, 플레이아데스를 아시아에서 아메리카로 이주한 마지막 빙하기 이전에 이미 알고 있었음을 보여 준다. 이런 별 무리를 곰, 사냥꾼, 일곱 자매로 보편적으로 인식했다는 건 이 이론에 신빙성을 부여한다. [윌리엄 기븐, "별에 관한 북미의 전승, 그리고 아시아에서 드러나는 유사점: 큰곰자리", 아메리카 민간전승 저널, 77호(1964), 305번, 236~250페이지; 윌리엄 기븐, "별에 관한 북미의 전승, 그리고 아시아에서 드러나는 유사점: 은하, 플레이아데스, 오리온", 아메리카 민간전승 저널, 85호(1972), 337번, 236~247페이지; 모드 메켐슨 "원시 종교의 천문학", 성경과 종교 저널, 22호(1954), 3번, 163~171페이지]; 프랑스와 스페인의 빙하기 동굴에 그려진 그림이 별자리를 나타낸 것일 수도 있다는 증거도 있다. 가장 두드러지는 건 라스코 동굴 벽화다. 18번 야생 소는 황소자리의 방향과 무척 유사하다. 뿔은 내린 채고, 얼굴은 히아데스성단과 비슷한 패턴으로 점이 찍혀 있다. 등 위로는 육안으로 확인할 수 있는, 플레이아데스성단의 6개의 별과 닮은 다른 패턴이 있다. 플레이아데스성단은 황소자리의

혹에 있는 성단이다.

4   성단은 별자리로 지명되지 않은 별 무리를 말한다. 황소자리 안의 플레이아데스와 히아데스가 그런 사례이다.

5   Aratus, Phaenomena, 531.

6   Ibid, 452.

7   Ibid, 454.

8   행성(planet)이라는 단어는 그리스 동사 플라나스타이(planasthai)에서 비롯되었는데, 이 동사의 뜻은 '방황하다'이다.

9   [호메로스, 《일리아스》, 23.226]; 핀다로스는 포스포로스를 다른 별 사이에서도 주목할 만한 훌륭한 것으로 서술했다. [핀다로스, 코린트 송시(頌詩), 《네메안 송시(頌詩), 코린트 송시(頌詩), 단편》, 윌리엄 레이스 역(케임브리지: 하버드 대학 출판사, 1997) 4.24]

10   Homer, Odyssey, translated by A. T. Murray and George E. Dimock (Cambridge: Harvard University Press, 1995), 13.93.

11   Homer, Iliad, 22.316.

12   피타고라스는 방랑하는 다섯 행성을 처음으로 발견한 사람이며, 또한 지구가 구체라는 가설을 처음으로 주장했다. 아침부터 저녁까지 신비롭게 변화하는 금성의 위치는 이후 금성 자체가 태양 주위를 가깝게 공전한다는 사실로 설명되었다.

13   아프로디테(금성), 제우스(목성), 아레스(화성), 헤르메스(수성)는 그리스의 열네(여기에 열거된 열네 신 중 우라노스와 디오니소스를 뺀 나머지 열두 신을 가리켜 보통 12주신이라고 함. 14주신은 저자의 개인적 선호인 것으로 보인다_옮긴이) 주신(主神) 중 네 신이다. 태양신 아폴론(태양)와 그의 쌍둥이 여동생 달의 여신 아르테미스(달)도 주신에 해당한다. 현대 행성 중엔 천왕성에 우라노스의 이름이 붙었는데, 그는 아버지-하늘로서 어머니-대지인 가이아의 남편이다. 둘은 타이탄들의 부모이자 신들의 조부모이다. 해왕성엔 바다의 신인 포세이돈의 이름이 붙었고, 명왕성엔 저승의 신 하데스의 이름이 붙었다. 행성에 이름이 들어가지 않은 신으로는 지혜와 전쟁의 여신 아테나, 농경과 수확의 여신 데메테르, 화로와 가정의 여신 헤스티아, 여자와 출산의 여신 헤라, 불과 야금술의 신 헤파이스토스, 술과 환락의 신 디오니소스 등이다.

14 See the Oxford Classical Greek Dictionary and Oxford English Dictionary.

15 Plato, Timaeus, in The Dialogues of Plato, translated by B. Jowett (New York: Random House, 1937), section 40.

16 프톨레마이오스의 목록에 들어 있는 많은 별이 동물의 해부학적 구조에서 이름을 빌려 왔다. 구체적으로 말하면 머리, 두개골, 털, 이마, 뿔, 뿔의 뾰족한 끝, 관자놀이, 눈, 눈썹, 귀, 주둥이, 콧구멍, 뺨, 입, 새의 부리, 혀, 턱, 목, 목의 굽은 곳, 말의 갈기, 물고기의 아가미, 몸통, 가슴, 새의 가슴, 심장, 배, 배꼽, 등, 양어깨 사이에 있는 등 윗부분, 어깨뼈, 등지느러미, 옆구리, 뒷다리와 엉덩이, 앞다리, 뒷다리, 겨드랑이, 넓적다리, 넓적다리 뒷부분, 무릎, 무릎의 굽은 곳, 비절, 날개, 윗날개, 날개의 굽은 곳, 날개 아래, 날개 첨단, 날개 깃털, 발굽, 발, 발톱, 꼬리, 꼬리 맨 아래 부분, 꼬리의 굽은 곳, 꼬리 첨단, 꼬리지느러미, 전갈의 침 등이다. [프톨레마이오스, 알마게스트, 《수학적 집성》, J. L. 하이베르크 역, (라이프치히: B. G. 테우브네리, 1898); 프톨레마이오스, 알마게스트, 《프톨레마이오스의 알마게스트》, G. J. 투머(프린스턴: 프린스턴 대학 출판사, 1998).]

17 프톨레마이오스의 별들이 보여 주는 의인화된 해부학적 구조는 다음과 같다. 머리, 두개골, 얼굴, 눈, 목, 몸통, 가슴, 여자의 가슴, 등, 양어깨 사이에 있는 등 윗부분, 어깨뼈, 배, 사타구니, 측면, 어깨, 팔, 겨드랑이, 팔꿈치, 상완, 팔뚝, 손목, 손, 엉덩이, 다리, 넓적다리, 넓적다리 뒷부분, 무릎, 무릎의 굽은 곳, 하퇴(下腿), 종아리 근육, 정강이, 발목, 발, 발뒤꿈치, 발등 등이다. 인간이 입는 옷도 드물게 등장한다. 가령 앞치마(혹은 튜닉), 허리띠, 옷의 아랫단, 상의, 끈으로 묶인 망토, 보석 달린 머리 장식 등이다. 장비는 옷보다 더 풍부하게 등장하여 다음과 같다. 양치기 지팡이, 곤봉, 칼(자루도 같이), 단검, 방패, 활(미끄럼 방지 손잡이도 같이), 화살(화살촉, 화살대, 오늬도 같이), 동물 가죽(옷이나 팔목 보호대로 사용되는), 매인 낚싯줄, 컵 혹은 그릇(바닥, 가장자리, 손잡이도 같이), 리라(거북이 등딱지로 만든 몸통, 소의 뿔로 만든 목 부분, 다리 부분도 같이), 향로(바닥, 타오르는 팬, 타오르는 장치(향이나 심지 받침도 같이)), 티르소스(디오니소스의 추종자들이 가지고 다니는 포도나무 잎과 솔방울로 장식된 나뭇가지), 왕좌, 배(갑판, 돛대, 돛대 받침, 선미루 갑판, 선미재, 용골, 조타 노도 같이). 그 밖의 자연물은 수원으로 한정되었는데, 물병자리와 에리다노스자리에서 나타나는 흐르는 물과 굽이치는 강 등이 그

것이다.

18 모든 그리스인은 아주 어릴 때부터 헤라클레스의 이야기를 들었다. 이제 그들은 북쪽 밤하늘에서 천상의 빛으로 된 옷을 휘감은 영웅을 볼 수 있게 되었다. 그의 아래엔 용자리로 불리는 스르르 기어가는 뱀이 있는데, 별은 뱀이 똬리를 튼 모습을 보여 준다. 그리 많은 상상을 하지 않아도 헤라클레스와 뱀이 펼친 치열한 싸움에 관한 극적인 옛 이야기가 이젠 현실이 되어 있다. 헤라클레스가 짐승을 무릎으로 누르고 곤봉을 들어 올려 죽이려는 장면을 떠올릴 수 있다. 오리온자리와 전갈자리 역시 또 다른 사례이다. 둘은 쉽게 별들 사이에서 보이는데, 영원한 적인 오리온이 지나간 길을 전갈이 뒤쫓는 모습이다. 이렇게 별자리들은 그리스인들이 자주 들었던, 오리온이 파멸적인 곤궁을 겪는 이야기를 완벽하게 말해 준다.

19 James Evans, The History and Practice of Ancient Astronomy (Oxford: Oxford University Press, 1998), p. 39.

20 아리스토텔레스는 천문학이 철학과 가장 유사한 수리 과학의 한 분야라고 말했다. [아리스토텔레스, 《형이상학》, 휴 트레데닉 역. (케임브리지: 하버드 대학 출판사, 1947), 섹션 12.8.7.]

21 See Appendix 4.

22 플라톤은 다재다능하고 전인적인 사람을 이상적인 인간으로 봤다. 이런 사람은 운동선수이자 음악가, 지식, 지혜, 진실의 추구자이기도 했다. 이상적인 인간은 말수가 적은 가운데 침착하게 듣고 배우는 사람이었다. 이런 사람은 자신이 어리석지 않다고 쉴 새 없이 입을 놀리는 자가 아니었다. 플라톤은 누군가 멈추게 하지 않으면 계속 소리를 내는 놋쇠 냄비처럼 지루한 장광설을 늘어놓는 이들을 못마땅하게 여겼다. [플라톤, 프로타고라스, 《플라톤의 대화》, B. 조엣 역. (뉴욕: 랜덤 하우스, 1937), 섹션 329]; 이상적인 인간은 고된 육체적 노동, 타당한 판단력, 이론적 지식, 영적인 갈망을 포함한 폭넓은 배경과 입체적인 관점을 지닌다. 플라톤은 이렇게 말했다. "몸을 단련하려고 주의를 기울이는 자는 반드시 영혼도 제대로 움직일 수 있어야 하며, 음악과 모든 철학을 함양해야 한다. 진정으로 뛰어나고 훌륭한 자로 불리고 싶다면 말이다." [플라톤, 《티마이오스》, 섹션 88.]

23 파우사니아스는 이런 글을 남겼다. "델포이의 신전 앞엔 사람들의 삶에 유용한 격

언이 새겨져 있었는데, 이는 그리스인들이 현인이라 부른 자들이 새긴 것이라고 한다. 이런 격언은 이오니아나 밀레토스의 탈레스 등에게서 온 것이다. 이런 현인들은 델포이로 와서 아폴론에게 유명한 격언 "너 자신을 알라"와 "무엇이든 과도하게 하지 말아야 한다"를 바쳤다. [파우사니아스,《그리스 서술》, W. H. S. 존스 역. (케임브리지: 하버드 대학 출판사, 1955), 10.24.]

24 구석기 시대부터 현재까지 나타나는 고고학적 증거들은 삼라만상을 주관하는 유일신에 관한 보편적 생각을 드러낸다. 그런 신이 어머니 대지이든, 아버지 하늘이든, 표준화한 의식과 장례식에서 나타나는 막연한 개념이든 결국 유일신 개념인 것이다. 여기에 더하여 아프리카와 아메리카 같은 이른 선사시대의 사회에서 드러나는 사례도 유일하고 다정하며 모두를 아우르는 신이 전 세계적인 믿음이었음을 보여 준다.

25 바람피우는 신들을 다룬 수많은 이야기에 관해선 논리적인 설명이 있다. 고대 그리스는 작은 도시 국가라는 특징이 있었고, 각 도시별로 자기들만의 신을 숭배했다. 대개 이런 신들은 그 지역만의 대지모(大地母) 여신이었다. 최고신 제우스의 명성이 퍼지면서 그는 많은 지역에서 군림하던 여신들을 대체했다. 이런 변화를 설명하는 논리적인 방식은 제우스가 지역 여신들과 동거했다고 보는 것이다. 이런 행동은 그의 부성적(父性的) 지배력을 확립했다. 같은 이야기가 인근 다른 지역에서도 반복되면서 제우스는 오입쟁이라는 평판을 얻게 되었다.

26 다른 지중해 문화들 역시 성단과 별자리가 동서남북의 네 방향을 나타낼 수 있다고 언급했다. 리처드 앨런은 다음처럼 말했다. "욥기(9장 9절, 38장 31~32절, 기원전 약 600년에 작성)와 아모스서(5장 8절, 기원전 약 750년에 작성)에서 언급된 세 개의 별자리는 하늘의 동서남북을 적절하게 나타낸다. 북쪽의 큰곰자리, 남쪽의 오리온자리, 동쪽에서 떠오르고 서쪽으로 지는 플레이아데스성단이 이에 해당했다." [리처드 앨런,《별의 이름: 그들의 이야기와 뜻》(뉴욕: 도버 출판사, 1963), 309페이지]

27 Aratus, Phaenomena, 5.

28 Homer, Odyssey, 12.310, 14.482.

29 Aratus, Phaenomena, 740.

30 [아라토스,《현상》, 559]; 태양 주위를 도는 지구의 약 365일 공전 주기 때문에 각각

의 별과 별자리는 하늘을 가로질러 서쪽으로 나아가는 여정을 시작할 때(즉, 태양보다 훨씬 앞서서) 매일 밤 4분 정도(혹은 한 각도 정도) 더 이르게 지평선에 나타난다.

31 현존하는 가장 오래된 이야기인 수메르의 《길가메시 서사시》는 유성이 행운을 예고한다고 했다. 이 서사시는 별들이 밤의 파수꾼처럼 사람들을 보호한다고 말했다. [《길가메시 서사시》, N. K. 샌더스 역. (뉴욕: 펭귄 출판사, 1972), 설형문자 판 1, 66페이지, 설형문자 판 3, 75페이지]

32 https://commons.wikimedia.org/wiki/file:Atlante.JPG.

PART

01 헌신의 가치

1 호메로스는 고결한 에레크테우스가 아테나의 풍요로운 신전에 자리 잡게 되었다고 말했는데, 이는 에레크테우스가 아크로폴리스의 신전에 묻혔다는 전승에 어느 정도 타당성을 부여했다. [호메로스, 《일리아스》, 2.547]; 《오디세이》에서 아테나는 알키누스 왕에게 오디세우스를 맡기고, 넓은 길이 깔린 아테네로 와서 훌륭하게 지어진 에레크테우스의 집, 즉 예전 그가 바친 신전으로 들어갔다. [호메로스, 《오디세이》, 7.80]; 그보다 훨씬 이후인 기원전 421년부터 신전은 그의 이름을 따서 에레크테움으로 불렸으며, 여전히 아크로폴리스에 서 있다. 에레크테우스는 때로 에리크토니오스라고도 한다.

2 델포이의 마차부상은 한때 델포이의 아폴론 신전에 서 있었다.

3 여인상 중 다섯 개는 현재 아크로폴리스 박물관에서 보관하고 있으며, 그들이 원래 서 있던 에레크테움에는 복제품이 전시되어 있다. 여섯 번째 여인상은 혼자서 대영박물관에서 엘긴 대리석 조각군 근처에 서 있다. 카리아는 그리스어로 견과를 뜻한다. 오늘날 카리아라는 이름은 세계적으로 히코리로 대표되는 견과를 생산하는 나무들의 속(屬)을 가리킨다. 여기엔 북미 피칸, 즉 카리아 일리노이넨시스도 포함된다. 코릴루스 속 역시 마찬가지로 카리아에서 나온 것으로 추정되며, 유라시

아에서 흔한 개암나무(코릴루스 아벨라나)이다.

4   여물통은 이제 프레세페(그리스어로 여물통)라는 별 무리로 나타난다.

5   프톨레마이오스는 페가수스자리 밑에 있는 큰 물고기가 다른 물고기보다 앞서 나
     아간다고 논평하기도 했다. 짐작건대 그 큰 물고기는 아프로디테일 것이고, 안드
     로메다 밑의 더 작은 물고기는 에로스일 것이다.

6   남쪽물고기자리는 밝은 별인 포말하우트가 특징이다.

7   Apollonius Rhodius, The Argonautica, translated by William H. Race (Cambridge:
     Harvard University Press, 2008), 4.933.

8   Homer, Iliad, 20.233.

9   가니메데는 독수리자리를 이루는 별들이다. 프톨레마이오스는 후에 이 성단을 안
     티누스라고 했다.

10   제단을 가리키는 그리스어 티미아테리온(thymiaterion)은 향으로 흔하게 사용되던
     타임(백리향)에서 유래된 명칭일 가능성이 있다. 타임은 용기를 불어넣는 식물로 여
     겨졌다.

11   Homer, Iliad, 9.496.

02 사랑받은 미덕과 잃어버린 미덕

1   온전한 구절은 다음과 같다. "그들은 정의에서 벗어나는 일이 전혀 없었다. 그들의
     도시는 번영했고, 그 안에 사는 사람들 역시 번성했다. 그들에게 아이를 기르는 평
     화가 지상에 충만했고, 선견지명이 있는 제우스는 절대 고통스러운 전쟁을 벌이려
     고 하지 않았다. 기근 또한 인간을 심판하지 않았으며, 재해도 마찬가지였다. 그들
     은 조심스럽게 이룬 노동의 산물을 축제를 벌이며 나눴다. 이런 이유로 지상은 삶
     의 수단을 풍성하게 제공하는 곳이 되었으며, 산에선 오크나무가 도토리를 달고 있
     었고, 나무 중앙엔 벌이 살았다. 사람들이 키우는 양들은 털이 무성했으며, 부인들
     은 자신과 남편을 닮은 아이들을 낳았다. 그들은 훌륭한 것들과 함께 계속 번성했
     다." [헤시오도스, 《노동과 하루하루》, 글렌 W. 모스트가 번역한 《신들의 기원, 노
     동과 하루하루, 테스티모니아》에서 발췌. (케임브리지: 하버드 대학 출판사, 2006), 225];
     이후 고대 그리스인들은 디케 여신을 칭송하는 데 이 구절을 인용했다. [헤시오도

스, 《테스티모니아》, 글렌 W. 모스트가 번역한 《신들의 기원, 노동과 하루하루, 테스티모니아》에서 발췌. (케임브리지: 하버드 대학 출판사, 2006), 107.]

2   아스트라이아는 종종 디케와 동일하다고 간주된다. 고대 그리스인들과 로마인들은 디케(정의), 에우노미아(질서), 에이레네(평화)를 통틀어서 제우스와 테미스의 딸들인 호라이로 알고 있었다. 리처드 앨런은 비르고, 혹은 디케가 청동시대가 시작될 때 지상에 마지막으로 남은 천상인인, 테미스의 딸 아스트라이아로도 알려져 있다고 했다. 아스트라이아라는 이름은 그리스어로 문자 그대로 '별처럼 빛나는'의 뜻이다. 처녀자리는 인간의 기록에서 순수와 미덕을 대표하는 것 중 가장 오래된 것이다. [리처드 앨런, 《별의 이름》, 422페이지]

3   헤시오도스는 다음처럼 말했다. "아스트라이오스와 동침한 여신 에오스는 기질이 힘찬 바람을 낳았는데, 온화한 제피로스(서풍), 빠르게 나아가는 보레아스(북풍)와 노토스(남풍)가 그들이다. 초기에 이런 자식들을 낳은 이후로 에오스는 별을 낳았는데, 이 별이 여명을 알리는 포스포로스이다. 또한 그녀는 하늘을 뒤덮은 다른 빛나는 별들을 낳기도 했다." [헤시오도스, 《신들의 기원》, 글렌 W. 모스트가 번역한 《신들의 기원, 노동과 하루하루, 테스티모니아》에서 발췌. (케임브리지: 하버드 대학 출판사, 2006), 378]

4   Aratus, Phaenomena, 107.

5   고대 그리스에서 빈데미아트릭스가 태양 근처에서 떠오르면 포도 수확을 시작할 때가 되었다는 것이었으며, 시기는 대략 9월 13일이었다.

6   제우스와 므네모시네(기억의 여신)의 딸인 아홉 뮤즈는 칼리오페(서사시의 뮤즈), 클리오(역사), 에라토(서정시와 연애시), 에우테르페(기악의 뮤즈, 플루트와 목관 악기의 발명자), 멜포메네(비극), 폴리힘니아(노래와 웅변), 테르프시코레(춤), 탈리아(희극), 우라니아(천문학)이다. 이들은 일상적으로 감지할 수 있는 것을 초월한 인간의 계몽된 업적을 상징하는 신들이다. 역사와 천문학은 인간의 시공간 인식이 확장된 것이므로 뮤즈의 영역에 포함된 것은 적절하다. 예술과 마찬가지로 이 두 학문은 더 의미 있는 존재 쪽으로 인간의 정신을 유도했다.

7   페가수스 역시 헬리콘산에서 뮤즈들과 함께 있으면서 황홀경에 빠진 채로 기쁘게 춤을 췄다. 원기왕성하게 껑충껑충 뛰면서 페가수스는 땅을 파냈는데, 나중에 그

런 파인 땅에 히포크레네라고 알려진 반짝이는 개울이 흐르게 되었다. 히포크레네는 문자 그대로 말의 샘이라는 뜻이다. 샘은 생명을 유지하는 데 필요한 원천 역할을 했고, 동시에 뮤즈들에게 시적 영감을 주기도 했다. 헤시오도스는 다음처럼 말했다. "뮤즈들은 히포크레네의 신성한 물에서 먹을 감고 헬리콘의 가장 높은 곳에서 합창하며 춤을 췄는데, 실로 아름답고 어여쁜 것이었다. 그들은 진한 제비꽃 샘과 제우스의 제단 근처에서 그 부드러운 발로 춤을 췄다. [헤시오도스, 《신들의 기원》, 1~8.]

8 Apollonius Rhodius, Argonautica, 1.553.

9 Aratus, Phaenomena, 130.

10 Homer, Iliad, 11.152.

11 Ibid, 1.3.

12 [이솝, 《우화: 바브리오스와 파이드로스》, 바브리오스 엮음, 벤 에드윈 페리 번역 (케임브리지: 하버드 대학 출판사, 1965), 우화 79: 개와 그림자] 헤로도토스, 아리스토텔레스, 플루타르코스, 그리고 다른 신뢰할 만한 원전에서 언급된 이솝은 잘 알려지지 않은 인물이다. 이런 정황으로 봤을 때 그는 혹해 트라키아의 도시 메셈브리아(오늘날 불가리아의 네세바르)에서 기원전 620년경에 태어난 것으로 보인다. 헤로도토스와 아리스토텔레스는 이후 그가 사모스에서 노예로 살았지만, 나중엔 해방되었다고 했다. 플루타르코스는 이솝이 델포이에서 처형되었다고 덧붙였다. 기원전 5세기가 되자 이솝이 전한 전설이 사모스섬에서 생겨났다. 그의 우화들은 기록되기 전엔 구전으로 널리 퍼졌다. 이후 몇 세기 동안 기록으로 남긴 원본은 사라졌지만, 이후 여러 버전이 살아남았다. 초기 존속한 버전은 바브리오스가 그리스어로, 파이드로스가 라틴어로 남긴 것인데, 두 사람은 1세기와 2세기 무렵에 살았던 것으로 보인다. 두 사람은 당시 현존하는 사본을 가지고 서로 독립적으로 작업을 했을 것이다. 바브리오스는 믿을 만한 기록을 확보하여 이솝 우화들을 더욱 시적으로 만들었고, 반면 파이드로스는 훨씬 새롭긴 하지만 조악한 이야기도 추가로 집어넣었다.

13 Herodotus, The Histories, translated by Robin Waterfield (Oxford: Oxford University Press, 1998), 1: sections 1-4.

14 Homer, Odyssey, 1.1.

15 제우스는 비옥한 지상 중에서도 시칠리아가 가장 비옥하다고 했다. [핀다로스, 네메안 송시, 《네메안 송시(頌詩), 코린트 송시(頌詩), 단편》, 윌리엄 레이스 역(케임브리지: 하버드 대학 출판사, 1997) 1.15]

16 [아폴로니오스 로디오스, 《아르고나우티카》, 4.964]; 삼각형 모양의 섬인 트리나키아, 혹은 시칠리아는 호메로스의 《오디세이》와 아폴로니오스 로디오스의 《아르고나우티카》에서도 언급되었다. 초기 그리스인들은 삼각형자리를 종종 델타톤이라고 했는데, 비슷한 이등변 삼각형 모양을 한 그리스어 알파벳 철자 델타 때문이었다. [앨런, 《별의 이름》, 415페이지]; 아라토스는 '삼각형의 삼면을 그릴 때 두 개는 똑같지만, 다른 하나는 짧다'라고 별자리에 관해 언급한 바 있다. [아라토스, 《현상》, 234]; 다른 관찰자들은 별자리를 트리나키아, 트리퀘타 등의 다양한 명칭으로 불렀는데, 이런 명칭은 삼각형 모양인 시칠리아섬을 가리키기도 했다. [칼리마코스, 《찬가와 경구》, 《칼리마코스, 리코프론, 아라토스》, A. W. 메어 역(케임브리지: 하버드 대학 출판사, 1995), 찬가 3에서 아르테미스 57, 주석 a.]

17 크라테르는 보통 와인을 희석하는 데 쓰는 물을 담는 용기.

03 방종한 신들의 한심스러운 행위

1 《호메로스 찬가》는 고대 아르카디아의 바위투성이 야생 지역을 산봉우리, 바윗길, 빽빽한 잡목림, 우뚝 솟은 험준한 바위 등으로 묘사했다. [《호메로스 찬가; 호메로스 외전; 호메로스의 삶》, 마틴 웨스트 역 (케임브리지: 하버드 대학 출판사, 2003), 섹션 19.7.]

2 에라토스테네스는 이 이야기를 헤시오도스가 전한 것이라고 했다. [에라토스테네스, 《카타스테리스미》, 《별에 관한 그리스인과 로마인의 신화》에서, 에라토스테네스 사칭자(詐稱者)들에 의해 편찬, 씨어니 콘도스 역 (그랜드래피즈: 파니스 출판사, 1997), 197페이지]; 곰을 가리키는 단어는 아르크토스였는데, 이 이름은 북극 지역에서 유래한 것이다. 큰곰자리에서 드러나는 특이한 긴 꼬리는 다양하게 설명된다. 어떤 설명은 제우스가 칼리스토를 하늘로 올리다 꼬리가 늘어났다고 한다. 이 별자리는 헤아릴 수 없이 오래된 것으로, 거의 보편적으로 곰이라 인식되었다(보통

암컷 곰으로 인식되었다). 몇몇 학자는 큰곰자리에 관한 인식이 마지막 빙하기에 베링 해협이 갈라질 때까지 거슬러 올라간다고 주장한다. 학자들은 많은 아메리카 원주 민이 유럽의 영향이 미치기 전에 이 별자리를 이미 곰으로 인식하고 있었다는 걸 확인했다. 하지만 꼬리는 다르게 해석되었는데, 보통 세 명의 사냥꾼으로 인식되 었다. 가운데 사냥꾼은 물그릇(흐릿한 별인 알코르)을 등에 지고 있다.

3 목동자리라는 명칭은 그리스어로 소리치는 자를 뜻하는 보이테스(Boetes)에서 유래 했다. [앨런, 《별의 이름》, 93페이지]

4 큰곰자리와 작은곰자리는 현대 별자리 우르사 마조르와 우르사 미노르이지만, 보 통 소속 성단인 북두칠성과 소 북두칠성이라는 이름으로 알려져 있다. 각 성단의 7 개 별은 북반구 차트에 있는 각각의 별자리 내부에서 볼 수 있다. 아라토스는 우르 사 미노르를 개의 꼬리를 지닌 곰이라 했다. [아라토스, 《현상》, 182. 227.]

5 Aratus, Phaenomena, 276.

6 [마닐리우스, 《아스트로노미카》, 4. 521]; 다섯 히아데스는 아틀라스와 아이트라의 딸이다. 플레이아데스의 이복 자매들이다. 제우스는 어린 디오니소스를 충실히 돌 봐 준 일에 감사하여 그들을 하늘로 올려 주었다. 그들은 유명한 사냥꾼이었던 오 라비 히아스가 멧돼지에게 죽임을 당하자 슬픔을 금치 못했는데, 제우스는 남매를 밤하늘의 별자리로 만들어 그들을 위로하고자 했다. 헤시오도스는 그들을 카리테 스(개념이 의인화된 신으로 미의 세 여신the Graces을 말한다_편집자) 같은 요정이라고 했다. 파이실레, 코로니스, 아름다운 화관을 쓴 클레이아, 사랑스러운 파이오, 긴 옷을 입 은 에우도라는 지상의 인간 부족에 의해 히아데스로 불렸다. [헤시오도스, 《단편》, 글렌 W. 모스트가 번역한 《방패, 여자 목록, 기타 단편》에서 발췌 (케임브리지: 하버드 대학 출판사, 2007), 섹션 227a.]

7 아폴로니오스 로디오스는 이런 찬사를 아리아드네에게 남겼다. "먼 옛날 미노스의 딸 아리아드네는 그 상냥한 마음가짐으로 끔찍한 시험에서 테세우스를 구해 냈다. 이후 그녀는 테세우스의 배에 그와 함께 올라 조국을 떠났다. 불멸하는 신들조차 그녀를 사랑했다. 하늘 한가운데엔 그녀의 흔적인, 별로 된 화관이 있는데, 이 화관 은 천체의 별자리들 사이에서 밤 내내 회전한다." [아폴로니오스 로디오스, 《아르 고나우티카》, 3. 997]; 아라토스는 북쪽왕관자리에 관해 이렇게 말했다. "저 화관은

영광스러운 디오니소스가 죽은 아리아드네를 기억하고자 밤하늘에 놓아둔 것이다." [아라토스, 《현상》, 71.]

04 오만의 대가

1   Homer, Odyssey, 11.309, 572.

2   Xenophon, On Hunting, in Scripta Minora, translated by E. C. Marchant (Cambridge: 츠Harvard University Press, 1925), 1.18.

3   Xenophon, On Hunting, 4.1-2, 7-8; 5.1-5; 6.2-4, 11, 13.

4   Ibid, 4.4-5; 5.10, 16-17; 6.11, 13.

5   자매들의 부모인 아틀라스와 플레이오네도 이제 플레이아데스성단에 포함되었고 그리하여 성단은 총 9개의 별이 되었다. 하지만 이 중 쉽게 볼 수 있는 건 6개이다. 자매들 중 알키오네는 포세이돈과의 사이에서 히리에우스(몇몇은 아레투사라고 한다)를 낳았다. 마이아는 가장 나이가 많고 가장 아름다웠는데, 광도가 줄어들기 전에 한때 가장 밝게 빛난 별이었다. 그녀는 제우스와의 사이에서 헤르메스 신을 낳았다. 엘렉트라는 제우스와의 사이에서 트로이 왕가를 설립한 다르다노스를 낳았다. 메로페는 코린트의 왕 시시포스의 아내였다. 타이게타는 제우스와의 사이에서 스파르타를 세운 라케다이몬을 낳았다. 타이게타 양옆의 켈라이노와 스테로페는 잘 알려지지 않은 자매이다. 아테네 아크로폴리스에 있는 세 개의 아테네 신전(기원전 1530년, 기원전 1150년(헤카톰페돈), 기원전 438년(파르테논))은 전부 플레이아데스가 뜨는 방향으로 맞춰져 있으며, 다른 여러 그리스 신전들도 마찬가지 방향을 취하고 있다. [에반스, 《고대 천문학》, 399페이지]

6   Aesop, Fables, Fable 5: The Fighting Cocks.

7   Aratus, Phaenomena, 402, 643.

8   고대 그리스 천문학자들은 일관되게 이 별자리를 전갈의 집게발로 보았다. 하지만 훗날 로마 천문학자들은 이 별자리를 저울이라고 말하기 시작했다. 천칭자리는 기원전 46년 율리우스력에 처음으로 등장했다. 로마 천문학자 마닐리우스는 다음과 같은 글을 남겼다. "태양이 천칭자리에 있을 때 낮의 길이는 밤의 길이와 같게 되는데, 이때 천칭은 전갈을 끌어당긴다." [마닐리우스, 《아스트로노미카》, 1.266]; 다른

말로 낮과 밤이 똑같이 균형을 이룬다는 뜻인데, 이는 추분에 태양이 적도 위에 있기 때문이다. 결과적으로 전갈의 치명적인 집게발은 비르고(처녀자리)가 든 정의의 저울로 인식되었다. 하지만 아라비아 천문학자들은 별들 중 2개를 다음과 같이 불렀다. 주베넬게누비(남쪽 집게발), 주베네스키아말리(북쪽 집게발). 이들은 현대식 명칭에도 여전히 남아 있다.

9   Aratus, Phaenomena, 323.

10 The constellations Orion and Taurus represented to Sumerians a contest between Gilgamesh and the Bull of Heaven, as described in the Epic of Gilgamesh.

11 Homer, Iliad, 18.487.

12 히기누스에 따르면 토끼자리는 새로운 환경에 다산(多産)하는 종을 들여오는 행위에 대한 영원한 경고이다. 고대에 레로스섬으로 들여온 토끼는 생태계에 치명적인 결과를 낳았다. 그들을 막을 자연의 포식자가 없자 그들은 이내 모든 작물을 먹어 치웠다. [히기누스, 《시적 천문학》, 《별에 관한 그리스인과 로마인의 신화》에서 발췌, 씨어니 콘도스 역. (그랜드래피즈: 파니스 출판사, 1997), 130페이지]

13 그리스인들은 큰개자리를 얼룩덜룩한 점박이 개라고 했다. 이는 별자리에서 가장 밝은 몇 개의 별이 엉덩이에 난 반점처럼 보였기 때문이다. 몇몇 사람은 반점들이 얼룩덜룩한 은하수에서 별자리의 위치를 나타낸다고 주장하거나, 혹은 반점들이 대기에 떠오른 시리우스의 강한 가변성 때문에 생겨났다고 주장하기도 했다. [앨런, 《별의 이름》, 119, 127페이지]; 호메로스는 시리우스가 대양의 물결에서 헤엄칠 때 다른 어떤 별보다 밝게 빛난다고 했다. [호메로스, 《일리아스》, 5.1.]

14 프로키온은 문자 그대로 그리스어로 개의 전령을 뜻한다. 한때 별자리와 별자리 내부의 가장 밝은 별 모두에 적용되는 이름이기도 했다. 고대의 용어는 1780년 동물학자들이 미국 너구리에게 적용한 현대의 속(屬) 명칭인 프로키온과는 아무런 관련이 없다. 이 신세계 동물은 고전 그리스 시대보다 2천 년 뒤에 크리스토퍼 콜럼버스가 처음으로 보고했다.

15 [헤시오도스, 《신들의 기원》, 338]; 포이보스는 '빛나는'을 뜻하며, 아폴론의 이름으로 흔히 쓰이던 것이었다.

16 Ovid, Metamorphoses, translated by Frank Justus Miller (Cambridge: Harvard

University Press, 1984), 2. 319.

17 [아라토스, 《현상》, 359; 아폴로니오스 로디오스, 《아르고나우티카》, 4.603]; 이제
는 아케르나르라고 하는 별이 에리다노스강의 수원을 나타낸다. 하지만 이 별은
하늘 남쪽 멀리에서 나타났기에 고대 그리스인들에겐 알려져 있지 않았다.

18 Homer, Iliad, 6. 182.

19 Pindar, Isthmian Odes, 7. 44-47.

20 Homer, Iliad, 6. 200.

05 영웅의 시대

1 페가수스는 바다 포말에서 새로 태어난 모습으로 밤하늘에 묘사되어 있는데, 이
는 황소자리와 양자리도 절반은 바다에 잠긴 것으로 나타난 것과 같은 방식의 표
현이다.

2 Euripides, Fragments, in Fragments: Aegeus to Meleager, translated by
Christopher Collard and Martin Cropp (Cambridge: Harvard University Press, 2008),
Andromeda section 124.

3 Ovid, Metamorphoses, 4. 625.

4 Ibid, 4. 673.

5 포세이돈의 아내 암피트리테도 네레이드(바다의 요정)였고, 아킬레우스의 어머니 테
티스도 네레이드였다.

6 Euripides, Fragments, Andromeda section 145.

7 The Arabs later called the star Al-gol, meaning the ghoul.

8 Herodotus, Histories, 7: section 61.

9 Aratus, Phaenomena, 653.

10 Hesiod, Theogony, 278.

11 날개 달린 말, 혹은 바람말(wind horse)은 중앙아시아와 동아시아에서 종교적인 상
징으로 나타나는데, 이 말은 영혼을 상징한다. 티베트 불교의 기도용 깃발에선 흔
히 나타나는 상징이다.

12 켈레리스는 살아 있는 동안 눈에 띌 정도로 아주 빠른 말이었다. 전령의 신 헤르메

스는 켈레리스의 속도에 깊은 인상을 받았고, 그를 인간 기수 중에 가장 뛰어난 카스토르에게 주었다.

13 헤라클레스는 로마 명칭인 헤르쿨레스로도 알려져 있다.

14 에라토스테네스와 히기누스는 히드라의 별자리인 바다뱀자리를 까마귀자리와 컵자리에 연결시켰지만, 이는 고대 문헌에서 입증되지 않는다. 게다가 아라토스는 히드라, 까마귀, 크라테르 간에 어떤 연관성도 두지 않았다. 그저 까마귀가 뱀을 쪼았다는 언급만 있을 뿐이었다. 헤시오도스는 히드라와 헤라클레스에 관한 이야기를 훨씬 오래전에 언급한 바 있다. "사람들은 끔찍하고, 포학하고, 무지막지한 티폰이 사악한 레르나의 히드라를 낳았고, 헤라가 헤라클레스의 대적자로 이 히드라를 보냈다고 한다." [헤시오도스, 《신들의 기원》, 306.]

15 헤스페리데스는 아틀라스와 헤스페리스의 세 딸이다. 그들은 알려진 세상의 가장 서쪽 지역인 지브롤터 해협에 살았다. 헤스페리스와 헤스페리데스의 이름은 서쪽, 혹은 저녁을 뜻하는데, 이는 저녁에 해가 서쪽에서 지는 걸 나타낸다. 헤스페리스의 아버지는 저녁샛별인 헤스페로스이다. 현대의 단어인 저녁(vesper)은 그의 이름에서 유래한 것이다.

16 뱀은 종종 믿을 만한 관리자로 묘사되는데, 전형적으로 샘, 집, 신전을 보호한다. 아크로폴리스의 에레크테움엔 수호자 역할을 하는 뱀이 있었는데 이 뱀은 신전의 처녀들이 먹이를 주어 길렀다. 용자리는 절대 서쪽으로 지지 않는다고 생각되었는데, 언제나 경계하는 모습이었기 때문이다. 용자리의 별 중 하나인 투반은 기원전 2750년에 천구 북극에서 나타났다. 보통 말하는 하늘의 모든 별이 그 주위를 돌았다. 이 때문에 근동에선 투반과 용자리를 매우 중요하게 여겼다. 투반은 북위 30도에 위치한 기자(Giza)에 있는 쿠푸 왕의 대피라미드의 주도로에서 황혼부터 동틀 녘까지 볼 수 있었으며, 다른 신성한 건물들의 입구에서도 마찬가지로 볼 수 있었다. [앨런, 《별의 이름》, 206~207페이지]

06 고귀한 아르고호 선원들

1 아폴로도로스는 아폴로니오스 로디오스의 이야기를 토대로 항해에 관해 간결한

설명을 제공했다. [아폴로도로스, 《도서관》, 제임스 조지 프레이저 역(케임브리지: 하버드 대학 출판사, 1939), I.9, 섹션 16~28.]

2   [아폴로니오스 로디오스, 《아르고나우티카》, 1.106, 4.1466]; 망꾼은 항해사 중에서도 주된 역할을 했다. 망꾼은 낮과 밤에 나타나는 하늘의 신호를 알아차리는 전문가였다. 더 나아가 그는 바람, 잔물결, 해류, 새의 이동이 어떤 의미를 지니는지 해석했다. 망꾼은 해안의 주요 지형지물, 위험한 장애물, 지역별 해저 형태 등의 정보를 잘 아는 지식의 보고였다. 그는 또한 배를 조종하고, 돛을 죄는 줄로 돛을 조정하는 일도 맡았다. 이렇게 망꾼은 배에선 없어서는 안 될 존재였다. [새뮤얼 마크, 《호메로스 시대 항해》(컬리지 스테이션: 텍사스 A&M 대학 출판부, 2005), 148페이지]

3   Apollonius Rhodius, Argonautica, 4.1192.

4   Ibid, 2.160.

5   Ibid, 3.189, note 10.

6   Ibid, 2.1145.

7   Ibid, 4.123.

8   고대 그리스의 일반적인 선박 건조 도구에는 다음과 같은 것들이 있었다. 목재를 자르고 모양을 내고, 장붓구멍을 만드는 도끼와 자귀, 못을 박을 구멍을 내는 나사송곳, 못과 장붓구멍을 써서 목재를 연결하는 나무망치, 목재를 곧고 정확한 형태로 잡아 줄 분필선. [배와 주택을 세우는 데 활용된 도구에 관한 더 자세한 설명과 도해를 보려면 다음과 같은 책들을 참고하라. 앤서니 리치, 《라틴어 사전과 그리스 어휘에 관한 삽화가 있는 안내서》(런던: 롱맨, 브라운, 그린, 롱맨스 출판사, 1849), W. M. 플린더스-페트리, 《도구와 무기》(런던: 이집트 주재 영국 고고학 학교 출판사, 1917), 헨리 머서, 《고대 목수의 도구》, (도일스타운, 필라델피아: 호라이즌 출판사, 1975)]; 호메로스는 오디세우스가 뗏목 배를 건조할 수 있게 칼립소가 제공한 도구들에 관해 다음처럼 서술했다. "그녀는 오디세우스의 손에 잘 맞는 커다란 도끼를 주었다. 이 도끼는 청동으로 만든 것인데 양쪽이 다 날카롭게 갈려 있었다. 도끼의 손잡이는 올리브 나무로 아름답게 장식되어 있었고, 날 부분과 단단히 붙어 있었다. 이후 그녀는 그에게 윤이 나는 자귀를 주었다. 오디세우스는 20개의 나무를 베어 쓰러뜨렸고, 도

끼로 그것을 다듬었다. 이어 그는 정교한 솜씨로 목재를 정확하고 매끄럽게 선에 맞춰 잘라 냈다. 그러는 사이 아름다운 요정 칼립소는 그에게 나사송곳들을 가져다주었다. 오디세우스는 나사송곳들을 가지고 각각 꼭 들어맞는 구멍을 팠고, 그것들을 함께 이어붙인 다음 나무못과 꺾쇠로 뗏목을 튼튼하게 만들었다. 이어 그는 작업을 계속하며 촘촘한 늑재에다 붙여 측벽을 세웠고, 마지막으로 늑재 위에다 긴 널빤지를 댔다. 이렇게 하여 그는 긴 뱃전을 완성하고 뗏목 배를 마무리했다. 그는 뗏목 배 안에 돛대와 그것에 장착된 돛가름대 양쪽 끝을 놓았고, 배를 저을 때 사용할 노도 만들었다. 그러는 사이 아름다운 요정 칼립소는 그에게 돛을 만들 천을 주었고, 그는 능숙하게 돛을 만들었다. 그는 빠르게 뗏목 아딧줄과 마룻줄, 그리고 범각삭을 만들었고, 이어 지렛대를 써서 뗏목 배를 밝게 빛나는 바다로 내렸다." [호메로스, 《오디세이》, 5.233]

9   Apollonius Rhodius, Argonautica, 1.1182.

10 Ibid, 1.562.

11 Pindar, Pythian Odes, in Olympian Odes; Pythian Odes, translated by William Race (Cambridge: Harvard University Press, 1997), 4.202-203.

12 Apollonius Rhodius, Argonautica, 1.1272.

13 [아폴로니오스 로디오스, 《아르고나우티카》, 1.1084]; 할키온은 물총새였을 것이다. 플레이아데스 중 한 사람인 알키오네는 이 새의 이름을 딴 것이다.

14 Apollonius Rhodius, Argonautica, 1.1118, note 118.

15 흑해는 한때 폰토스라는 명칭으로 알려졌다. 프로폰티스라는 단어는 '폰토스 앞'이라는 뜻이며, 현재는 마르마라해라 불린다.

16 Apollonius Rhodius, Argonautica, 3.957.

17 Ibid, 3.744.

18 Ibid, 3.1348.

19 Ibid, 3.1372.

20 핀다로스는 이 뱀의 너비와 길이가 50개의 노가 달린 배보다 크다고 했다. [핀다로스, 《델포이 송시》, 4.244-245.]

21 이런 양자리의 모티프는 고대 그리스 예술품, 특히 헤르메스 크리오포로스

(Hermes Kriophoros, 양을 나르는 자)의 상에 잘 나타나 있으며, 비교적 최근이라 할 수 있는 고대까지 대중적인 인기가 있었다. 별자리의 이미지에서 나타나는 것처럼 양은 측면 너머로 뒤를 보고 있으며, 이런 포즈가 일반적인 자세였다. 이 자세는 서기 첫 몇 세기 동안 제작된 기독교 예술품 〈선한 목자〉 조각상에서도 계속하여 나타나며, 로마 프리실라 카타콤에서 발견되는 치장 벽토에서도 나타난다. 양이 이런 자세를 취하는 건 그 밖의 여러 곳에서도 발견된다.

22 호메로스는 "아르고호가 모두를 유명하게 했다"라고 언급하며 배 자체를 존경했다. [호메로스, 《오디세이》, 12.70]; 하늘에서 드러나는 그 크기 때문에 아르고자리는 훗날 용골자리, 돛자리, 나침반자리, 고물자리라는 4개의 별자리로 나뉘었다. 아르고자리는 현대 별자리인 비둘기자리의 일부인 별도 하나 포함하고 있었다.

23 Pindar, Pythian Odes, 4.176-177.

24 Apollonius Rhodius, Argonautica, 1.26.

25 Ibid, 1.496.

26 Ibid, 4.904.

27 Ibid, 4.1193.

28 Homer, Odyssey, 8.478.

29 핀다로스는 다음처럼 말했다. "키론은 이아손을 자신의 바위 동굴에서 키웠고, 아스클레피오스에게는 의학이라는 유익한 학문을 가르쳤다." [핀다로스, 《네메안 송시》, 3.53~55.]

30 이 아스클레피오스의 막대기가 현대적으로 묘사된 많은 사례 중 하나를 보고 싶다면, UN 세계보건기구의 깃발을 볼 것.

31 Herodotus, Histories, 8: section 41.

32 Apollonius Rhodius, Argonautica, 4.592.

33 Ibid, 4.652.

34 The star that marks Polydeuces' head is known in modern times by his Latin name: Pollux.

35 고대 자료들은 이런 코로나 방전(St. Elmo's Fire) 현상이 어떻게 나타나는지를 설명했다. 《호메로스 찬가》이런 설명이 들어 있다. "겨울 폭풍이 무자비한 바다 위에

서 질주할 때 선원들은 위대한 제우스의 아들들에게 기원을 올리며 날이 잠잠해지길 간절히 바랐고, 제물로 바칠 흰 양을 끌고 선미 갑판으로 갔다. 강한 바람이 불었고, 파도는 배를 압도했다. 갑자기 카스토르와 폴리데우케스가 나타났고, 빠르게 하늘을 가로질러 황갈색 돛으로 나아갔다. 그들은 즉시 사나운 돌풍을 잠재웠고, 파도를 잔잔하게 했다. 이는 길조였고, 고통에서 해방된다는 신호였다. 선원들은 이 광경에 기뻐했고, 고통과 압박은 끝이 났다." [《호메로스 찬가》, 섹션 33]; 알카이오스도 쌍둥이를 찬양하는 글을 썼다. "그들은 멀리서부터 환한 모습으로 나타나 앞 돛대의 앞 밧줄을 올라 배의 꼭대기로 뛰어올랐고, 밤에 곤란함에 처한 어두운 배를 밝히며 차가운 죽음으로부터 선원들을 구해 냈다." [알카이오스, 《단편》, 《그리스 서정시: 사포, 알카이오스》에서 발췌, 데이비드 캠벨 역 (케임브리지: 하버드 대학 출판사, 1982), 단편 34]; 플리니우스 또한 코로나 방전 현상을 카스토르와 폴리데우케스가 보내는 호의적인 빛이라고 서술했다. "항해 중에 별들은 사람 목소리와 비슷한 소리를 내며 새들이 나뭇가지 사이를 이리저리 뛰어다니는 것처럼 활대나 다른 배 부분에서 나타났다. 그런 별이 2개가 있다면, 선원들이 이제 안전하다는 걸 나타냄과 동시에 항해가 성공적일 것이라고 예언하는 것이었다. 이런 이유로 그들은 카스토르와 폴룩스라 불렸는데, 사람들은 그들을 바다에서 도움을 주는 신으로 여기고 도와 달라고 기도를 올렸다." [플리니우스, 《자연사》, H. 래컴역 (케임브리지: 하버드 대학 출판사, 1949), 2.37]; 비슷한 방식으로 성경도 고대 선원들이 쌍둥이를 무척 존경한다는 점을 기록해 두었다. 언젠가 한번, 사도 바오로는 로마 병사들의 호위를 받으며 크레타에서 로마로 오게 되었다. 길을 가는 도중에 선원들은 14일 동안 밤낮으로 폭풍을 견뎌야 했으며, 결국 배는 난파되어 몰타에 이르게 되었다. 바오로와 로마 호위병들은 로마로 가기 위해 다른 배를 얻어 타기까지 석 달이 걸렸는데 그동안 바닥이었던 기력을 회복했다. 이번에 그들이 탄 배는 더 안전할 것이 확실했는데, 왜냐하면 뱃머리의 선수상에 카스토르와 폴룩스가 표시되어 있었기 때문이다. [사도행전 28장 11절]; 제임스 에반스에 따르면 그리스 알렉산드리아와 로마의 항구 오스티아는 쌍둥이의 보호를 받는다고 여겨졌다. 쌍둥이는 해당 항구들이 소유한 배의 뱃머리 양쪽에 자주 선수상으로 나타났다. [에반스, 《고대 천문학》, 226페이지]

1   요한 바이어의 별자리들(1603년)은 뉴욕 그랜드 센트럴 터미널의 천장을 장식하고
   있다.

09 고대의 천체 달력

1   Homer, Odyssey, 24.143.

2   Aratus, Phaenomena, 740.

3   그리스인들은 동이 틀 때나 해가 저물 때에 동쪽과 서쪽 지평선에 나타나는 별, 성
   단, 혹은 별자리의 위치에 주목함으로써 계절을 파악했다. 별이 여전히 빛나는 이
   른 새벽, 별은 태양이 떠오르기 직전의 짧은 순간에 동쪽 지평선에서 맨 먼저 나
   타남으로써 신출(晨出: 새벽에 뜨는 것, the heliacal rising)을 알렸다. 이후 매일 같은 별
   이 새벽에 하늘 높이 점점 더 태양보다 앞서 나타났다. 몇 달 뒤 같은 별이 마침내
   새벽에 서쪽 지평선으로 완전히 넘어간다. 이는 하늘에서 완전히 사라지는 것(the
   cosmical setting)이었다. 그리스인들은 비슷한 위치를 해가 질 때도 보았다. 해가 질
   무렵, 동쪽 지평선에서 처음 별이 나타나는 것은 혼출(昏出: 해 질 무렵에 뜨는 것, the
   apparent achronycal rising)이라 했다. 해가 질 때 서쪽 지평선에서 지는 해를 따라 별
   이 나타나는 건 혼몰(昏沒: 해 질 무렵에 지는 것, the heliacal setting)이라 했다. 혼몰 이후,
   별은 여러 주 동안 밤하늘에서 사라졌고, 새벽하늘에서 신출함으로써 다시 나타났
   다. 요약하면 해가 떠오르기 직전, 별이 신출하면 다른 별이 태양의 반대편에서 하
   늘로부터 사라진다는 것이다. 해가 질 때 태양과 반대편에서 별의 혼출이 일어나
   면, 다른 별이 지는 해의 바로 뒤에서 혼몰한다. 예를 들어 헤시오도스가 살던 시기
   에 플레이아데스성단이 5월 16일 새벽에 동쪽에서 신출했다. 밤하늘을 가로지른
   플레이아데스성단은 몇 달 뒤인 11월 3일 밤하늘에서 완전히 사라져 버렸다. 이후

몇 달 뒤인 4월 5일 해가 질 때 플레이아데스성단의 혼몰이 있었다. 그 시점부터 플레이아데스성단은 약 40일 동안 밤하늘에 나타나지 않았고, 이후 5월 16일에 다시 신출하여 모습을 드러냈다. 27세기가 흐른 뒤 지구의 세차 운동으로 이 별들은 고대보다 며칠 뒤에 나타나게 되었다. 별들이 뜨고 지는 것은, 위도 차이와 다른 여러 요인에도 영향을 받는다.

4   Aratus, Phaenomena, 562.

5   모든 날짜는 우리가 쓰는 현대 달력에 적용한 근사치이다. 이런 날짜들은 아테네의 위도에 맞춰 기원전 700년 상황을 컴퓨터로 시뮬레이션하고 계산한 것에 기초한다. 헤시오도스가 남기고 에우독소스가 훗날 추가한 부록 3: 연간 전체 현상을 참고하라.

6   Hesiod, Works and Days, 414, 427.

7   고대 도구에 관한 삽화와 설명을 보고 싶다면 앤서니 리치의 《라틴어 사전과 그리스 어휘에 관한 삽화가 있는 안내서》, 그리고 W. M. 플린더스-페트리의 《도구와 무기》를 참고하라.

8   [헤시오도스, 《노동과 하루하루》, 564]; 헤시오도스는 날짜 수를 언급할 때면 10일 단위로 했다. 예를 들면 60일의 겨울날, 40일의 밤과 낮, 등이다. [A. W. 메어, 《헤시오도스: 영어 산문으로 만든 시와 단편》 (옥스퍼드: 클라렌던 출판사, 1908), 144페이지; 해럴드 라이히, "절대 확실한 별의 연대 결정: 잊힌 시기", 미국 언어학회 회보 119(1989): 45~46.]

9   때로 가지를 치는 갈고리도 사용되었다. 낫 형태의 쇠로 된 날과 나무 손잡이로 이루어진 이 도구는 곡물을 수확할 때 쓰는 낫의 작은 버전이었다. [A. W. 메어, 《헤시오도스: 영어 산문으로 만든 시와 단편》, 153페이지]

10 Homer, Odyssey, 24.246, 340.

11 Xenophon, Oeconomicus, in Memorabilia and Oeconomicus, translated by E. C. Marchant (Cambridge: Harvard University Press, 2013), 19.3-5, 7-8, 11.

12 Theophrastus, Concerning Weather Signs, in Enquiry into Plants, translated by Arthur Hort (Cambridge: Harvard University Press, 1949), 1.10, 14, 15; 3.38-40, 46, 47.

13 Xenophon, Oeconomicus, 17.12.

14   Hesiod, Works and Days, 569.

15   Aelian, On the Characteristics of Animals, translated by A. F. Scholfield (Cambridge: Harvard University Press, 1958), 1.52.

16   아리스토텔레스는 늘 하던 식으로 이런 철새들의 이동에 관한 과학적인 설명을 제공했다. "동물들은 덥고 추운 것에 관해선 그 변화를 본능적으로 알아챈다. 일부는 늘 살던 곳에서 보호책을 찾고, 두루미나 물고기 같은 다른 동물들은 이동한다." 아리스토텔레스는 여기서 검은목두루미(Grus grus)를 언급한 것이다. [아리스토텔레스, 《동물의 역사》, D. M. 밸미 역 (케임브리지: 하버드 대학 출판사, 1991), 709.]

17   아틀라스를 아버지로 둔 플레이아데스가 떠오르면 수확이 시작되고, 그들이 지면 쟁기질이 시작된다. 그들은 40일 밤낮을 숨어 있었지만, 해가 순환하여 그들이 다시 한번 나타나면 쟁기의 쇠를 날카롭게 벼릴 때가 된 것이었다. [헤시오도스, 《노동과 하루하루》, 383, 571; 크세노폰, 《오이코노미쿠스》, 18.1~2.]

18   Hesiod, Works and Days, 597.

19   Xenophon, Oeconomicus, 18.1, 4-5.

20   가나안 땅에서 에부스인(人) 아라우나의 타작마당은 같은 목적으로 산꼭대기에 있었다. 인근 유대인의 왕 다윗은 성전산으로 쓸 높은 곳을 찾고 있었고, 이에 그는 아라우나의 타작마당을 사들였다. 이후 3천 년 동안 유대인, 기독교인, 이슬람교도는 이 신성한 곳을 소중히 여겼다. 한때 타작마당이었던 예루살렘의 성전산은 이제 바위의 돔이라고 하는 모스크가 되어 있다. [사무엘기 하권 24장 18~25절, 역대기 상권 21장 18~26절]

21   Xenophon, Oeconomicus, 18.7-8; Hesiod, Works and Days, 606.

22   Hesiod, Works and Days, 414; Apollonius Rhodius, Argonautica, 2.524.

23   Hesiod, Works and Days, 393, 582, 588.

24   Xenophon, Oeconomicus, 19.18-19.

25   Homer, Odyssey, 24.340.

26   Xenophon, Oeconomicus, 19.19.

27   Hesiod, Works and Days, 609.

28   Ibid, 383, 571, 615.

29 Ibid, 458, 479.

30 Theophrastus, Concerning Weather Signs, 4.55; Aratus, Phaenomena, 1064.

31 Aristotle, History of Animals, 597a.21.

32 Theophrastus, Concerning Weather Signs, 3.38; Aratus, Phaenomena, 1075; Hesiod, Works and Days, 448; Aristophanes, Birds, in Birds; Lysistrata; Women at the Thesmophoria, translated by Jeffrey Henderson (Cambridge: Harvard University Press, 2000), 709.

33 Hesiod, Works and Days, 427, 469.

34 Aristophanes, Acharnians, in Acharnians; Knights, translated by Jeffrey Henderson (Cambridge: Harvard University Press, 1998), 1025.

35 Hesiod, Works and Days, 427.

36 Xenophon, Oeconomicus, 17.2-4.

37 Ibid, 17.1-6.

38 Ibid, 17.7-8, 11.

39 Hesiod, Works and Days, 470; Xenophon, Oeconomicus, 5.6.

40 [레위기 26장 5절, 신명기 11장 14절]; 농업 주기는 메어가 번역한《헤시오도스: 영어 산문으로 만든 시와 단편》에 더 자세한 설명이 나온다.

41 Hesiod, Works and Days, 463.

42 Hesiod, Works and Days, 462; Xenophon, Oeconomicus, 16.11-15.

43 Hesiod, Works and Days, 551, 576.

44 고대 그리스인들은 농업을 신들의 선물로 여기고 찬양했다. 특히 그들은 농경과 수확의 여신인 데메테르를 칭송했는데, 이 성스러운 후원자가 인간에게 처음으로 황금빛 곡물의 씨앗을 주어서 그것을 심고 곡물을 수확하는 법을 가르쳤기 때문이다. 옛 이야기에 의하면, 신들에게 경건하게 봉사했던 트리프톨레모스라는 자의 손에 그녀가 값을 매길 수 없는 선물인 곡물을 쏟아 주었다. 당시 트리프톨레모스는 아테네 근처 엘레우시스의 신전에서 신관으로 있었는데, 그는 평생 데메테르를 숭배하며 살아온 사람이었다. 곡물을 받은 뒤 그는 여신의 뜻에 따라 더 유익한 일을 했다. 우선 그는 엘레우시스에서 씨앗을 심어 곡물을 수확하고, 타작하고,

키질했다. 이어 곡물 씨앗이 담긴 주머니를 들고 신전을 떠나 그리스를 광범위하게 여행하며 농업의 축복을 사람들에게 전파했다. 이런 식으로 그는 동포에게 생계를 잇고 생존할 수단을 주었고, 후대에 꾸준하고 확실히 식량을 얻을 수 있게 했다. 몇 세기가 흐르는 동안 그리스인들은 농업을 고귀하고 칭찬받을 만한 직업으로 계속 선호했다. 크세노폰은 세대를 거쳐 오며 확인된 일반적인 생각을 언급했다. 그 생각은 땅에 매인 농부들이 조국의 수호에 커다란 이해관계가 있으며, 적의 침략에 대항해 조국을 지킬 의지가 가장 강하다는 것이었다. 크세노폰은 농업이 공동체에서 가장 용맹하면서도 가장 충성스러운 시민을 만들어 낸다고 말했다. 또 가족의 생존을 확보하는 수단으로 농업이 가장 적합하다고 했다. 그는 생계를 꾸리는 데 가장 건전하고 보람찬 방법 중 하나가 농업이라고 주장했다. "최고의 직업이자 최고의 지식 분야는 농업이다. 사람들은 그것으로부터 자신에게 필요한 것을 얻는다. 이 일은 무척 배우기 쉬우며, 실천할 때도 아주 즐겁다. 농업은 신체에 엄청난 힘과 아름다움을 제공하며, 정신엔 엄청난 여가를 제공한다." 크세노폰은 상식을 갖추고 환경을 잘 관찰하면 누구나 쉽게 농업을 배울 수 있다고 주장했다. 예를 들어 누군가 경작되지 않는 초원을 봤는데 야생 식물이 훌륭하고 건강하게 자란다면 곧바로 그 땅이 비옥하다는 걸 알 수 있다. 이렇게 하여 그 지역 농부들이 성공적으로 재배할 수 있는 식물 종류 또한 알게 된다. 비슷한 방식으로 토양의 생산물 수량을 금방 예측할 수 있다. 크세노폰은 이렇게 말했다. "땅은 자신을 드러냄에 있어 기만하는 일이 없으며, 할 수 있는 일과 없는 일을 솔직하고 진실하게 밝힌다." 크세노폰은 자연환경을 잘 관찰하는 것 이외에, 이웃 농부들에게 조언을 구할 수 있다는 점을 지적했다. 거의 모든 농부는 간절히 듣고자 하는 사람들에게 자신의 지식, 그리고 지역에 관한 이야기를 기꺼이 들려주며, 그렇게 하여 농업에 관한 기본적인 지식은 쉽게 얻을 수 있다. 그것 이외에, 농업에 종사하려는 사람은 반드시 기꺼이 일할 자세가 되어 있어야 한다. 크세노폰의 말에 의하면 훌륭한 농부와 형편없는 농부는 지식에선 그리 큰 차이가 없고 성실한 태도의 차이만 있을 뿐이다. 자연의 설계에 따르면 나태한 사람은 배를 곯게 되며, 부지런히 일하는 사람은 집으로 돌아와 식탁에 올라온 음식을 먹게 된다. 헤시오도스는 이런 말을 남겼다. "기근은 일하지 않는 자의 영원한 벗이다." 크세노폰은 기꺼이 일하고자 한다면 아주 가난한 농부도 성공할 수 있다고 했다. 농업을 시작하거나 혹은 경작지를 추가하는 한 가지 방법은 좋지 못한 위치에 토질이 좋지 못한 싸구려 땅을 사서 열심히 개선하여 토질을 높이는 것이다. 땅이 낮고 습기가 많다면 물을 빼내면 된다. 토양이 약하거나 알칼리성이면 더 풍부한 토양이나 거름, 식물 뿌리 덮개를 써서 땅의 영양을 강화하면 된다. 크세노폰의 결론은 이렇다. 확고한 의지가 있는 사람이라면 농업에 관련된 기술을 배우고 생계유지와 생존에 성공할 수 있다. 그게 농업의 이점이다. [《호메로스 찬가》, "데메테르 여신께", 2.474; 아폴로도로스, 《도서관》, 1.5.2; 파우사니아스, 《그리스 서술》, "아티카", 14.2~4; 38.6~7; 헤시오도스, 《노동과 하루하루》, 302; 크세노폰, 《오이코노미쿠스》, 6.8~10; 15.10~12; 16.3, 5; 18.10; 20.2, 6, 11~13, 22~23.]

45 Aristophanes, Birds, 713.

46 Theocritus, Idylls, in Theocritus; Moschus; Bion, translated by Neil Hopkinson (Cambridge: Harvard University Press, 2015), 13.25.

47 Sophocles, Oedipus Tyrannus, in Ajax; Electra; Oedipus Tyrannus, translated by Hugh Lloyd- Jones (Cambridge: Harvard University Press, 1994), 1137.

48 Aelian, On the Characteristics of Animals, 7.8.

49 Apollonius Rhodius, Argonautica, 4.1629.

50 Sappho, Fragments, in Greek Lyric: Sappho; Alcaeus, translated by David Campbell (Cambridge: Harvard University Press, 1982), Fragment 104.

51 Hesiod, Theogony, 22; Albert Schachter, Cults of Boiotia (London: University of London, Institute of Classical Studies, 1986).

52 Homer, Iliad, 8.555.

53 [테오크리토스, 《목가시》, 13.25]; 마찬가지로, 트로이로 항해했던 1천 척의 그리스 함대도 트로이로 항해했다. 트로이는 헬레스폰트 해협 입구 근처에 전략적으로 위치한 도시 함대는 처음엔 보이오티아의 아울리스(현대의 아블리다)에 모여 겨울을 보냈다. 겨울이 끝난 뒤에야 그들은 감히 에게해를 건너겠다고 마음먹었다. [호메로스, 《일리아스》, 2.303; 헤시오도스, 《노동과 하루하루》, 651.]

54 Hesiod, Works and Days, 663.

55   Ibid, 618.

56   Apollonius Rhodius, Argonautica, 1.1203.

57   Aratus, Phaenomena, 167.

58   Hesiod, Works and Days, 623.

10   고대의 항해

1   이 장에선 모튼의 훌륭한 연구를 반영했다. [제이미 모튼, 《고대 그리스 항해에서
     물리적인 환경의 역할》 (라이덴: 브릴 출판사, 2001).]

2   Hesiod, Works and Days, 678.

3   타렌툼의 레오니다스, 《풍자시》, W. R. 패튼이 번역한 《그리스 문집 (케임브리지: 하
     버드 대학 출판사, 1948)》에서 발췌. 10.1.

4   마르쿠스 아르겐타리우스, 《풍자시》, W. R. 패튼이 번역한 《그리스 문집 (케임브리
     지: 하버드 대학 출판사, 1948)》에서 발췌. 10.4.

5   Strabo, Geography, in The Geography of Strabo, translated by Horace L. Jones
     (Cambridge: Harvard University Press, 1949), 10.4.5.

6   Homer, Odyssey, 14.252.

7   See Appendix 5, Aegean Sea Map.

8   Aristotle, History of Animals, 596b.24.

9   Aristophanes, Birds, 709.

10   Theocritus, Epigrams, in Theocritus; Moschus; Bion, translated by Neil
     Hopkinson (Cambridge: Harvard University Press, 2015), 25.3.

11   크세노폰은 상인 선원들의 가만히 있지 못하는 특성에 관해 서술한 바 있다. 그럴
     수밖에 없는 게 그들은 가장 귀한 상품인 곡물을 맹렬하게 찾아다녀야 이윤을 올릴
     수 있기 때문이었다. "어딘가에 곡물이 풍부하다는 소식을 들으면 상인은 그것을
     찾아 항해할 것이다. 그들은 에게해, 흑해, 시칠리아해를 건널 것이다. 최대한 곡물
     을 손에 넣으면 그들은 그것을 바다로 가져와서 실제로 타고 온 배에 실었다. 돈이
     필요할 때도 아무 곳에나 곡물을 내리지 않았다. 그들은 곡물이 가장 귀한 대접을
     받는 곳의 정보를 수집했고, 그런 곳이라야 곡물을 가져갔다." [크세노폰, 《오이코

노미쿠스》, 20. 27.]

12 이런 명칭은 바닷새 할키온(물총새)이 물결을 잠재우는 힘을 지녔다는 믿음 때문에
     생겼다. 테오크리토스는 해록색(海綠色) 네레이드와 어부에게 가장 사랑받는 새인
     할키온이 자주 바다를 평온하게 만들었다고 주장했다. [테오크리토스, 《목가시》,
     7. 57, 주석 15.]

13 Aratus, Phaenomena, 758.

14 Homer, Odyssey, 12. 310.

15 Theophrastus, Concerning Weather Signs, 1. 10, 2. 27, 3. 38.

16 Aratus, Phaenomena, 408.

17 Theophrastus, Concerning Weather Signs, 1. 22; 2. 32, 34; 3. 43, 45.

18 Ibid, 2. 31, 35, 37.

19 Aratus, Phaenomena, 1010; Theophrastus, Concerning Weather Signs, 4. 52;
     Aelian, On the Characteristics of Animals, 3. 13.

20 Theophrastus, Concerning Weather Signs, 1. 20; 3. 38, 40; Aelian, On the
     Characteristics of Animals, 3. 14, 7. 7.

21 육지와 바다에서 그리스인들은 바람의 공통적 특성에 따라 4개의 주된 바람을 오랫
     동안 관찰했다. 이 4개의 바람은 추운 북풍, 더운 남풍, 습한 서풍, 건조한 동풍이었
     다. 감각에 의존한 그리스인들의 온도와 습도에 관한 관찰은 오늘날에도 놀라울 정
     도로 효과를 보이고 있다.

22 Homer, Odyssey, 24. 76.

23 Strabo, Geography, 3. 2. 5.

24 스타디온은 고대 지중해 세계의 측정 단위였다. 이 단위는 파우스에 기반을 둔 것
     으로, 우리가 현재 사용하는 푸트(foot) 단위가 파우스에 대응한다. 파우스는 손가
     락 너비 16개로 구성된다. 평균적으로 1인치의 4분의 3이 손가락 너비에 해당하므
     로 파우스는 약 12인치로 측정된다. 100포데스(파우스의 복수형)는 1플레트론(복수형
     플레트라)이며, 6플레트라는 1스타디온이다. 스타디온(라틴어로는 스타디움)은 가장 인
     기 있는 도보 경주의 길이이자 경주가 열리는 건물(스타디움)의 일반적인 길이였다.
     스타디온은 장소마다 그 거리가 서로 달랐다. 일반적으로 1스타디온은 약 600피트

(183미터)로 측정되었다.

25 Strabo, Geography, 6. 3. 10, 10. 4. 5.

26 아낙시만데르(기원전 약 610~546)는 그리스인들에게 그노몬을 가져왔다. 이 단순하게 수직으로 세운 막대기는 아낙시만데르가 살던 시기에 정오가 언제인지 판단하고자 태양의 그림자를 드리우는 데 사용되었다. 정오에 드리운 그림자는 지점(至點)도 나타냈다. [로버트 해너, 《고대의 시간》(런던: 루틀리지 출판사, 2009), 69페이지]; 기원전 4세기의 그리스 항해사 마살리아(오늘날의 마르세유)의 피테아스는 지중해에서 거친 대서양으로, 이어 북쪽으로 나아가 영국 제도와 그 너머로 향하는 모험적인 항해에서 그노몬을 잘 활용한 바 있다.

27 Homer, Odyssey, 5. 269.

28 밀레토스의 탈레스(기원전 약 624~546)는 작은곰자리를 활용하라고 촉구했으며, 그리스 선원들에게 더 정확한 페니키아 방법을 따르라고 설득했다. [칼리마코스, 《단장격》, C. A. 트리패니스가 번역한 《아이티아, 단장격, 서정시 (케임브리지: 하버드 대학 출판사, 1958)》에서 발췌. 1. 52.]

29 Eratosthenes, Catasterismi, p. 201.

30 Aratus, Phaenomena, 37.

31 페니키아 선원들은 훌륭하다는 평을 널리 받았다. 크세노폰도 페니키아 상선의 완벽한 준비성에 놀라움을 표시했다. "삭구들이 이토록 훌륭하고 정확하게 준비된 건 본 적이 없다." 각 도구는 간결한 보관소에 놓여 있었고, 바로 쓸 수 있었다. 여기엔 온갖 삭구는 물론 해적과 싸울 때 쓸 여러 훌륭한 무기가 있었다. 더 나아가 요리와 식사 용도로 쓰일 도구도 있었고, 무역에 쓸 화물도 보관되어 있었다. "각 도구는 무척 깔끔하게 보관되어 혼란이 없었고, 찾아 줄 사람도 필요 없었으며, 제자리를 이탈한 물건도 없는 데다 바로 쓸 수 있도록 되어 있어서 매인 것을 푸는 데 시간이 들지도 않고, 그래서 곤란할 일도 없었다." 더욱이 선장의 일등 항해사는 도구와 보급품의 양과 배치를 날마다 확인했다. 나무로 된 그들의 작은 세계에 질서는 필수적인 것이었다. "사람들이 상선에 타면 아무리 배가 작더라도 물건을 둘 공간을 찾았고, 이리저리 맹렬히 흔들리더라도 질서를 유지했고, 공포에 휩싸이더라도 쓰고자 하는 물건을 찾아낼 수 있었다. [크세노폰, 《오이코노미쿠스》, 8. 11~17.]

32 수학자로 재능이 있던 에라토스테네스는 천문학자, 지리학자, 역사가, 음악 이론가, 시인, 운동선수이기도 했다. 그는 지리학(geography)이라는 용어를 만들고 그 학문 분야도 수립했다. 그는 알려진 세상의 지도를 만들고, 위도와 경도를 창안했다. 그는 지구가 구형이라는 걸 증명하고, 지축이 얼마나 기울어져 있는지 근사치를 측정했다. 천문학자로서 그는 혼천의를 발명했고, 별의 목록인 《카타스테리스미(Catasterismi)》를 편찬했다. 역사가로서 그는 트로이의 몰락부터 자신의 시대에 이르는 연대표를 작성했다. 인도주의자였던 그는 아리스토텔레스가 인간을 그리스인과 야만인으로 구분한 걸 비난했다. 그는 또한 윤리학에 관해서도 글을 남겼다. 그는 아폴로니우스 로디오스의 뒤를 이어 알렉산드리아에서 세 번째 수석 사서로 일했다. 그의 친밀한 친구로는 유명한 수학자이자 발명가인 아르키메데스가 있다.

33 Aratus, Phaenomena, 727.

34 Homer, Odyssey, 12.310, 14.482.

부록 03

1   헤시오도스는 호메로스도 언급했던, 쉽게 알아볼 수 있는 5개의 천체를 활용하여 농부, 양치기, 선원에게 실용적 가치가 있는 9개의 일정표를 제공했다. 그는 일반적인 계절 특성을 나타내기 위해 하지와 동지도 활용했다. 그는 분점에 관해 알고 있었지만(헤시오도스, 《단편》, 226), 정확하게 기술하기 어렵다는 점이 드러나자 달력에 거의 쓰지 않았다. 에우독소스가 헤시오도스의 달력에 이바지한 부분은 아라토스의 《현상》에 보존되었다. 에우독소스는 지점과 분점을 언급한 4개의 별자리 내용과 헤시오도스가 제시한 일정표 중 5개 일정의 내용을 보충하고 3개의 새로운 일정을 추가했다. 여기서 추정하여 기록한 달력의 날짜는 아테네 위도에 맞게 기원전 700년 상황을 계산한 것을 토대로 기록한 것이다. 이 날짜는 텍사스 공대에서 물리학/천문학교수로 근무하는 앤서니 B. 케이 박사로부터 사용 허가를 받고 제공받는 것이다. 다음은 이런 계산을 도출하는 데 관계된 복잡성과 방법론을 요약한 것이다. 그레고리력으로 된 춘분, 추분, 하지, 동지의 날짜는 모두 장 뮤즈가 펴낸 《천문학적 알고리즘》 2판에 (리치먼드, 버지니아: 월만-벨 주식회사, 1998) 수록된 알고리

즘을 활용하여 계산한 것이다. 이 그레고리력 날짜는 미국 해군성 천문대가 제공하는 "율리우스력 변환기" 계산법을 활용하여 율리우스력으로 변환되었다. 다른 4개의 양(量)(혼출, 혼몰, 신출, 하늘에서 완전히 사라지는 것(apparent cosmical setting))을 밝히는 건 더욱 복잡한 문제였다. 이런 날짜를 계산하려면 하늘에 뜬 각 별의 위치를 먼저 계산해야 했다. 각각의 별은 고유의 3차원 좌표(적경, 적위, 거리)가 있었고, 하늘에서 3차원 움직임(적경, 적위, 시선 속도에서 나타나는 적절한 움직임으로 제시되는 것)을 보이기도 했다. 그렇게 하여 과거로 돌아가 현재의 위치(혹은 특정일에 주어진 위치)와 개별적인 움직임으로 별의 위치를 결정해야 했다. 하지만 문제는 그렇게 단순하지 않았다. 여기서 고려할 약 2,700년이라는 기간 때문에 지구의 복잡한 움직임도 고려해야 했다. 이와 관련된 다양한 영향에 관해선 제임스 G. 윌리엄스가 1994년 《천문학 저널》 108호에 711페이지부터 724페이지까지에 기고한 "지구의 황도 경사도, 세차(歲差), 장동(章動)에의 기여"에서 찾아볼 수 있다. 단순히 태양 주위를 공전하는 것에 더해 지구의 움직임에 영향을 주는 주된 세 가지 요소는 세차, 장동, 황도 경사이다. 세차는 태양의 중력과 달이 지구의 편평도에 미치는 영향으로 인한 결과이다. 그 결과로 지구의 회전축은 대략 23.4도 기울어진 채로 한 바퀴를 도는데, 이렇게 한 번 도는 데에는 약 26,000년이 걸린다. 세차 운동의 결과로 북극성인 폴라리스는 서서히 움직인다. 여기서 고려한 기간 동안 천구의 북극은 놀라울 정도로 어두웠다. 가장 가까운 밝은 별은 작은곰자리의 코카브였을 것이다. 장동은 달의 경사진 타원형 궤도에 행성의 세차가 주로 영향을 주어 생겨나는 효과이다. 이는 천구의 북극 방향에 또 다른 변화가 있음을 뜻하지만, 정도도 덜하고 기간도 18.6년으로 짧다. 황도 경사는 지구 회전축의 기울기를 측정하는 척도인데, 평균값인 23.4도에서 ±1.3도 범위이다. 더 나아가 밤하늘은 지구 각각의 장소에서 달리 나타나기에 우리는 고도를 포함한 믿을 만한 관찰자용 좌표를 갖춰야 했다. 이런 "외부적인" 고려 사항들에 더해 반드시 언급해야 할 "지역적인" 변수들도 있다. 이런 변수들은 다음과 같은 질문들을 포함한다. 관찰자가 지구의 어디에 있는가? 그렇다면 고도는 어떻게 되는가? 당시 그 장소의 밤하늘이 얼마나 어두웠는가? [R. H. 가스탱이 1989년 《태평양 천문학회 간행물》 101호 306~329페이지에 실은 "전망대와 현장에서의 밤하늘의 밝기", K. 크리스키우나스가 1990년 《태평양 천문학회 간행물》 102호 1052~1063페이지에 실은 "하와이섬의 멸종과 하늘의 밝기에 관한 추가적인 측정법"을 참고하라.] 다른 질문으로는 다음과 같은 것들이 있다. 대기는 어떠했는가? 안정적이었는가, 아니면 별빛이 급격히 흔들릴 정도로 사나웠는가? 그날 날씨는 어땠는가? (여기에 더해 구름, 안개, 해당 지역의 온도와 습기 등도 사건이 벌어지는 구체적인 시간에 영향을 미쳤다.) 관찰자는 얼마나 경험이 있었는가? 관찰자의 시야는 얼마나 좋았는가? 물론 나중에 제기한 이런 질문들은 답을 구할 수 없었고, 우리는 낙관적인 관찰 환경을 가정하고 작업을 해야 했다. [브래들리 섀퍼가 1985년 월간지 《하늘과 망원경》 261~263페이지에 실은 "신출과 혼몰 예측", G. V. 로젠버그가 1960년 학술지 《소련 물리학에서의 진보》 3호 346~371페이지에 실은 "지구의 대기에서 나타나는 빛의 흩어짐 현상", H. 리처드 블랙웰이 1946년 학술지 "미국 광학회 저널" 36호 624~643페이지에 실은 "인간 시야의 대조적인 한계점", I. S. 보언이 1947년 학술지 《태평양 천문학회 간행물》 59호 253~256페이지에 실은 "실시등급 제한"을 참고하라.] 더 나아가 현재 우리는 여러 다른 황혼에 관해 다양한 정의를 내리고 있지만, 기원전 첫 천 년 동안 그런 정의는 존재하지 않았다. 따라서 우리가 태양과 함께, 혹은 태양 직전에 별이 떠오르는 걸 뜻하는 "신출"이라는 용어를 사용한다면, 햇빛이 별을 압도하고 보이지 않게 하기 전 별은 얼마나 가까이 태양에 근접할 수 있을까? 이런 변수들을 모두 고려한 우리는 관심을 둔 네 가지 사건을 계산하는 데 네 가지 다른 방법을 사용하기로 했다.

1) 라크루아의 기법, 즉 고리 기반 방법으로, 별을 처음으로 볼 수 있게 하는 고도에서 별과 태양을 나타내는 방법이다.

2) 카린 가드레가 그녀의 박사 논문에서 설명한 방법. "육안으로 확인되는 별의 가시성 모델 설계, 이집트 십분각(十分角)의 검증에 적용" (폴 사바티에 대학 박사 논문, 2008)

3) 소프트웨어 《행성, 달, 별의 가시성(PLSV)》 버전 2.0, 《알마게스트》에서 설명된 프톨레마이오스의 방법에서 좀 더 정교해진 버전에 기반을 두고 있다.

4) 《식별 가능성 분석》 플러그인 (버전 1.0.2)이 적용된 소프트웨어 《스텔라리움》 (버전 0.16).

2   Hesiod, Works and Days, 564-570.

3 [아라토스, 《현상》, 745]; 아라토스는 무서운 아르크투로스가 신출과 혼몰로 폭풍이 치는 계절을 예고한다고 말했다.

4 Aratus, Phaenomena, 516.

5 Hesiod, Works and Days, 384.

6 Ibid, 383, 572.

7 Aratus, Phaenomena, 266.

8 [헤시오도스, 《노동과 하루하루》, 597]; 헤시오도스는 오리온의 힘이 처음으로 드러났을 때 키질이 시작된다고 했다. 오리온자리가 뜨고 지는 건 베텔게우스라는 별로 알 수 있는데, 이 별이 별자리에서 처음 떠오르는 가장 밝은 별이자 가장 나중에 지는 별이었기 때문이다.

9 Hesiod, Works and Days, 663.

10 Aratus, Phaenomena, 500.

11 [헤시오도스, 《노동과 하루하루》, 587; 아라토스, 《현상》, 332]; 헤시오도스는 시리우스가 뜨는 때를 명시하지 않았다. 아라토스는 좀 더 구체적으로 표시했다.

12 아라토스는 사자자리를 태양이 여름에 지나는 가장 뜨거운 길이라고 했다. [아라토스, 《현상》, 151]; 아폴로니오스는 북풍이 40일간 지속된다고 했다. [아폴로니오스 로디오스, 《아르고나우티카》, 2.524]

13 [아라토스, 《현상》, 138]; 아라토스는 이 별의 역할을 정의하지 않았는데, 이름 자체가 설명을 해 주고 있어서 그 이상의 설명이 불필요하기 때문이다.

14 [헤시오도스, 《노동과 하루하루》, 610]; 시리우스는 이 당시 새벽에 남쪽 정점에 접근함으로써 포도 수확기를 대략적으로 알리는 이정표 역할을 했다. 호메로스와 헤시오도스는 수확 도중에 이 별이 두드러지게 나타나는 모습을 언급한 바 있다. [호메로스, 《일리아스》, 5.5, 22.26; 헤시오도스, 《노동과 하루하루》, 609]

15 Aratus, Phaenomena, 745.

16 [아라토스, 《현상》, 519, 546]; 아라토스는 추분을 알리는 이정표로 천칭자리를 구체적으로 언급하지 않았지만, 황도 12궁을 지정할 때 해당 별자리에게 명백한 역할이 있음을 나타냈다.

17 Hesiod, Works and Days, 383, 615, 619.

18 [아라토스, 《현상》, 266]; 아라토스는 성단이 밭갈이철을 예고한다는 데 동의했다.

19 Hesiod, Works and Day, 615.

20 [헤시오도스, 《노동과 하루하루》, 615]; 플레이아데스, 히아데스, 오리온은 겨울이 되기 전에 밭갈이를 마쳐야 한다는 세 번의 분명한 경고가 되었다. 그렇지 않으면 수확은 실패할 것이었다. [헤시오도스, 《노동과 하루하루》, 479]

21 [아라토스, 《현상》, 313]; 아라토스는 밤이 저물 때 바다에서 떠오르며 폭풍 속에서 고개를 홱 젖히는 독수리(독수리자리)를 폭풍새라고 했다.

22 Hesiod, Works and Days, 564.

23 Aratus, Phaenomena, 284, 501.

인용된 저술

고대 그리스 별자리 신화와 이야기는 호메로스부터 클라우디오스 프톨레마이오스까지에 이르는 900년의 시기에 펼쳐져 있다. 에우독소스와 히파르코스의 저술을 포함한 많은 그리스 저술이 안타깝게도 사라지고 말았다. 하지만 일부는 후기 저술에서 요약본, 혹은 단편적 정보로 보존되었다. 예를 들어 우리가 에우독소스에게 다가가려고 하면 아라토스의 《현상》과 에라토스테네스의 《카타스테리스미》를 참고할 수 있다. 우리는 기원전 4세기 사람인 에우독소스가 2세기 사람인 프톨레마이오스가 기록한 48성좌를 거의 모두 서술했다는 걸 알고 있다.

아라토스는 에우독소스의 저술을 토대로 천문학적 시를 지었지만, 각 별자리에 관해 산발적인 정보를 제공했을 뿐이다. 에라토스테네스는 에우독소스를 좀 더 철저하게 따랐다. 그는 오늘날 기본적인 형태로 존재하는 최초의 포괄적인 별자리 이야기 모음집을 엮었다. 에라토스테네스의 원전인 《카타스테리스미》는 고대에 사라졌지만, 나중에 그의 저술을 편집해 놓은 것은 존재한다. 원전과 같은 이름으로 불리는 이 책은 저자 미상이며, 종종 가짜 에라토스테네스라고 부르기도 한다.

히기누스는 상당히 실질적인 형태로 별자리

호메로스, 기원전 2세기 잃어버린 헬레니즘 원전을 로마에서 카피한 흉상.
위키디피아 퍼블릭 도메인.

이야기를 보존한 또 다른 고대의 저자이다. 그의 《시적 천문학》은 형태와 내용에서 에라토스테네스의 영향을 받은 것이다. 이렇게 하여 히기누스와 가짜 에라토스테네스는 에라토스테네스와 에우독소스의 시대로 거슬러 올라가는 사상의 연속성을 대변한다. 이렇게 하여 이 네 저술가는 고전 그리스부터 로마 제국에 이르는 기간에 활동했던 대표적 저술가가 되었다.

별자리 신화에 관한 가장 중요한 고대 출처는 다음과 같다.

클라우디오스 프톨레마이오스, 6세기 은판에 새겨진 모습. 캘리포니아주 말리부 게티 빌라에 있는 존 폴 게티 박물관의 사용 허가를 받음. 저자가 직접 촬영한 사진.

- 호메로스(기원전 약 750년)

- 헤시오도스(기원전 약 700년)

- 에우독소스(기원전 약 410~355년, 아라토스와 에라토스테네스에게 영향을 줌)

- 아라토스(기원전 약 315~240년)

- 아폴로니오스 로디오스(기원전 약 310~246년)

- 에라토스테네스(기원전 약 276~195년, 히기누스와 가짜 에라토스테네스에게 영향을 줌)

- 히파르코스(기원전 약 190~120년, 클라우디오스 프톨레마이오스와 파르네제 컬렉션 아틀라스 상의 조각가에게 영향을 줌)

- 아폴로도로스(기원전 약 180~120년), 히기누스(기원전 약 64년~서기 약 17년), 가짜 에라토스테네스(기원전 약 50년)

- 클라우디오스 프톨레마이오스(서기 약 90~168년)

- 파르네제 컬렉션 아틀라스 상 조각가(서기 약 150년)

1차 사료

Aelian. On the Characteristics of Animals. Translated by A. F. Scholfield. Cambridge: Harvard University Press, 1958.

Aesop. Fables. In Babrius and Phaedrus. Compiled by Babrius. Translated by Ben Edwin Perry. Cambridge: Harvard University Press, 1965.

Alcaeus. Fragments. In Greek Lyric: Sappho; Alcaeus. Translated by David Campbell. Cambridge: Harvard University Press, 1982.

Anaximander. Fragments. In Early Greek Philosophy. Quoted by Theophrastus and Simplicius. Translated by John Burnet. London: Adam and Charles Black, 1930.

Apollodorus. The Library. Translated by James George Frazer. Cambridge: Harvard University Press, 1939.

Apollonius Rhodius. The Argonautica. Translated by William H. Race. Cambridge: Harvard University Press, 2008.

Aratus. Phaenomena. In Callimachus; Lycophron; Aratus. Translated by G. R. Mair. Cambridge: Harvard University Press, 1955.

Aristophanes. Acharnians. In Acharnians; Knights. Translated by Jeffrey Henderson. Cambridge: Harvard University Press, 1998.

—. Birds. In Birds; Lysistrata; Women at the Thesmophoria. Translated by Jeffrey Henderson. Cambridge: Harvard University Press, 2000.

Aristotle. History of Animals. Translated by D. M. Balme. Cambridge: Harvard University Press, 1991.

—. Metaphysics. Translated by Hugh Tredennick. Cambridge: Harvard University Press, 1947.

Callimachus. Hymns and Epigrams. In Callimachus; Lycophron; Aratus. Translated by A. W. Mair. Cambridge: Harvard University Press, 1955.

—. Iambi. In Aetia; Iambi; Lyric Poems. Translated by C. A. Trypanis. Cambridge: Harvard University Press, 1958.

Epic of Gilgamesh. Translated by N. K. Sandars. New York: Penguin Books, 1972.

Eratosthenes. Catasterismi. In Star Myths of the Greeks and Romans. Compiled by Pseudo- Eratosthenes. Translated by Theony Condos. Grand Rapids: Phanes Press, 1997.

Euripides. Fragments. In Fragments: Aegeus to Meleager. Translated by Christopher Collard and Martin Cropp. Cambridge: Harvard University Press, 2008.

Heraclitus. Fragments. In Ancilla to the Pre- Socratic Philosophers. Quoted by Hippolytus. Translated by Kathleen Freeman. Cambridge: Harvard University Press, 1962.

Herodotus. The Histories. Translated by Robin Waterfield. Oxford: Oxford University Press, 1998.

Hesiod. Fragments. In The Shield; Catalogue of Women; Other Fragments. Translated by Glenn W. Most. Cambridge: Harvard University Press, 2007.

—. Testimonia. In Theogony; Works and Days; Testimonia. Translated by Glenn W. Most. Cambridge: Harvard University Press, 2006.

—. Theogony. In Theogony; Works and Days; Testimonia. Translated by Glenn W. Most. Cambridge: Harvard University Press, 2006.

—. Works and Days. In Theogony; Works and Days; Testimonia. Translated by Glenn W. Most. Cambridge: Harvard University Press, 2006.

Homer. Iliad. Translated by A. T. Murray and William F. Wyatt. Cambridge: Harvard University Press, 1999.

—. Odyssey. Translated by A. T. Murray and George E. Dimock. Cambridge: Harvard University Press, 1995.

Homeric Hymns; Homeric Apocrypha; Lives of Homer. Translated by Martin West. Cambridge: Harvard University Press, 2003.

Hyginus. Poetic Astronomy. In Star Myths of the Greeks and Romans. Translated by Theony Condos. Grand Rapids: Phanes Press, 1997.

Leonidas of Tarentum. Epigrams. In The Greek Anthology. Translated by W. R. Paton. Cambridge: Harvard University Press, 1948.

Manilius. Astronomica. Translated by G. P. Goold. Cambridge: Harvard University Press, 1977.

Marcus Argentarius. Epigrams. In The Greek Anthology. Translated by W. R. Paton. Cambridge: Harvard University Press, 1948.

Ovid. Metamorphoses. Translated by Frank J. Miller. Cambridge: Harvard University Press, 1984.

Pausanias. Description of Greece. Translated by W. H. S. Jones. Cambridge: Harvard University Press, 1955.

Pherecydes. Fragments. In Pherekydes of Syros. Quoted by Proclus. Translated by Hermann Schibli. Oxford: Clarendon Press, 1990.

Pindar. Isthmian Odes. In Nemean Odes; Isthmian Odes; Fragments. Translated by William Race. Cambridge: Harvard University Press, 1997.

——. Nemean Odes. In Nemean Odes; Isthmian Odes; Fragments. Translated by William Race. Cambridge: Harvard University Press, 1997.

——. Pythian Odes. In Olympian Odes; Pythian Odes. Translated by William Race. Cambridge: Harvard University Press, 1997.

Plato. Phaedo. In The Dialogues of Plato. Translated by B. Jowett. New York: Random House, 1937.

——. Protagoras. In The Dialogues of Plato. Translated by B. Jowett. New York: Random House, 1937.

——. The Republic. Translated by Paul Shorey. Cambridge: Harvard University Press, 1970.

——. Timaeus. In The Dialogues of Plato. Translated by B. Jowett. New York: Random House, 1937.

Pliny. Natural History. Translated by H. Rackham. Cambridge: Harvard University Press, 1949.

Ptolemy. Almagest. In Syntaxis Mathematica. Translated by J. L. Heiberg. Leipzig: B.G. Teubneri, 1898.

—. Almagest. In Ptolemy's Almagest. Translated by G. J. Toomer. Princeton: Princeton University Press, 1998.

Sappho. Fragments. In Greek Lyric: Sappho; Alcaeus. Translated by David Campbell. Cambridge: Harvard University Press, 1982.

Sophocles. Oedipus Tyrannus. In Ajax; Electra; Oedipus Tyrannus. Translated by Hugh Lloyd- Jones. Cambridge: Harvard University Press, 1994.

Strabo. Geography. In The Geography of Strabo. Translated by Horace L. Jones. Cambridge: Harvard University Press, 1949.

Theocritus. Epigrams. In Theocritus; Moschus; Bion. Translated by Neil Hopkinson. Cambridge: Harvard University Press, 2015.

—. Idylls. In Theocritus; Moschus; Bion. Translated by Neil Hopkinson. Cambridge: Harvard University Press, 2015.

Theophrastus. Concerning Weather Signs. In Enquiry into Plants. Translated by Arthur Hort. Cambridge: Harvard University Press, 1949.

Xenophanes. Fragments. In Ancilla to the Pre- Socratic Philosophers. Quoted by Clement and Sextus Empiricus. Translated by Kathleen Freeman. Cambridge: Harvard University Press, 1962.

Xenophon. Oeconomicus. In Memorabilia and Oeconomicus. Translated by E. C. Marchant. Cambridge: Harvard University Press, 2013.

—. On Hunting. In Scripta Minora. Translated by E. C. Marchant. Cambridge: Harvard University Press, 1925.

2차 사료

Allen, Richard. Star Names: Their Lore and Meaning. New York: Dover Publications, 1963.

Diels, Hermann. Die Fragmente der Vorsokratiker. Berlin: Weidmann, 1964.

Evans, James. The History and Practice of Ancient Astronomy. Oxford: Oxford University Press, 1998.

Flinders- Petrie, W. M. Tools and Weapons. London: British School of Archaeology in Egypt, 1917.

Freeman, Kathleen. Ancilla to the Pre- Socratic Philosophers. Cambridge: Harvard University Press, 1962.

Gibbon, William. "Asiatic Parallels in North American Star Lore: Milky Way, Pleiades, Orion." Journal of American Folklore. 85 no. 337 (1972): 236- 247.

—. "Asiatic Parallels in North American Star Lore: Ursa Major." Journal of American Folklore. 77 no. 305 (1964): 236- 250.

Hannah, Robert. Time in Antiquity. London: Routledge, 2009.

Mair, A. W. Hesiod: The Poems and Fragments. Oxford: Clarendon Press, 1908.

Makemson, Maud. "Astronomy in Primitive Religion." Journal of Bible and Religion. 22 no. 3 (1954): 163- 171.

Mark, Samuel. Homeric Seafaring. College Station: Texas A&M Press, 2005.

Mercer, Henry. Ancient Carpenters' Tools. Doylestown, PA: Horizon Press, 1975.

Morton, Jamie. The Role of the Physical Environment in Ancient Greek Seafaring. Leiden: Brill, 2001.

Rappenglueck, Michael. "The Pleiades in the 'Salle des Taureaux,' Grotte de Lascaux," www. infis. org/research.

Reiche, Harald. "Fail- Safe Stellar Dating: Forgotten Phases," Transactions of the American Philological Association 119 (1989): 37- 53.

Rich, Anthony. The Illustrated Companion to the Latin Dictionary and Greek Lexicon. London: Longman, Brown, Green, and Longmans, 1849.

Schachter, Albert. Cults of Boiotia. London: University of London, Institute of Classical Studies, 1986.

옮긴이의 글

이 책은 밤하늘에 떠 있는 대표적인 48개의 고전적 별자리와, 후대에 들어와 추가된 별들에 대하여 자세한 정보를 제공하고, 그 별들을 중심으로 구성된 그리스 신화를 소개한 것이다. 일찍이 문학평론가 루카치는 《소설의 이론》(1914) 첫 문장에서 이렇게 말했다. "별이 빛나는 창공을 보며 갈 수 있고, 또 가야만 하는 길의 지도를 읽을 수 있었던 시대는 얼마나 행복했던가? 그리고 별빛이 그 길을 훤히 밝혀 주던 시대는 얼마나 행복했는가?" 이렇게 말한 루카치는 밤하늘의 별을 쳐다보며 고향 이타카섬으로 돌아갈 수 있었던 전인적 영웅 오디세우스의 황금시대를 동경한 것이다. 또한 칸트가 말한 "밤하늘에는 반짝이는 별, 내 마음에는 굳건한 도덕률"도 이 황금시대의 현대적 해석이다.

신화 속의 영웅이 아니더라도 고대 그리스의 농부, 목부, 선원, 일반 시민들은 밤하늘의 별을 쳐다보며 사계절의 변화와 시간의 추이와 농사와 목축의 시기 그리고 항해의 적기 나아가 축제의 시기를 결정했다. 밤하늘의 별을 쳐다보는 것은 그저 시간과 방위를 아는 데 그치는 것이 아니라, 인간이 자연과 완전히 하나가 될 수 있는 방식이기도 했다. 그리스인들은 그런 우주와 하나 되는 상태와 황홀을 즐겨 노래했다. 특히 모든 시인의 아버지인 오르페우스는 아름다운 노래로 지하 세계의 신들을 감동시켜 죽은 아내 에우리디케를 거의 살려 낼 뻔했고, 땅, 하늘, 바다가 어떻게 결국에는 하나로 돌아가는지 노래했다. 바로 이 하나 됨의 황홀한 경지를 노래했기 때문에 숲속을 돌아다니는 짐승도 하늘을 날아가는 새들도, 들판을 내달리는 강과 시내도 산속의 단단한 바위도 모두 그의 노래에 감동했던 것이다.

우주를 뜻하는 영어 유니버스universe는 하나를 의미하는 라틴어 우누스unus와, '돌아가다'라는 뜻의 라틴어 베르테레vertere가 합성되어 생겨난 말이다. 그래서 하나로 돌아가는 말 중 하나는 동서양을 막론하고 하느님, 조물주, 신성, 태극을 의미하는 것이었다. 가령, 성리학에서는 태극에서 음양이 나왔고 음양에서 오행이 나와서 그로부터 삼라만상이 생겨났다고 가르친다. 또한 노자 《도덕경》 제42장도 하나는 둘을 낳고 둘은 셋을 낳았으며, 이 셋에서 온 세상 만물이 나왔다고 말한다. 이 하나에 대해서 기원전 약 580~520년의 사람인 시로스의 페레키데스는 이렇게 말했다. "신성한 사랑은 우주를 만들었다. 서로 다른 것들을 합쳐 우주를 만든 그는 우주에 조화와 사랑을 가져왔고, 모든 것에 유사성을 심었고, 우주 전체에 일체감이 퍼져 나가도록 했다." 또한 서양 철학의 아버지 플라톤은 《티마이오스》, 섹션 90에서 "온전한 지식과 진정한 지혜를 진실로 사랑하는 자들은 신성한 힘을 언제나 소중히 여기므로 그들의 내면에 신성이 완벽한 질서로 자리 잡았고, 그리하여 영원한 행복을 누린다,"라고 말하여 커다란 사랑인 우주와 하나 되는 것이 인간의 가장 큰 행복이라고 말했다.

이렇게 볼 때 고대 그리스인들은 늘 하나로 돌아가려고 애쓴 자연인이었다. 우리 현대인은 금은동철의 4시대 중 맨 뒤에 있는 강철의 시대에 살고 있지만, 그래도 별들을 쳐다보며 황금시대를 동경했던 그리스인들의 정취를 느껴 볼 수 있다. 가령 청명한 날 밤, 집 앞의 마당에 나가거나 아파트 단지의 공동 마당에 서서 밤하늘을 쳐다보며 이건 키 크고 힘센 사냥꾼 오리온자리, 저건 질투심 많은 왕비 카시오페이아자리, 그 위의 것은 곰으로 변신한 칼리스토 혹은 북두칠성, 저쪽에 있는 건 레다를 유혹했던 제우스의 백조자리, 이렇게 나지막이 중얼거릴 수 있다.

앞에서 인용한 루카치는 《소설의 이론》에서 전형과 전망이라는 개념을 소개했다. 소설의 주인공은 시대의 전형적 인물이 되어야 하고, 거기에 더하여 그 시대의 나아갈 전망을 보여 주어야 했다. 사실 고대 그리스 신화 속의 여러 인물들이야말로 전형과 전망을 잘 보여 주는 걸출한 캐릭터이다. 호메로스가 써낸 《일리아스》와 《오디세이》는 구두로 전승되어 오던 그리스 신화가 문자로 기록된 최초의 서사시이다. 이 두 작품은 그 후 3천 년 동안 서양문학의 전범이 되었다. 다시 말해, 그 후의 모든 작품이 결국 이 두 서사시의 주제를 변주한 것이다. 호메로스에 나타난 인간성의 두 기둥은 아킬레우스의 싸움과 오디세우스의 모험인데 이 두 전형적인 인물이 그들의 싸움과 모험을 통하여 새로운 시대의 전망을 열고 있는 것이다.

우리는 그런 신화적 영웅은 되지 못한다 할지라도 우리 인생의 궁극적 전망은 생각해 볼 수 있다. 그리스 사람은 지상에 있을 때 신들을 성실히 섬기고 이웃 사람들을 진정으로 사랑하면 사후에는 밤하늘로 올라가 별이 된다고 믿었다. 이러한 사상은 플라톤의 《국가》에도 나와 있고 이어 스토아학파로 계승되었다가 다시 로마의 키케로에게 전해졌다. 키케로가 말한 스키피오의 꿈somnium scipionis(정의와 경건함을 지키며 공적인 생활을 훌륭하게 마치면 영혼은 육체에서 빠져나와 천상의 별이 된다는 꿈)은 서양 중세 내내 서양인들의 마음을 사로잡은 위대한 꿈이었는데, 이는 우리 인간이 나아가야 할 전망을 보여 준다.

그런데 이런 전망은 아주 오래전에 단발로 끝난 얘기가 아니고 지금 현재도 진행 중이다. 내 친구 중에는 밤하늘의 별을 너무 좋아해서 사업에서 은퇴한 이후에 강화도에 내려가 약간 언덕진 곳에다 집을 사서, 거기다 고성능 망원경을 설치하고 밤마다 별들을 쳐다보며 행복해하는 친구가 있다. 그에게 왜 별을 그렇게 좋아하느냐고 물으니까 이런 대답이 돌아왔다. "너는 김광섭 시인의 시 중 '어디서 무엇이 되어 다시 만나랴'를 알고 있지? 김 시인도 나처럼 별을 좋아했을 거야. 김 시인은 말이야, 밤하늘의 별을 쳐다보며 그 별이 마치 사람인 것처럼 느껴져서 '이렇게 다정한 너 하나 나 하나는 어디서 무엇이 되어 다시 만나랴.' 하고 노래했지. 사람이 죽어서 하늘로 올라가 별이 된다는 확신이 없었다면, 이렇게 노래하지 못했을 거야. 이 시에서는 온 세상 만물이 한 가족, 한 형제라고 노래한 오르페우스의 광활한 아름다움이 느껴지지 않니? 김환기 화백도 이 시를 좋아해서 그걸 그림으로 표현했지. 파란 바탕에 검은 점들이 알알이 박혀 있는 그 그림 말이야. 밤하늘을 쳐다보면 별들이 각자 내게 다정한 얘기를 걸어오는 것 같아."

우리는 별을 사랑하는 내 친구처럼 강화도에 내려가지 않더라도, 또 오디세우스처럼 이오니아 바다를 항해하지 않더라도 그 별들의 모습과 그에 관한 신화를 이 책에서 읽을 수 있다. 그리고 밤이 되면 이 책을 손에 들고 나가서 사람과 동물의 모습을 취하고 있는 별들을 직접 관찰할 수 있다. 책 한 권으로 우주의 이치를 깨우치고 시대의 전형과 전망을 예측하고 우리 자신의 운명도 되돌아볼 수 있다. 그러니 이 얼마나 멋진 책인가!